Waldtraut Lewin

Wiedersehen in Berlin

Waldtraut Lewin

Wiedersehen in Berlin

Ravensburger Buchverlag

Als Ravensburger Taschenbuch
Band 58278
erschienen 2008

Die deutsche Erstausgabe erschien 2006
im Ravensburger Buchverlag.

Umschlaggestaltung: Init GmbH
unter Verwendung von Fotos
von Markus Amon (Getty Images)
und der Agentur Corbis

Printed in Germany

1 2 3 4 11 10 09 08

ISBN 978-3-473-58278-5

www.ravensburger.de

1

Hier sitze ich, Rita Moebius nun wieder, im öden, zerstörten Berlin am Bett meiner kranken Tochter und hoffe. Hoffe, dass sie genesen wird.

Vierzig Fieber. Sie hat vierzig Fieber. Solange wir kein Fieberthermometer hatten, gab es auch kein Fieber – fast sechs Jahre lang, dort, zwischen den ockerfarbenen Bergen im Land jenseits des Mittelmeers, als ich noch Gabrielle Talbaut hieß, wie es in meinem gefälschten französischen Pass steht.

Und kaum bin ich zurück, zurück mit ihr in diesem kalten und zerrütteten Land, da ist das Fieber da und wütet in ihrem kleinen Körper. Dieses Fieber, das ja nur das Zeichen der Krankheit ist, die ich nicht zu nennen wage, obwohl der Arzt sie benannt hat.

Ich wische ihr rotfleckiges Gesicht mit dem feuchten Tuch ab, das ich zur Hand habe, und wechsele die kalten Kompressen an ihren dünnen Waden. Kaltes Wasser und ein paar Tücher, das ist alles, was ich zur Behandlung besitze – und natürlich die große Flasche mit Kresolseifenlösung, damit ich auch ja nicht vergesse, mir die Hände zu desinfizieren.

Da, wo wir herkommen, gab es kein Kresol. Es gab auch keine Wasserleitung, aber dafür einen tiefen Brunnen mit klarem Wasser, gespeist aus den Quellen des Atlas. Und wenn jemand erkrankte, waren da Frauen, die sich auf die Kunst des Heilens verstanden mit Kräutern und Liedern.

Hier haben wir einen studierten Mediziner. Nur hat er keine Medizin. Keine Kräutermedizin und erst recht keine, die man in der Apotheke kaufen kann. Die Apotheken sind kaputt. Die Stadt ist kaputt. Das Land ist kaputt.

Und ich verfluche mich selbst jede Minute, dass ich hierhergefahren bin. Europa wieder, nun gut. Aber warum in drei Teufels Namen hat es mich aus der sicheren Schweiz hierhergetrieben – als wenn nicht Frankreich zuvor schon genügt hätte, alles in mir aufzuwirbeln und durcheinanderzubringen. Warum Berlin?

Neugier auf die Zerstörung? Genugtuung darüber, dass sie bekommen haben, was sie verdienten? Nostalgie etwa – noch einmal das sehen, wo ich aufgewachsen bin, in den Trümmerhaufen nach Erinnerungen wühlen?

Was auch immer es war – und vielleicht war es ja von jedem ein bisschen –, es war falsch. Und ich habe die Quittung dafür bekommen. Meine Tochter Alouette liegt mit vierzig Fieber in einer zugigen Unterkunft in Berlin und hat Typhus.

Nun ist es heraus. Ja, es ist Typhus. Ich habe mich die ersten zwei Wochen dagegen gewehrt. Es hätte ja alles Mögliche sein können. Eine Magenverstimmung oder eine Darmgrippe oder eine schlimme Erkältung oder oder.

Typhus, eine Krankheit, die man eher in so einem Land bekommt, in dem wir beide bislang gelebt haben, meine kleine Tochter und ich. Gesund gelebt haben. Nun muss ich mit ihr hierherreisen, wie besessen von den Gedanken, das alles noch einmal anzusehen. Und prompt schnappt die Falle zu. Nur dass ich mich entziehen konnte damals vor sieben Jahren – oder sind es schon acht – und jetzt nicht. Jetzt hat man das gegriffen, was mir das Liebste auf der Welt ist. Das Liebste und das Einzige.

Alouette hustet. Ich nehme sie in den Arm und richte sie

halb auf, um ihr das Atmen leichter zu machen, befeuchte ihre rissigen Lippen mit Wasser – abgekochtem Wasser natürlich.

Das Wasser war ja vermutlich schuld daran. Das Wasser, das sie unbekümmert aus dem Waschkrug trank, wie sie es gewohnt war. Ein Krug mit Wasser ist zum Trinken da. Anders kennt sie es nicht.

Aber es kann auch die Milch gewesen sein, diese dünne, wässrige Milch, die ich neulich für sie auf dem Schwarzmarkt am Nordbahnhof erstanden hatte gegen meine wunderbaren Schweizer Franken – kein Problem, damit kam man überall durch. Oder es war der Händedruck, das Streicheln, die Berührung irgendeiner fremden Hand.

Oder, noch einfacher, es war bloß die Luft, die man hier atmet und die jetzt, zwei Jahre nach Kriegsende, für mich immer noch nach Verwesung riecht. Wer weiß, was da noch unter den Trümmern liegt.

Wie konnte ich nur hierher zurückkommen! Ja, verdammt, es war Sehnsucht. Sehnsucht vor allem. Es sollten nur ein paar Tage sein. Noch einmal diese Orte sehen, den Wannsee, noch einmal das Haus in Charlottenburg, wo wir wohnten, meine Freundin und Stiefmutter Sidonie und ich. Was soll ich es vor mir selbst verhehlen! Immer und immer wieder waren mir diese Stätten im Traum erschienen, während ich im heißen und trockenen Süden lebte und mein Kind großzog. Stätten, die vertraut und glänzend zugleich erschienen, in Sonne und Helligkeit, und nichts von den entsetzlichen Dingen, die ich hier erlebt hatte, reichte in diese meine Träume hinein – stets erwachte ich tränenüberströmt. Ich war krank vor Heimweh. Und so war mein Weg zurück aus den grauen Bruchsteinhütten an den Hängen des Hohen Atlas nach Europa gar nicht, wie ich mir einredete, eine Flucht aus dem Unangemessenen ins Gemäße, sondern eigentlich der Versuch einer Heimkehr – einer Heimkehr, die gescheitert ist, das sehe ich jetzt, angesichts meiner kleinen Tochter, die hier um ihr Leben kämpft.

Ich wollte, ich könnte dir alles erklären, Alouette, so, dass du es verstehst – die Geschichte meiner Flucht, nein, meiner Fluchten. Aber wie soll ich dir Dinge erklären, die mir selbst durcheinandergeraten – und in welcher Sprache? Wohl kaum in jenem Berberdialekt, der deine ersten Lebensjahre begleitet hat und den nicht einmal die Araber reden können, oder in jenem Französisch, das ich mit dir sprach, wenn wir beide allein waren. Ich denke, es wird Deutsch sein müssen, die Sprache, mit der ich aufwuchs und in der du gerade mit all deiner kindlichen Neugier die ersten Worte nachplapperst, ohne Scheu, lachend.

Vielleicht müsste ich mich jetzt hinsetzen und damit anfangen, all das aufzuschreiben, was du wissen solltest. Und das Aufschreiben wäre gleichzeitig mein Kampf für dein Überleben, mein Glaube daran, dass du das Alter erreichst, in dem du die wunderliche und abstruse Geschichte deiner Mutter verstehen kannst. Eine Geschichte, die erst von der Rettung ihres eigenen Lebens, dann aber, und ausschließlich, von meinem Kampf um dich und dein Leben handelt und die beginnt, noch bevor du auf die Welt kamst. Und du solltest sie hören oder lesen, diese Geschichte – vielleicht in zehn Jahren. Dann wärst du ungefähr so alt wie ich, als ich von hier weglaufen musste, Hals über Kopf.

Dies wird eine lange Nacht werden. Eine Nacht, in der ich keinen Schlaf finden werde. Der hilflose Arzt, der keine Medizin für dich hat, sagte mir, es sei vielleicht die Nacht der Krise. Die Krise werde darüber entscheiden, wie der weitere Krankheitsverlauf sich entwickeln würde. Sagte er. Sehr diplomatisch. Und er werde morgen wiederkommen. Er hat nicht gesagt, weshalb. Da er ja ohnehin nichts tut, als dir den Puls zu fühlen, das Fieber zu kontrollieren und sich hinterher die Hände mit Kresolseifenlösung zu waschen.

Also bin ich, zumindest jetzt und hierzulande Rita Moebius, hier in Berlin. Meine Tochter heißt Alouette Talbaut und ringt mit dem Typhus, weil ich sie sinnloserweise hierherverschleppt habe. Ich muss sie retten. Und ich muss mich für sie erinnern. Wenn mir auch heute die Hände zu sehr zittern, um alles aufzuschreiben. Erinnern hilft leben. Hilft überleben.

2

Es war wohl ziemlich einfach gewesen, eine europäische Frau mit einem Kind ausfindig zu machen, selbst weit weg in einem Dorf des Hohen Atlas. Und wenn ich all die Jahre gedacht hatte, ich sei vor aller Welt verborgen, so erfuhr ich an jenem brütend heißen Mittag im Juli, dass das eine fromme Selbsttäuschung gewesen war, als die kleine Karawane, bestehend aus drei Maultieren und Geleitschutz, auf dem Dorfplatz hielt. Zumindest Thami al-Glaoui, der allmächtige Warlord und inzwischen Vizekönig des Landes, hatte immer gewusst, wo sich die »verstoßene Frau« seines Günstlings Mohammed al-Chakif aufhielt. Es hatte nur niemanden interessiert.

Das Dorf schien ausgestorben. Wer nicht auf den Feldern oder bei den Herden war, hatte sich auf die Kunde hin, es würden Fremde kommen, in die Hütten zurückgezogen, die Türen verschlossen und die Fenster mit Holz verbarrikadiert. Fremde konnten nur Unheil bringen. Seit Jahrhunderten lebten die Berber des Hochlands in Feindschaft mit den Arabern, die das Land regierten, und jemand, der aus der Tiefebene kam, wollte entweder befehlen oder plündern oder beides.

Es dauerte eine Weile, bis sie den Dorfältesten herauslockten – sie mussten dazu in die Luft schießen und mit den Gewehrkolben gegen die Türen donnern. Der alte Mann war der Einzige im Dorf, der Arabisch verstand. Aber sie redeten gar nicht Arabisch mit ihm, sondern der schnurrbärtige Anführer der Truppe – roter Fes mit Troddel, über der Brust gekreuzte Patronengurte – begann Französisch zu parlieren und zeigte dabei auf einen blonden Mann im Anzug, dessen Gesicht von der Hitze rot und verquollen war und der sich mit einem Palmwedel Luft zufächelte.

Ich stand hinter dem schießschartenähnlichen Fenster meiner Hütte und hörte und sah alles mit an, und damit die Missverständnisse nicht in Gewalttätigkeit ausarteten, musste ich wohl oder übel hervorkommen, um zu dolmetschen. Also trat ich vor die Tür in meinem gestreiften Burnus über dem bunt gewirkten Kleid vom heimischen Webstuhl, und meine Kleine klammerte sich an meinen Rock und versteckte sich hinter mir.

Und dann trat der Blonde vor und sagte – nicht etwa auf Französisch, sondern in der Sprache, die ich seit langen Jahren nicht mehr gehört noch gesprochen hatte, auf Deutsch nämlich: »Frau Rita Moebius, nicht wahr?« Und ich musste lachen, weil mich die Szene daran erinnerte, wie man damals David Livingstone im afrikanischen Busch auffand und ähnlich begrüßte. Dabei gab es wahrhaftig nichts zu lachen, denn wenn mich jemand suchte, und unter diesem Namen, dann konnte das nur mein schrecklicher Vater sein, und meine jahrelange Flucht hatte nun ein Ende. Und so war ich gleichzeitig erschüttert und befreit, wie jemand, dem man eine Maske herunterreißt und der nun sein wahres Gesicht zeigen muss.

Mir blieb kaum Zeit, mich zu verabschieden von den Menschen, deren Gastfreundschaft und Liebe ich erfahren hatte all die Jahre. Gepäck? Hatten wir überhaupt Gepäck außer dem alten Koffer aus Vulkanfiber und der Tasche? Ich saß auf einem mitgeführten Maultier auf und hatte mein kleines Mädchen vor mir auf dem Sattel, um keinen Preis der Welt hätte ich sie losgelassen.

Dass man mich mit ausgesuchter Höflichkeit behandelte, hatte gar nichts zu bedeuten. Ich war die Tochter von Dr. Hartwig Moebius, dem großen Finanzier, der im Exil in der sicheren Schweiz saß und dem gewiss dort seine Nazivergangenheit und seine Verbrechen abhandengekommen waren, und was er mit mir vorhatte, das ging nur ihn selbst etwas an.

Erst in Marrakesch, in der Kühle eines Hotelzimmers aus rosigem Marmor, nachdem wir beide, Alouette und ich, mit Entzücken ausgiebig gebadet hatten in der Wanne mit den Löwenfüßen und den vergoldeten Wasserhähnen, erfuhr ich dann, dass alles ganz anders war.

Während meine Tochter selbstvergessen am Fußboden mit ein paar Kreiseln spielte – Kreisel kannte sie wohl, aber nicht so einen glatten Boden! –, redete ich mit dem Blonden, der während der Reise kein Wort mit mir gewechselt hatte und sich jetzt, im Anzug, Hemd mit frisch gestärktem Kragen und untadligen Manschetten, als Urs Rüger vorstellte, Beauftragter des Bankhauses Hassfelder aus Zürich, bei dem mein Vater als deutscher Repräsentant und späteres Aufsichtsratsmitglied beschäftigt gewesen war.

»War?«, fragte ich und zog die Brauen hoch. Sollten sie ihn denn tatsächlich doch noch weggejagt haben, ausgeliefert an die Alliierten, damit er seine Strafe bekommen konnte? Aber die Antwort des Herrn Rüger übertraf meine kühnsten Erwartungen. »Gnädige Frau, Ihr Herr Vater ist tot. Gestatten Sie mir, Ihnen in aller Form zu kondolieren.«

»Danke!«, sagte ich mechanisch und presste die Hand auf den Mund, um nicht laut loszuschreien. Wie hieß doch der schöne Spruch: Gottes Mühlen mahlen langsam …

Der Schweizer Herr deutete meine Geste falsch und sagte feinfühlig: »Ich verstehe Ihren Schmerz. Soll ich Sie für eine halbe Stunde allein lassen und dann …«

»Nein, nein!«, sagte ich verwirrt. »Wir hatten ja – wir hatten uns auseinandergelebt, sozusagen. Es ist nur etwas überraschend. Und ich kann mir kaum vorstellen, dass Sie die ganze weite Reise nach Marokko und weiter bis in den Hohen Atlas gemacht haben, um mir das mitzuteilen.«

»Natürlich nicht!« Der blonde Banker lächelte. »Aber eine Nachlassregelung wird bei uns außerordentlich gewissenhaft gehandhabt, müssen Sie wissen. Und Sie sind schließlich die Alleinerbin.«

Das war der Moment, da ich um ein großes Glas Wasser bat. Alleinerbin? Wieso und warum?

»Mein Vater war, wenn ich mich erinnere, wieder verheiratet. Was ist mit seiner Witwe?«

Herr Rüger schüttelte den glatt gescheitelten Kopf. »Die betreffende Dame ist bedauerlicherweise bereits vor zwei Jahren verstorben. Und Kinder existieren sonst nicht. Es gibt nur Sie, gnädige Frau.«

Ich sah vor mich hin. Es war unfassbar. Der Mann, der meine jüdische Stiefmutter kaltblütig dem Vernichtungslager ausgeliefert hatte, der mich zur Flucht durch halb Frankreich getrieben hatte, dessen langer Arm sogar noch versucht hatte, mich hier in Marokko zu greifen, um mich nach seinem Bilde umzuformen – es gab ihn nicht mehr. Weg. Tot.

Auf einmal stürmen die Erinnerungen wie große Wellenberge auf mich ein – Erinnerungen an jenen letzten Abend vor dem Versuch, mit Sidonie gemeinsam zu fliehen. Hartwig Moebius, der Repräsentant Nazideutschlands in einer Schweizer Bank, trennt sich kaltblütig von seiner jüdischen Frau in Berlin und fordert mich gleichzeitig auf, zu ihm nach Zürich zu kommen (schließlich war auch ich als Halbjüdin gefährdet, aber immerhin »sein Fleisch und Blut«!). Und Sidonie und ich, wir beide wollen fort, so schnell es geht – und waren nicht schnell genug. Die Klingel. Die Schläge an der Haustür. Sidonie, die sich einen Mantel über ihr Nachthemd wirft. »Nicht mehr als ein Gepäckstück.« Die Lockensträhne vor ihrem Auge wird vom Rauch ihrer letzten Zigarette bewegt. Die gibt sie mir – letzte Berührung meiner Lippen mit der Stelle, wo ihre Lippen waren. »Was sollen die Fisimatenten?« Man stößt sie die Treppe hinunter …

»Frau Moebius?«

Ich schrak auf. »Woran ist er denn gestorben?«, fragte ich.

»Ein Schlaganfall. Es kam ganz plötzlich. Er hat nicht leiden müssen.«

»Schade«, sagte ich, und dem Herrn Rüger fiel fast der Unterkiefer herunter. Er beschloss, sich verhört zu haben.

»Wie haben Sie denn herausgefunden, dass ich – dass ich die bin, die Sie gesucht haben?«, forschte ich; schließlich hatte ich hier als Französin Gabrielle Talbaut gelebt.

»Das ging aus der Korrespondenz des Verstorbenen hervor!«, erklärte der Mann aus der Schweiz, froh, wieder festen Boden unter den Füßen zu haben.

Richtig. »Pflichtbewusste Personen«, genauer gesagt, eine französische Nazikollaborateurin hatte ihn ja informiert, wo und unter welchem Namen ich mich hier aufhielt. Und von Marrakesch in den Hohen Atlas ging es offensichtlich wie auf einer richtigen Straße zu. Mein Versteck ausfindig zu machen, kostete also keinerlei Mühe.

»Es wird notwendig sein, dass Sie zur Abwicklung aller Formalitäten in die Schweiz kommen, gnädige Frau«, hörte ich Herrn Rüger weiter tönen. »Für die notwendigen Papiere wird gesorgt sein.«

Womit er denn wohl einen richtigen Pass auf meinen richtigen Namen mit den richtigen Stempeln meinte.

Bei Gott und einer Schweizer Bank ist wahrlich kein Ding unmöglich.

»In die Schweiz?«, wiederholte ich gedehnt, und er schien mein ungläubiges Staunen für Zögern zu halten und sagte beschwörend: »Sie werden doch nicht wollen, dass der Fiskus das alles erbt. Es sind immerhin …« Und dann nannte er die Summe, woraufhin ich ein zweites Glas Wasser verlangte.

Mein Blick fiel auf Alouette, die während des Gesprächs selbstvergessen ihre Kreisel auf dem Fußboden gedreht hatte, da sie ohnehin kein Wort verstand.

Nein, ich wollte ganz und gar nicht, dass der Fiskus das alles erbte.

3

Zeit, dass ich wieder ihr Bettzeug wechsle. Vorsichtig hebe ich den fieberglühenden Körper meines Kindes aus den beschmutzten Laken.

Dieses Quartier hat eine Art Badezimmer, zumindest einen Raum, in dem eine Zinkbadewanne steht, und ich verheize rücksichtslos die Holz- und Kohlenvorräte des Wohnungsinhabers, die in der Küche unterm Fenster aufgestapelt sind. Dass ich diese kleine Wohnung überhaupt bekommen habe im zerstörten Berlin, wo jeder Raum doppelt und dreifach belegt ist, verdanke ich dem Glück und meinem französischen Pass, in dem ich Gabrielle Talbaut heiße. Und so habe ich mir im französischen Sektor der Stadt, genauer in Reinickendorf, einer alten Proletariergegend, diese Unterkunft erschleichen können, eine von der Besatzungsmacht requirierte Bude, ein Provisorium, bevor den Offizieren angemessene Wohnungen zur Verfügung gestellt wurden.

Der Colonel, der hier lebte, behielt die Räume, um darin für kurze Zeit eine deutsche Demoiselle unterzubringen, die für ihn nicht nur die Schreibarbeiten erledigte, und das schöne Verhältnis war gerade in die Brüche gegangen, als ich auftauchte. Wenn ich das hier nicht hätte, wären Alouette und ich verloren. Die Hospitäler sind überfüllt, und aus jedem der wenigen Hotels, die es noch gibt, hätte man einen Typhusfall sofort hinausgeworfen. So sitze ich hier in einer beschlagnahmten deutschen Behausung und brauche nicht nur das Heizmaterial, sondern auch das Bettzeug der unbekannten »eigentlichen« Mieter auf.

Ich trage Alouette in dies schäbige Badezimmer, wo ich laues Wasser vorbereitet habe, und wasche sie vorsichtig mit einem Schwamm.

Ihr Körper ist so abgemagert, als wäre sie eins der Kinder aus den Lagern, die ich auf Bildern gesehen habe.

Hinterher weiche ich die Wäsche im Badewasser ein. Man muss hier mit allem sparen, Wasser läuft nur manchmal und Strom gibt es nur zwei Stunden am Tag. Nun gut, das Haushalten mit wenig Wasser und gar keinem Strom habe ich im Hohen Atlas gelernt.

Dann versuche ich, meinem Kind eine dünne Brühe aus gesalzenem Haferschleim einzuflößen, aber das meiste läuft ihr aus den Mundwinkeln wieder heraus.

Ich nehme sie in den Arm – sie ist erschreckend leicht –, ich wiege sie, trage sie im Zimmer hin und her. »Alouette, mon petit chaton, mein Kätzchen, hörst du mich?« Nichts rührt sich in ihren Zügen. Die Augen sind geschlossen. Ihre Nase, das war immer ein vorwitziges Teil. Nun scheint mir das Gesicht meines Kindes nur noch aus Nase zu bestehen. Alouette, bleib bei mir.

Als ich sie auf das frisch hergerichtete Bett zurücklege und die kalten Umschläge an ihren Beinen erneuere, schlägt sie kurz die Augen auf, Augen, die schön glänzen vom Fieber, aber sie scheint mich nicht wahrzunehmen. »Petit chaton?«, flüstere ich versuchsweise. Sie lächelt, dann fallen die Lider zu.

Gestern hat sie gesungen in ihrem heißen Wahnland, in dem das Fieber sie eingesperrt hält, Melodien aus Anefgou, unserem Dorf im Atlas, die klangen schauerlich und fremd hier in diesen Räumen. Sie machten mir deutlich, dass wir hier nicht hergehören. Aber wo gehören wir hin?

Die Überfahrt von Casablanca nach Marseille – da war sie noch fröhlich, und selbst, als das halbe Schiff über der Reling hing und seekrank war, sprang sie herum wie eine kleine Bergziege. Und in Frankreich erst! Alle redeten wie ihre Mutter! Es war Spätsommer, die Sonne glühte noch, wir aßen Weintrauben und badeten im Meer.

Dann, schon in der Schweiz, wurde sie stiller. Waren es die Berge mit den weißen Spitzen? Aber die kannte sie doch von daher, wo sie aufgewachsen war. Ich habe es damals darauf geschoben, dass ihr die Sprache unverständlich war und die Art der Menschen, ihr Kommen und Gehen, betulich und gravitätisch zugleich. Aber inzwischen glaube ich, dass ich selbst es war, mein anderes Wesen, das sie verstörte. Denn mit der anderen Sprache war ich auch eine andere Person, und mit den Geschäften, die abzuwickeln ich ja dorthin gekommen war, veränderte sich mein Bild in ihren Augen. Vorher war ich ihre Maman gewesen und sonst gar nichts. Nun war ich auch noch eine andere Frau – eine, die ein strenges dunkles Kostüm trug und die Haare aufgesteckt hatte und mit fremder harter Zunge redete und auftrumpfte gegenüber den Leuten.

Sie sagte nichts. Sie wurde nur stiller.

Und dann fuhren wir nach Deutschland. Nach Berlin.

Wir hielten uns an den Händen, sie und ich, und sie fragte: »Was wollen wir hier, Maman? Was sind das für Steine?«

Ja, was wollten wir hier. Und was waren das für Steine. Steine wie alle anderen rundum auch. Schuttberge, aus denen ein Gewirr von verkohlten Balken aufragte, und hier und da eine stehen gebliebene Wand, ein umgekippter Schornstein, stählerne Armierungen wie bizarre Zeichen, ein paar Fensterhöhlen im aufragenden Mauerwerk, nichts dahinter, eine verrückte Theaterkulisse, Potemkin'sche Dörfer. Und ein Geruch, ich konnte nicht sagen, wie.

Das hier war das Haus gewesen, in dem ich aufgewachsen war. Hier hatte ich mit Sidonie, meiner jüdischen Stiefmutter, gelebt, mit ihr, die meinetwegen zurückgeblieben war in dem Glauben, mein Vater würde sie schützen. Von hier wollten wir beide fliehen, als es klar war, dass er sie verraten hatte. Hier irgendwo war die Wohnungstür in Flammen aufgegangen, die sie eingeschlagen hatten, um Sidonie wegzuschleppen, hier hatte sich die Treppe in Nichts aufgelöst, die man sie hinuntergestoßen hatte. Von hier, von diesem Trümmerhaufen, war meine Flucht ausgegangen, mein blinder Verzweiflungslauf, um meinem Vater zu entgehen, der die halbjüdische Tochter in der Schweiz nach seinem Bilde formen wollte, mein Mördervater. Und ich hatte diese Postkarte mit einer Adresse in Marrakesch in der Hand … Eine kitschige Postkarte von einer rosenfarbenen Stadt mit Moscheen und Minaretten und einer großen Mondscheibe. Mond über Marrakesch. Sie hatte mich wie ein Talisman auf meiner Flucht begleitet. Meiner einsamen Flucht ohne Sidonie. Hatte mich übers Meer gelockt, diese Karte …

»Hast du eine Zigarette?«, murmelte ich inmitten der Trümmer, und mein Kind starrte mich an. »Was sagst du da, Maman?« Ich rauchte ja nicht. Hatte nie geraucht. Es war so ein Ritual gewesen zwischen Sidonie und mir, dass ich ihre Zigaretten mit den Lippen berührte – so etwas wie ein bittersüßer Kuss. Und auf meiner Flucht durch Frankreich war mir die Erinnerung an diese Berührung, an dies Gefühl meiner Lippen, Trost und Hilfe gewesen.

»Lass nur, gar nichts«, erwiderte ich geistesabwesend.

Weg das Haus. Weg Sidonie. Weg der verhasste Vater. Und weg auch der Mann, dessen Tochter nun neben mir stand und der sich aufgegeben hatte, um mich zu retten – mit seinem eigenen Pass, klug gefälscht, der mich nach Marseille brachte und dann übers Meer. Alles weg, alles vorbei. Nur du bist noch da, mein kleines Mädchen.

Hinter den Trümmern des Wohnhauses, auf dem Hinterhof, war wie durch ein Wunder der knorrige Fliederbusch stehen geblieben, entlaubt jetzt in diesem feuchtkalten Herbst, man sah es durch den zerstörten Torbogen des Eingangs.

»Sieh einmal, Maman, ein Sandkasten!«, rief meine Tochter.

Ja, tatsächlich. Der Sandkasten war da, unter dem ich als Kind die Höhle aus Ziegeln gebaut hatte, in dem ich vor meiner Flucht einen Schlüssel versteckt hatte, den Schlüssel zum Schließfach mit allem, was ich für mich und Sidonie brauchte.

Ich stand und starrte vor mich hin. Mir war, als wäre ich wieder das junge Mädchen von damals, aber nun war ich nicht mehr unbedarft und keck. Ich wusste ja, was geschehen würde.

Wie stolz war ich damals gewesen auf den Coup, der mir gelungen war! Als ich das Bankschließfach meines Vaters trickreich geplündert hatte, um uns die Möglichkeit der Flucht zu sichern, Gelder und Schmuck und Wertpapiere. Alles schien zu glücken. Wir waren schon so gut wie fort. Hörten Opernmusik am letzten Abend. Gingen schlafen.

»Maman? Darf ich hier spielen?«

»Nein!« Ich schrie fast, schrie meine kleine Tochter an, die mich mit weit aufgerissenen Augen anstarrte. So etwas kannte sie nicht von mir.

Mich schauderte an dem Tag. »Komm weg, meine Kleine!«, sagte ich. Ich rannte fast. Bloß weg hier. –

Nun ist mir, als wäre das auch wieder eine Flucht gewesen, die zu spät in Angriff genommen wurde. Am nächsten Tag wollte ich uns Zugfahrkarten zurück in die Schweiz besorgen. Aber an jenem nächsten Tag bist du schon krank geworden.

Es ist Nacht inzwischen. Stromsperre. Alles dunkel. Berlin ist so dunkel wie der Höllenschlund. Vielleicht ist es ja der Höllenschlund.

Ich lege mich neben meine Tochter, und es ist, als würde ich einen Ofen neben mir haben. Ihr rasselnder Atem. Ich muss schlafen. Ich muss Kraft haben. Morgen muss ich wieder hinausgehen in diese Totenstadt und bei den Franzosen etwas zu essen besorgen. Ich habe ja keine Lebensmittelkarten, bin hier nicht angemeldet. Will hier nicht angemeldet sein.

Die Schweizer Geldleute hatten auf mich eingeredet: Ich solle doch als Halbjüdin und Flüchtling meine Ansprüche geltend machen. Es gäbe Reparationen für Leute wie mich. Aber ich will nicht. Ich habe ja nun genug Geld, sodass ich von denen nichts brauche. Keinen müden Heller. Sollen sie zusehen, dass sie ihre Trümmer beiseitekarren und wieder irgendetwas hinsetzen, und das wird dann das neue Berlin sein, das neue Deutschland. Ich muss bald wieder fort. Hier kann ich nicht bleiben.

Wenn nur Alouette erst gesund ist …

4

Graues Morgenlicht rieselt durchs Fenster. Ich habe geschlafen wie gebannt, traumlos, starr. Ich glaube, ich habe mich nicht einmal umgedreht im Schlaf. Noch immer liegt mein Arm hinter dem durchgeschwitzten Kopfkissen Alouettes, noch immer halte ich die ausgestreckten Füße an den Knöcheln gekreuzt, liege gestreckt da und schmal, um meinem Kind nicht den Raum wegzunehmen.

Schläft sie? Oder haust sie nur im Fieberland? Die Gluthitze neben mir hat sich nicht verringert.

Ich stehe auf und greife dies unselige Thermometer. Es ist töricht, ich weiß. Aber mir ist, als würde dies Ding das Fieber nicht anzeigen, sondern schuld daran sein. So könnten auch die Frauen in Anefgou denken! Ich schiebe meiner Tochter das Gerät vorsichtig in die Achselhöhle. Bete. Bitte nicht mehr als vierzig! Vierzig ist schon bedrohlich genug. Und morgens sinkt die Temperatur ja meistens …

Vierzig. Es bleibt bei vierzig. Entmutigt schüttele ich das Instrument runter, möchte es am liebsten auf den Boden schmettern. Reaktionen einer Person, die jahrelang unter Beschwörerinnen und Zauberheilerinnen gelebt hat …

Nach der üblichen Prozedur – Wäsche wechseln, waschen, tränken, versuchsweise füttern – setze ich mich an den Tisch, falte die Hände und warte auf den Arzt. Doktor Leblanc hat mir zugesichert, er wolle gleich am Morgen nach uns sehen.

Mein Kopf ist leer. Ich denke an gar nichts. Döse vor mich hin. Ich weiß, das ist nicht gut. Es hilft meinem Kind nicht, wenn ich sozusagen nicht vorhanden bin. Ich kann nur nicht mehr. Ich habe zu nichts weiter Kraft als zu den notwendigsten Verrichtungen am Krankenbett. Wir müssen hier weg.

Die Klingel und Doktor Leblanc, im Rang eines Capitaine, klein, rundlich, Halbglatze trotz seiner Jugend. Ich mag Monsieur le Docteur. Vielleicht liegt es auch nur daran, dass er im Augenblick der einzige Mensch ist, mit dem ich Kontakt habe, außer mit meiner Tochter. Und wenn er uns auch nicht helfen kann, so hat doch sein Kommen immer etwas Beruhigendes – solange er mir keine Nachrichten überbringt, die meine Hoffnung schwächen.

Es scheint mir, als ob in seinem Blick Erstaunen ist, als er an das Bett herantritt. Was hat er denn erwartet? Dass alles vorbei ist?

Er macht, was er immer macht: fühlt den Puls, horcht Herz und Lungen ab, lässt sich von mir die Höhe des Fiebers sagen. Schrubbt sich die Hände mit Kresolseife.

»Ihre kleine Alouette ist ein tapferes Mädchen«, sagt er dann. »Sie ist sehr schwach, aber sie kämpft. Und Sie müssen sie unterstützen.«

»Ja? Wie denn?«, antworte ich, und weiß nicht, ob ich mehr verzweifelt bin als wütend oder umgekehrt. »Indem ich sie wasche und ihr Umschläge mache und versuche, ihr irgendetwas einzuflößen?«

Doktor Leblanc stellt schweigend seine Arzttasche auf den Tisch und öffnet sie, holt heraus: eine spitze Papiertüte mit Kaffee, eine Flasche Milch, ein Stück Butter, ein Weißbrot, so frisch, dass es duftet.

»Was soll ich damit?«, frage ich bitter. »Sie wissen doch besser als ich, dass sie nichts bei sich behält als diesen gesalzenen Schleim. Soll ich ihr Kaffee eintrichtern?«

Leblanc lächelt. »Nein, Madame, den sollen Sie sich selbst eintrichtern«, erwidert er. »Was haben Sie gegessen und getrunken in der letzten Zeit?«

Ich zucke die Achseln. »Hin und wieder ein Stück Brot. Da war irgendeine Marmelade im Küchenschrank. Malzkaffee …«

Er sieht mich schweigend an.

»Was wollen Sie, Monsieur le Docteur?«, sage ich grimmig. »Ich habe keine Zeit, auf den Schwarzmarkt zu gehen und mir Leberpaste und Romadur zu kaufen. Ich muss bei meinem Kind sitzen. Ich renne nur schnell mal nach Brot, gepanschter Milch oder Eiern los.«

»Sehen Sie, und ebendeshalb habe ich Ihnen diese Dinge mitgebracht. Nun müssen Sie das nicht. Denn Sie können nicht bei Ihrem Kind sitzen und ihm von Ihrer Kraft geben, wenn Sie selbst keine mehr haben. Abgesehen davon, dass Sie auf dem Schwarzmarkt hier wohl weder Leberpaste noch Romadur finden würden«, setzt er lächelnd hinzu. »Darum habe ich für Sie eingekauft.« Er greift noch einmal in seine Tasche, fördert, oh Wunder, zwei Hühnerschenkel, eingeschlagen in Ölpapier, zutage. »Kochen Sie eine Bouillon!«, befiehlt er. »Vielleicht können Sie schon morgen unserer Patientin ein paar Löffel davon einflößen.«

Ich sehe ihn an, sprachlos. Sagt er das nur, damit ich nicht ganz und gar verzage, oder gibt es wirklich Hoffnung? Ich wage nicht zu fragen. Greife mir stattdessen meine Geldbörse: »Was bin ich Ihnen schuldig?«

Doktor Leblanc ist ein guter Mensch, aber kein Engel, und er weiß, dass ich in Schweizer Franken zahle. Sein Preis entspricht den normalen Schwarzmarktpreisen, dennoch bin ich ihm dankbar. Er müsste es ja nicht tun.

Er steckt die Scheine mit Befriedigung ein. »Ich wollte, ich könnte mehr für Ihre Kleine tun. Aber hier muss die Natur sich selbst helfen. Die wichtigste Rolle spielen Sie, Madame. Kämpfen Sie mit ihr. Aber dazu müssen Sie bei Kräften bleiben.«

Als er fort ist, trage ich die Lebensmittel in die kleine Küche. Alouette schläft. Sie hat den Kopf zur Seite gedreht, und ihr Atem rasselt nicht ganz so hart, bilde ich mir ein. Ich suche nach einer Kaffeemühle, und siehe, es gibt sie. Als ich die Bohnen mahle, den Kaffee in eine rote Emaillekanne schütte und Wasser aufstelle, merke ich, dass ich rasenden Hunger habe.

Ich reiße das Brot auseinander, ohne mir die Mühe zu machen, es anzuschneiden, wickele die Butter aus dem Papier und grabe die Brotstücke hinein, schlucke und verschlucke mich fast. Der Kaffee tut ein Übriges. Ich bin wach, schwindlig, lebendig. Meine Hände zittern, als ich meinem Kind neue Wadenwickel mache. Sie regt sich und murmelt etwas. Ich beuge mich über sie. »Petit chaton?«

Und dann verstehe ich: »Est-ce que tu me racontes quelque chose, maman?« Erzählst du mir was, Mama?

Ich presse die Lippen aufeinander, um nicht loszuheulen. Sie ist da, aufgetaucht aus der Fieberwelt, zumindest für einen Augenblick, ehe sie wieder wegsackt. *Erzählst du mir was, Mama?* Das war stets die Zauberformel, unsere Zauberformel, wenn wir, eng aneinandergeschmiegt unter den Schafwolldecken, in den kalten Nächten von Anefgou die riesigen Sterne durch das löchrige Dach scheinen sahen; die Luft war so eisig, dass unser Atem vor uns stand als eine Wolke, aber wir waren warm und geborgen in unserem Nest. Und dann verlangte sie nach Geschichten. Ob Märchen oder wahre Begebenheiten, das war ihr gleich. Denn für sie, das Kind, das nur die Lehmziegelhütten dieses Orts kannte und die Berge und die Berber und ihre Tiere, war jede Geschichte ein Märchen, in dem ein großes Haus aus Stein vorkam oder das Meer, das man zu Schiff befahren konnte – *was ist ein Schiff, Maman?* –, oder ein Automobil oder gar ein Ding, das in der Luft fliegt wie ein Vogel. (Die anderen, die Gruselgeschichten vom brennenden Europa und von den Siegen und Niederlagen des Volkes, unter dem ich aufgewachsen war, drangen damals auch zu mir nur wie ein schwacher Widerhall, und von den großen Schlachten erfuhr ich erst, wenn sie lange vorbei waren.)

So hatte ich ihr eine Märchenwelt in lichten Farben gemalt – ein fröhliches, sommerliches Berlin mit einer schönen, fröhlichen, sommerlichen Sidonie, sie und ich auf dem Wannsee, ein Schwan; ein abenteuerliches Frankreich zu Maultier, zu Fahrrad und zu Auto, ein Karussell, und ich wohnte mit ihrem Vater im Wohnwagen zwischen den bemalten Holztieren, ein Schloss, das an einem Fluss stand und zu meiner Rettung wurde. Zu meiner und ihrer. Und es gab keine verfolgten Jüdinnen in den Geschichten und keine herzkranken müden Legionäre und keine verräterischen Schlossherrinnen und keinen Krieg, natürlich keinen Krieg.

Das alles sollte sie frühestens in zehn Jahren erfahren; in zehn Jahren, du lieber Himmel, da ist mein kleines Mädchen so alt, wie ich damals war, als ich mit ihr schwanger war …

Wenn wir denn dies hier überstehen.

5

Und nun werde ich es dir erzählen. Ich weiß nicht, ob du in den Tiefen deines Fieberlands etwas hörst, etwas verstehst von dem, was ich berichten werde. Aber ich tue es, um mir selbst zu helfen. Mir und damit dir, damit wir beide es schaffen. Ich muss es wieder heraufbeschwören, das, was sich zutrug, nachdem ich Marrakesch erreicht hatte, und was uns schließlich nach Anefgou an den Hängen des Hohen Atlas verschlug, wo unsere Flucht zum Stillstand kam.

Ich werde erzählen, wie ich um dich gekämpft habe …

Vorher hatte ich nur für mich selbst gekämpft, um mein Überleben und mein Entkommen. Aber nun, als du in mir heranwuchsest, musste ich meine Kräfte, meinen Trotz und meinen Erfindungsreichtum verdoppeln.

Eine Postkarte war es gewesen, die mich über das Mittelmeer getrieben hatte. Jene Karte mit einer Telefonnummer in Marrakesch, wo Sidonies Eltern Zuflucht gefunden hatten – jene Zuflucht, zu der ihr selbst der Weg abgeschnitten worden war, durch meinen Vater. Und diese Postkarte in der Hand wie einen Talisman, war ich blindlings davongerannt aus Deutschland, dahin, wo man sie angeblich finden konnte, diese Eltern.

Ich war Halbjüdin. Meine leibliche Mutter war früh an einer Herzkrankheit verstorben – einer Krankheit, die vielleicht zunächst noch therapierbar gewesen war, aber sich bestimmt erst durch die unerbittliche Präsenz meines herrischen Vaters in ein tödliches Leiden verwandelt hatte.

Und dann heiratete mein Vater zum zweiten Mal – wieder eine Jüdin, als es noch nicht gefährlich für ihn war. Diese

Frauen zogen ihn an, und die schöne Sidonie wurde für mich Mutter, Gefährtin und Freundin zugleich. Der liebste Mensch auf der Welt. Und er verriet sie und lieferte sie aus.

Ich floh vor seinem Zugriff, floh besinnungslos. Gelangte nach Strasbourg, der Stadt an der Ill. Und dort stieß ich mit dem Mann zusammen, der, liebe Alouette, *dein* Vater werden sollte: Aufrührer, ehemaliger Fremdenlegionär, Schmuggler, Fälscher, Schieber, in Deutschland steckbrieflich gesucht.

So brachte uns die Not zusammen. Denn der Krieg war ausgebrochen, die Deutschen marschierten in Frankreich ein, und er durfte ihnen auf keinen Fall in die Fänge geraten. Und ich suchte das Marrakesch der Postkarte …

Gemeinsam liefen wir beide weg. Er versprach mir, mich nach Marokko zu bringen für den Preis der Rohdiamanten, die mir Sidonie in den Kleidsaum eingenäht hatte (er entdeckte sie gleich am ersten Tag, versierter Gauner, der er damals war). Und ich glaube, er hielt mich damals für eine schrecklich verwöhnte Göre mit großer Schnauze und Allüren (was bis zu einem gewissen Grade stimmte), so wie ich ihn für einen windigen Schwindler und kaltblütigen Desperado hielt (woran ja auch einiges war).

Weswegen wir beide fortliefen, das sagten wir uns erst später – als ein Tiefflieger auf uns schoss, nachdem wir in jenem Zirkuswagen, von dem ich dir erzählt hatte, zueinandergekommen waren, inmitten bunter Karussellpferde.

Was ich dir nicht gesagt hatte, das waren die schweren Alpträume, die mich heimsuchten. Und noch weniger, dass sein Körper gezeichnet war von den Verwundungen seiner Legionärszeit – und sein Herz nicht mehr bereit war mitzuspielen.

Und während die Deutschen in Frankreich einmarschierten,

liefen wir gleichsam außer Atem vor ihnen her als die Gejagten, die wir beide waren – so sehr außer Atem, dass schließlich sein krankes Herz am Versagen war.

Schloss Chenonceaux war dann unsere letzte gemeinsame Etappe; ein Schloss, das ganz genau auf der Grenze zwischen dem von den Nazis eroberten Teil Frankreichs und dem freien Süden lag, ein Schloss, von wo aus man entfliehen konnte – wenn man denn den richtigen Pass hatte. Und den hatten wir beide nicht.

Mein Vater, der Mann, dem wir nun unser Leben hier in Europa – nein, nicht verdanken, denn ich will ihm nichts danken – zuschreiben können, war mir bereits wieder auf den Fersen, suchte mich per Steckbrief.

Aus seiner bewegten Vergangenheit kannte Gabriel die Schlossherrin von Chenonceaux. Gabriel gab mir seinen eigenen Pass und seinen Namen und blieb zurück. Dass er dort auf den Tod wartete, erfuhr ich erst, als es zu spät war. Ich dachte, er hätte mich aufgegeben zugunsten der alten Beziehung mit der Schlossherrin und war voll Trauer und Enttäuschung.

Aber da wusste ich bereits, dass ich schwanger war von ihm, und in Marseille, in den unerträglichen Monaten des Wartens auf eine Schiffspassage nach Marokko, die ich wie taub und blind durchstand, bist du in meinem Leib herangewachsen, Alouette, und ich empfand mich nur als eine bergende Hülle für dich, lauschte nach innen und belagerte die Behörden und die Reedereien, um endlich Europa entfliehen zu können.

Da war dein Vater schon nicht mehr am Leben, aber das hatte ich noch nicht erfahren.

Als ich schließlich den Boden Afrikas betrat, beschloss etwas in mir, aufzuwachen aus der Lethargie – aber vielleicht warst du es auch, die mich aufrüttelte mit kräftigen Tritten gegen meinen Bauch und meine Seiten. Denn du warst nun schon fast sechs Monate in mir, und du gabst mir den Gedanken ein, dass deine schützende Höhle dir nicht mehr allzu lange zur Verfügung stehen würde. Ich musste wieder lebendig werden und etwas für dich tun.

In diesem halben Jahr der Starre und Reglosigkeit des Wartens in Marseille, in diesem Winter des Herzens, hatte ich nur ein Gefühl gekannt: eine zähe, dumpfe Wut. Ich würde nicht aufgeben. Und diese Wut hatte mir geholfen zu überstehen. Aber dennoch war unter dieser Decke etwas mit mir geschehen, so wie im Winter ja auch das Leben keimt.

Du warst da. Du warst das einzige lebende Wesen, auf das ich nicht zornig war – denn auch von deinem Vater fühlte ich mich verraten und abgeschoben damals, auch wenn er mir das Leben gerettet hatte.

Aber du hast mir schließlich geholfen und aus mir einen anderen Menschen gemacht.

Ich war losgezogen als ein verwirrtes Kind und kam in Afrika an als eine Frau. Und es zeigte sich, dass ich all meine Kraft und meinen Lebenswillen zusammenraffen musste, um zu bestehen in dieser fremden Welt, die mir alles andere als freundlich entgegenkam.

Viereinhalb Stunden im überfüllten Zug von Casablanca nach Marrakesch, und einen Sitzplatz hatte ich nur, weil mein Bauch mit dir darin nicht zu übersehen war.

Endlich stand ich nach dieser endlosen Fahrt, die ich halb schlafend, halb dösend hinter mich gebracht hatte, mal fast zerschmelzend in der stickigen Hitze des Abteils, mal zerzaust vom Fahrtwind, wenn einer der Mitreisenden ein Fenster heruntergezogen hatte, da stand ich nun in Marrakesch. War angelangt am Ziel meiner Reise, in meinem Postkarten-Marrakesch mit der Telefonnummer von jemandem, der vielleicht Rat und Hilfe wusste. Die Stadt, in die ich wollte, ohne sie zu kennen, einem Traum nachrennend, wenn es denn schon kein Ziel gab.

Es war Oktober und heiß, und in der Ferne sah man die Schneeberge des Hohen Atlas – und wenn mir damals jemand gesagt hätte, dass ich dort über Jahre hausen würde mit dir, mein Mädchen, dann hätte ich nur verständnislos den Kopf geschüttelt. Für mich sah in diesem Moment der Atlas so aus wie die Schweizer Alpen, und wenn ich an etwas nicht erinnert werden wollte, dann waren es die Schweizer Alpen, wo mein Nazi-Vater hauste, der Mann, der Sidonie verlassen hatte, meine geliebte jüdische Stiefmutter. Der sie dem sicheren Tod auslieferte.

Das wollte ich nicht sehen. Aber da war ein Palmenhain am Bahnhofsplatz. Der gefiel mir besser.

Schneeberge – Alpen – Sidonie – und schon verspürte ich zwischen den Lippen einmal wieder das hilflose, verzweifelte Verlangen nach der Zigarette, die ich nicht rauchen, nur berühren wollte – wie ich Sidonies Zigaretten berührt hatte, ein Ritual, das wie ein Kuss war.

Neben mir auf diesem roten Bahnhof standen Bäume mit dunklem Laub, an denen Orangen hingen. Sie schmecken bitter, damals habe ich es ausprobiert, ma petite. Man kann sie

nicht essen. Aber keine zwei Meter weiter war ein Mann, der rauchte.

Ich schluckte. Schluckte an diesem riesigen Kloß der Einsamkeit, der mir die Luft abschnürte, und dann sagte ich heiser: »Haben Sie wohl eine Zigarette für mich?«

Er tat so, als würde er mich gar nicht hören. Ja, natürlich, auch in Marokko waren Zigaretten Schwarzmarktprodukte. Wer trennt sich schon von so einer Errungenschaft, schenkt sie einfach weg …

Ich fühlte, wie mir die Tränen kamen. Tränen der Enttäuschung und der Wut. »Nur eine!«, sagte ich. »Was wollen Sie dafür haben? Ich kann zahlen.«

Immerhin geruhte er mich nun wahrzunehmen, sah mich an mit dunklen, träge blickenden Augen unter schweren Lidern. Alles an ihm war schwer und träge. Eine vierschrötige Figur, ein Jackett, das über den Hüften spannte, feiste, schlecht rasierte Wangen, dicke Finger, zwischen denen er den heiß begehrten Glimmstängel hielt … Ohne es zu ahnen, hatte ich bei meiner ersten Begegnung in Marrakesch genau den Mann angesprochen, der mir noch lange zu schaffen machen sollte.

Sein Blick glitt über mich hinweg, musterte unverhohlen meinen Bauch. (Witterte er da schon das Opfer?) Er schüttelte den Kopf, zeigte mit dem Finger. »Nicht gut für Baby«, sagte er. Sein Französisch war holprig.

Ich versuchte zu lächeln. Keine Ahnung, wie mein Lächeln damals aussah. Ich hatte mich lange nicht mehr im Spiegel angelächelt. Zu allem legte ich auch noch den Kopf schief und kam mir vor wie eine kindische Bettlerin. »Monsieur! Nur eine einzige! Ich rauche sie auch nicht auf. Will sie nur mal kurz *haben.*«

Er blies Rauchringe in die Luft und schnalzte missbilligend mit der Zunge. »Wo ist Mann?«, fragte er. »Wo ist Mann zu dem Baby?« Sein Blick war lauernd.

Ich biss die Zähne zusammen. »Nicht hier!«, sagte ich wütend. Mann zu dem Baby! Das war genau das Thema, über das ich nicht reden wollte. Mann zu dem Baby sitzt in einem Schloss in Frankreich, macht der Schlossherrin den Hof und spielt den Kastellan. (So meinte ich jedenfalls damals.)

Er ließ nicht locker. »Junge Frau ohne ist nicht gut.« Er war dichter an mich herangerückt.

Ich nahm meine schwarze Segeltuchtasche, die ich mir in Marseille anstelle eines Koffers besorgt hatte, und ging ein paar Schritte von ihm weg. Aber da ich, wie er, auf den Bus wartete, der vom Bahnhof ins Stadtzentrum fuhr, konnte ich nicht ganz fort. Wandte stattdessen demonstrativ den Kopf ab und betrachtete diesen Bahnhof. Ockerfarben, tintenfarben, umbrafarben. Blutfarben.

Mein Herz klopfte. Mir gefiel das nicht mit diesem Kerl – der nun schon wieder näher an mich heranrückte, seinen Koffer mit dem Fuß weiterschob und mich mit dem Rauch seiner Zigarette umnebelte.

»Junge Frau braucht einen Beschützer!« Seine Stimme war nahe an meinem Ohr. Ich machte den Nacken steif und hatte Angst. So also ließ sich der Orient an.

Während unserer gemeinsamen Wartezeit in Marseille, Töchterchen, hatte sich niemand für deine Mutter als Frau interessiert – und war ich denn eine Frau? Ich war ein Unikum, ein kleines Mädchen von siebzehn mit einem dicken Bauch – da gab es attraktivere Personen. Auch die anderen, die gleich mir fortwollten aus dem brennenden Europa, versuchten wie ich, ihre Haut zu retten. Da war kein Platz für Techtelmechtel.

Ich beschloss, etwas Unmissverständliches zu tun. Gab also seinem Koffer einen so kräftigen Tritt, dass er über den halben

Gehsteig rutschte und er dem Teil fluchend hinterhersetzen musste.

Und dann sagte jemand in weichem Französisch: »Lieber nicht! Das ist ein Mann mit Einfluss.«

Ich fuhr herum, wollte eigentlich entgegnen, dass mir der Einfluss dieses widerlichen Kerls völlig egal sei – aber die Frau, die mich angesprochen hatte, sah so freundlich aus, dass mir die rauen Worte im Halse stecken blieben. Sie war rundlich, brünett, hatte auf der Oberlippe den Anflug eines Bärtchens, ihr Haar unter dem Kopftuch war halb schwarz, halb grau, und unter den dichten Brauen strahlten mich ihre Augen an, als würden wir uns schon jahrelang kennen.

Als sei es die selbstverständlichste Sache der Welt, schob sie sich auf die Warteposition zwischen mich und den Mann mit der Zigarette und stellte ihren großen Korb vor mir auf wie eine Barrikade.

Der Korb war voll bis an den Rand mit Büscheln duftender Minze – jener Minze, deren Geruch und Geschmack mich und dich über die Zeit in Marokko begleiten würden wie eine sanfte Melodie.

Mein »Beschützer« kam zurück, seinen Koffer in der Hand, und warf der Frau einen finsteren Blick zu. Sie senkte demütig die Lider – so machen es also die Frauen hier im Orient …

Ich grinste den Kerl herausfordernd an und wusste nicht, wie sehr ich mich in diesen ersten Minuten in Marrakesch bereits selbst in Gefahr brachte. Wusste es so wenig, wie ich ahnen konnte, dass mir dies Marrakesch schon zu Anfang gleichsam seine Abgesandten zugeschickt hatte, an dieser Bushaltestelle – zwei Menschen, die zu meinem und deinem Schicksal dazugehören sollten, mein liebes Mädchen …

Der Mann bekam einen roten Hals. Wieder schob er sich näher heran.

»Oh, da kommt ja der Bus!«, sagte meine neue Bekannte fröhlich und geschäftig. »Wollen Sie neben mir sitzen, junge Frau?«

Ich nickte erlöst.

Und schließlich fand ich mich in einem glühend heißen Vehikel wieder, hinten auf der letzten Bank, eingezwängt zwischen dem Korb mit Grünzeug rechts und seiner Besitzerin links. Die letzte Bank war ideal, so konnte mich keiner von hinten belästigen; den pomadisierten Kopf des Mannes sah ich weiter vorn zwischen Kopftüchern und dunklen Haaren, *den* war ich los – dachte ich. Allerdings, die Frau verdrängte ziemlich viel Raum, ihr weiter, bunt geblümter Mantel lag auf meinem Schoß und ihre Füße in bestickten Sandalen ruhten auf meiner Segeltuchtasche. Und es war rappelvoll und zum Ersticken. Die Luft wurde mir knapp, bestimmt kamen auch Abgase in das Gefährt. Du merktest meine Beklemmung und begannst dich energisch zu wehren gegen die Unbequemlichkeit, die ich dir anscheinend bereitete; Hitze und mangelnder Sauerstoff, und dazu dies wilde Geschaukel. Jedenfalls malträtiertest du mich zusätzlich mit Tritten, und ich presste beide Hände schützend und beruhigend auf meinen Leib: Keine Bange, alles ist gut.

Ich war so erschöpft und tat genau das, was Ankömmlinge in einer fremden Welt *nicht* machen sollen; als du wieder Ruhe gabst, schlief ich ein, dämmerte weg aus dieser Hölle von lauten Stimmen und stickiger Hitze und Motorenlärm.

Und irgendwann war das Geruckel und Geschaukel vorbei und jemand berührte meinen Arm.

Der Bus war fast leer, die letzten Fahrgäste suchten noch ihre Gepäckstücke zusammen. Vor mir stand die Frau mit dem Minzkorb und musterte mich mit schief gelegtem Kopf, forschend und sorgenvoll.

»Endstation, petite madame. Djemâa al-Fna.«

In meinem von Hitze umnebelten Kopf dachte ich zunächst, dass sie einen arabischen Segensspruch hersagte, bis mir einfiel, dass Djemâa al-Fna der legendäre Hauptplatz in Marrakesch war, »Versammlungsplatz der Toten«, denn hier wurden früher die Köpfe der Hingerichteten aufgespießt und zur Schau gestellt. In tiefem Schlaf war ich nach Marrakesch gekommen – wie jener Odysseus, der Grieche, von dem ich dir auch erzählt habe, schlafend aus seinem Schiff daheim ausgeladen wurde. Nur ich war gelandet im Reich meiner Fantasie, in einem Marrakesch, das mich angezogen hatte wie eine Fata Morgana. Ich war angekommen im Nirgendwo.

Jetzt, vor wenigen Wochen, als wir vom Atlas herunter in die fremde bunte Stadt kamen, da bestauntest du mit großen Augen das Treiben auf diesem Platz, so laut, so bunt und märchenhaft, wie du dir in unserem Bergdorf nie etwas hattest vorstellen können. Du klatschtest in die Hände zum Flötenspiel des Schlangenbeschwörers und der Akrobaten, wiegtest dich in den Hüften mit den vermummten Bauchtänzern, zogst mich von Stand zu Stand zwischen Kleidern und Krügen und Lampen und Teppichen, umgeben von den Düften der Garküchen und dem Gebell der Hunde – es war eine Zauberwelt, und ich sah sie mit deinen Augen neu. Aber damals, bei meiner Ankunft, schien mir das alles nur laut, wild, roh und verwirrend, und meine Einsamkeit inmitten des Trubels war so tief wie das Meer.

Und als dann diese freundliche Frau, den Korb gegen die Hüfte gestemmt, mir beim Aussteigen half und fragte: »Soll ich Ihnen einen Kutscher besorgen, der nicht teuer ist? Ich rede mit einem, der Sie dorthin bringt, wo Sie hinwollen!«, da hatte ich einfach nicht mehr die Kraft, nur Danke zu sagen und mir ein Hotel zu suchen, sondern wie das kleine verlorene Mädchen, das ich ja im Grunde war, erwiderte ich: »Aber ich weiß ja gar nicht, wo ich hinwill.«

6

Es klingelt. Es klingelt sehr fordernd und sehr ausdauernd. Da nimmt jemand gar nicht mehr den Finger vom Knopf.

Ich schrecke hoch, als wenn ich aus dem tiefen Schlaf käme, dabei bin ich ja nur unterwegs gewesen in der Vergangenheit und alles andere als schläfrig und benommen, sondern hellwach. Aber so tief bin ich abgetaucht, so sehr habe ich mich bemüht, dir alles bis ins Kleinste zuzusenden, dass die Tür zu diesem grauen Alltag hier zugefallen war. Wer kann etwas von mir wollen? Außer dem Doktor und meinem Vermieter, dem Colonel, weiß keiner, dass ich hier bin.

Ich werfe einen Blick auf meine Tochter, der ich meine Geschichten in die Fieberträume hineinträufele. Sie schläft. Sie glüht zwar noch immer, aber sie schläft, und ich bilde mir ein, dass ihr Atem nicht mehr so rasselt.

Dann gehe ich zur Wohnungstür und frage: »Wer ist da?«

Keine Antwort, nur weiter das Geklingel. Sie werden mir noch das Mädchen aufstören.

Ich lege die Kette vor und öffne den Spaltbreit, den diese

Sicherung hergibt. Im Hausflur stehen Leute, ein Mann und eine Frau. Der Mann ist bestimmt über sechzig – alle jungen Männer waren im Krieg, und die meisten sind noch irgendwo im Gefangenenlager –, er hat einen Kranz grauer Haare um den Schädel und trägt eine Lodenjoppe, als wäre er ein Jäger oder Förster. Die Frau hat, wie die meisten hier in Deutschland, ein Kopftuch als Turban um den Kopf geschlungen und ist in ein abgeschabtes Pelzjäckchen gekleidet. Sie trägt Ohrringe. Beide haben sie die ausgemergelten, hohlwangigen Gesichter aller Menschen hier, die auf ihre Lebensmittelkarten nicht satt zu essen bekommen.

Die Frau mustert mich mit feindseligen Blicken. »Fräulein Migutsch?«

»Nein, bin ich nicht«, sage ich und will die Tür wieder zumachen, aber sie stellt einen Fuß zwischen Tür und Pfosten.

»Wieso sind Sie nicht Fräulein Migutsch? Man hat uns gesagt, dass in unserer beschlagnahmten Wohnung jetzt unrechtmäßig ein Fräulein Migutsch haust.«

Ich begreife. Ich habe die »Urbewohner« dieses Quartiers vor mir, die, denen man es »wegrequiriert« hat.

»Was hier rechtmäßig oder unrechtmäßig ist, das sollten Sie wohl lieber der französischen Militäradministration überlassen«, sage ich.

»Aber es geht nicht, dass sie jetzt Deutsche in diese Wohnungen setzen. Andere Deutsche, die nicht reingehören. Wir hocken jetzt als Untermieter mit noch zwei Parteien in einer mickrigen Dreizimmerwohnung, und hier sitzt ein *Fräulein* ganz allein in zwei Räumen.«

Die Art, wie sie »Fräulein« ausspricht, verleiht dem Wort eine etwas andere Bedeutung.

»Ich bin keine Deutsche, wenn Sie das beruhigt, ich bin Französin«, erwidere ich. »Darf ich endlich fragen, was Sie wünschen?«

Sie sehen sich höhnisch an, mit verzogenen Mundwinkeln; es ist klar, dass sie mir kein Wort glauben. Dann sagt der Mann: »Verzeihen Sie schon, Mademoisellchen, aber ist es vielleicht möglich, dass wir von unserem Eigentum ein bisschen was abholen, damit wir nicht zwischen fremden Wolldecken schlafen müssen und aus dem Kochgeschirr speisen dürfen?« Er klingt bitter und gehässig. »Andere haben alles verloren, aber uns hat man alles genommen!«

Ich mag die Leute nicht, aber wie sie so ausgesperrt vor ihrer eigenen Tür stehen, können sie einem auch leidtun.

»Ich habe ein krankes Kind«, sage ich. »Wenn Sie hereinkommen und schnell sind und leise, dann nehmen Sie sich, was Sie brauchen von Ihren Sachen.«

Und ich löse die Kette und öffne die Tür ganz.

Sie kommen herein und sehen sich um mit der misstrauischen Miene von Herrschaften, die nachprüfen wollen, ob ihre Dienstboten auch ordentlich geputzt haben. Die Prüfung fällt ungünstig aus.

Nach einem hämischen Rundumblick durch die unaufgeräumte Küche öffnet der Mann seinen Rucksack und beginnt, Geschirr, Besteck und Kochtöpfe einzusacken, bis ich »Halt!«, rufe, »das brauche ich selbst!«

Ein Kreischen unterbricht den Protest des Mannes. »Meine Damastbezüge!«

Die Frau hat die eingeweichte Wäsche in der Zinkbadewanne entdeckt und die Laken, die zum Trocknen über dem Holzständer hängen. »Was nehmen Sie sich heraus, Sie …«

»Nur friedlich!«, sage ich. »Es kommt alles wieder ins Geschick, wenn mein Kind gesund ist. Nehmen Sie sich, was Sie brauchen, und dann verschwinden Sie.«

Die Frau wirft einen gehetzten Blick von ihrer Waschbalge zur Tür, die einen Spalt weit offen steht, sodass ich Alouette im Auge behalten kann.

»Was hat das Kind denn?«, fragt sie lauernd, und ich antworte so ruhig wie möglich: »Typhus.«

Der Stapel frischer Handtücher, den die Person sich gerade vom Tisch greifen wollte, fällt zu Boden. »Haben Sie das auch schon benutzt?«

Ich zucke die Achseln. »Möglich. Ist aber alles mit Kresolseife behandelt worden.«

Sie spreizt die Hände ab, als hätte sie ein giftiges Insekt berührt. Starrt mich an, und ihre Ohrringe mit kleinen hellblauen Steinchen zittern. »Wissen die Behörden Bescheid?«, fragt sie und sieht mich bohrend an. »Typhus ist meldepflichtig!«

Behörden. Ein Wort, das hierzulande offenbar immer noch zu den Lieblingswörtern gehört.

»Es reicht ja wohl, wenn ich einen Arzt konsultiere«, sage ich unwillig.

»Überhaupt nicht! Sie gehören in strenge Quarantäne, und die Wohnung muss gekennzeichnet werden. Leo, sag du doch auch mal was!«

»Meine Frau hat Recht!«

Wie anders sollte es auch sein. »Ich verstehe ja, dass Sie Angst haben, sich anzustecken. Also mach ich Ihnen den Vorschlag: Lassen Sie das Zeug hier und verschwinden Sie. Wollen Sie was von meiner Kresollösung abhaben?«

»Unverschämte Person!« Nun klaubt sie doch noch die Handtücher vom Boden auf. »Das hat ein Nachspiel, das hier!«

Mir reicht es. Ich gehe auf die beiden zu, um sie hinauszukomplimentieren, und allein meine Nähe genügt, dass sie sich in Richtung Tür zurückziehen. Als wäre ich eine Pestkranke.

Noch auf der Treppe höre ich die Frau zetern.

Die sollen mich in Ruhe lassen.

Ich kehre zu meiner Tochter zurück. Der Krach hat sie aufgeweckt. Sie starrt mich an mit großen Augen, die nichts sehen, und ihre Hände wandern auf der Decke hin und her, als wollte sie ein Spinnennetz weben.

Waschen, tränken, füttern. Vierzig Fieber, unverändert.

»Est-ce que tu me racontes quelque chose, maman?«

Ach, wie sehnlich wollte ich, dass sie es sagt, dass ihre Augen einen anderen Glanz haben als den des Fiebers. Ja, ich erzähle. Erzähle immerfort.

In diesem Augenblick, auf diesem Platz öffneten sich die Schleusen des Himmels über uns. Es geschah sozusagen ohne Vorwarnung, das dämmrige Gelb am Horizont hatte ich, falls ich es denn überhaupt wahrnahm, für Abendröte gehalten. Pfeilgerade stürzten die Regenschnüre auf uns hernieder. Im Nu wurde der vorher staubtrockene Platz in einen schwärzlichen Schlammgrund verwandelt. Unter Schreien und Rufen begannen Händler und Gaukler ihre Siebensachen zusammenzusuchen, spannten Zeltplanen über die Stände, bauten kleine Schutzschirme über den Garküchen auf, verstauten ihre Trommeln und Pauken, ihre Flöten und Tuten in schwarzen Behältern. Inmitten dieses Chaos von Lärm und Bewegung standen wir still, die Frau mit dem Minzkorb und ich, nur dass sie zuvor mit einer einzigen schnellen Bewegung ihren Mantel über die duftenden Blätter gezogen hatte. Der Regen fiel so dicht, dass ich ihr Gesicht nur noch undeutlich wahrnahm.

Und dann hörte ich sie sagen: »Ihre Reise war sicher sehr anstrengend, petite madame. Kommen Sie mit mir. Da, wo ich wohne, vermietet man Zimmer.«

So müde, wie ich war, gab es in diesem Augenblick nichts, was mir willkommener hätte sein können, als die Entscheidung über mein Tun und Lassen los zu sein. Der Krach. Der Regen. Ein Zimmer.

Sie wartete nicht auf meine Antwort, hatte die Sprache meiner gebeugten Schultern, meines geduckten Kopfes auch so verstanden und ging einfach los, und ich folgte ihr, meine Tasche geschultert, und stapfte durch den dunklen Schlamm, weg von diesem Platz.

Als hätte der Regenguss nur dazu dienen sollen, dass diese Aufforderung ausgesprochen wurde, hörte er auf, so plötzlich, wie er gekommen war. Die Erde dampfte. Alles ringsum begann zu stinken. Nach Leder und Schweiß, nach Urin und Rosen, nach Minze, Metall und Gummi.

Ich fühlte, dass ich kurz davor war, ohnmächtig zu werden. Aber dann verließ meine Führerin den Platz und bog in eine Gasse ein, und es war dort zum Schaudern kalt und so eng, dass nicht zwei Menschen nebeneinanderher gehen konnten, wenn sie etwas trugen.

Ich hatte keine Ahnung, wohin sie mich in diesem Labyrinth verschleppte. Es war mir gleich in dem Moment. Ich wollte, dass ich, dass wir beide, du, mein Kind, und ich, uns in einem Raum, dessen Tür man hinter sich zumachen konnte, auf einem Bett ausruhen konnten. Mehr nicht. Vor mir waren das geblümte Kleid und der Korb mit dem Kraut, und denen folgte ich in diesen Schlund hinein. Entgegenkommende rempelten mich an. Damals fragte ich mich nicht, warum. Es war eben so. Heute weiß ich, dass sie der Unverschleierten, der Ungläubigen, der Europäerin damit sagen wollten, was sie von ihr hielten …

Und dann brach es zum zweiten Mal über dich und mich herein. Erst der Regen, dann dies Geräusch. Alles kam zusammen, uns zu verwirren und zu verstören bei dieser Ankunft. Die schrille, gurgelnde Stimme gehörte dem Muezzin, der zum Abendgebet rief. Das Minarett musste direkt über uns sein. Ich war schon dabei, die Hände zu den Ohren zu heben, als du dich meldetest, aufgeschreckt von meinem Schreck, und mir schmerzhaft deinen Fuß oder dein Knie in die Seite rammtest. Ich schnappte nach Luft und blieb stehen. »Madame!«, japste ich. »Un moment, s'il vous plaît!«

Sie drehte sich nicht nach mir um, wusste auch so, was los war, blieb einfach nur stehen und wartete ein paar Atemzüge lang. Dann fragte sie über die Schulter: »Ça va, Madame? Geht's wieder?«

Unser Weg ging weiter durch die engen Gassen, bis wir uns schließlich durch eine Art Nadelöhr aus rauen Hauswänden zwängten, als würden wir das Innere eines Felsens verlassen.

Und so, meine Kleine, vom Regenguss getauft und vom Geschrei des Muezzins betäubt, wankte ich mit dir hinaus auf einen engen Innenhof mit einem Brunnen und blau-weißen Mosaiken, kam ich an in Marrakesch, der Stadt, von der ich geträumt hatte und die mich keineswegs mit offenen Armen empfing – aber zum Glück gab es die Frau mit der Minze, ein Engel, der mich sicher durchs Chaos geleitet hatte.

Was danach folgte, nahm ich nur noch wie durch einen Schleier wahr: die Galerie, von der Wäschestücke herunterhingen, das Kindergeschrei, das Hundegebell. Die hölzerne Stiege, die wir hinaufkletterten. Irgendwo machte man Musik. Viele Küsse auf die Wangen für meine Minzfrau. Die Öffnungen oben auf der Galerie, wie die Waben eines Bienenstocks, meist ohne Türen, nur mit einem bunten Vorhang. Und um mich und dich drehte sich die ganze Welt, als seien wir gerade von einem Karussell abgestiegen – ein Karussell, ein Karussell in Frankreich, wir sind in einem Zirkuswagen, um uns herum stehen die bunt bemalten Tiere aus Holz, ich lasse mich fallen in die Arme des Mannes, den ich liebe …

»Madame!« Jemand klopfte mir die Wangen, ich lag auf der Erde und wusste zunächst nicht, wo ich war.

Um mich herum besorgte Frauengesichter unter bunten Kopftüchern, Stirn und Wangen verziert mit Tätowierungen oder Malereien – das, was für dich das Alltägliche war, später in Anefgou; es kam mir vor, als wären es Wesen von einem anderen Stern. Hennabunte Hände streichelten mich, hielten mir etwas stark Riechendes unter die Nase, besprengten mich mit Wasser. Und ein kleiner alter Mann in gestreiftem Burnus, der mit gekreuzten Beinen vor einer großen Pfeife hockte und an dem Mundstück nuckelte, erwies sich als mein Zimmerwirt, mit dem meine Minzfrau einen Preis aushandelte in einem wilden und gestenreichen Arabisch, umringt von einem Rudel Kinder, die die Vorstellung genossen.

Irgendwann hatte ich ein Quartier für drei Tage; es war billig, aber ich musste gleich bezahlen und holte aus dem Brustbeutel, den ich von Gabriel, deinem Vater, bekommen hatte, die zerknitterten Scheine hervor, die der Mann im Burnus sorgfältig befühlte und einen nach dem anderen gegen das Licht hielt.

Und dann führte mich meine Helferin zu einem dieser Gelasse hinter den Perlenschnüren. Keine Tür, infolgedessen auch kein Riegel. Ich erlebte es das erste Mal: eine nackte Glühbirne, die von der Decke baumelte, blau gestrichene Wände, bedeckt mit den dunklen Abdrücken von Kinderhänden, der »Hand der Fatima« gegen den bösen Blick, wie sie auch im Hohen Atlas allüberall waren, ein eisernes Bettgestell mit einem Kopfkissen und einer Decke, ein Krug und eine Waschschüssel aus Emaille, ein Tisch, ein Stuhl.

Mir war jetzt alles egal. Ich verschob alles auf den nächsten Tag.

Leicht schwankend stand ich in der Mitte dieses Quartiers und sah zu, wie meine Mentorin den Spind öffnete und das Bett bezog. Die Wäsche roch nach Lavendel und knisterte vor Stärke, sie erweckte in mir das dringende Bedürfnis, zu schlafen. Nur zu schlafen. »Sagen Sie mir Ihren Namen, Madame?«, wurde ich gefragt, und ich murmelte »Gabrielle« – jedes Mal musste ich vorher schlucken, obwohl ich mich nun schon über ein halbes Jahr so nannte.

»Gibt es eine Toilette, Madame?«, fragte ich noch. Und als sie unter das Bett und auf den Nachttopf deutete, war mir das auch recht.

»Wenn Sie etwas brauchen, fragen Sie nach Haydee. Das Wasser im Krug können Sie auch trinken. Wenn Sie Wünsche haben, brauchen Sie nur mit dem Löffel an dieses Glas zu schlagen, es gibt einen Diener. Er wird Ihre Wünsche erfüllen. Er sitzt vor Ihrer Tür.«

Sie küsste mich auf die Wangen. Ein Nachttopf und ein Diener. Minzduft. Die »Hände der Fatima« an den Wänden. Marrakesch.

Ich lag auf dem Bett, die Tasche unterm Kopfkissen, man konnte nie wissen. Hatte nur die Schuhe von den Füßen gestreift. Rollte mich zusammen wie ein Igel.

So waren wir beide angekommen in dem Land, in dem du deine ersten Jahre verbringen solltest.

7

Die Hand der Fatima. Die Abdrücke von Kinderhänden an der Wand, abergläubische Abwehrsymbole gegen den »bösen Blick«. Sie haben mich in meinen Traum begleitet, eine Heimsuchung von Traum in dieser Dämmerstunde, in der es noch keinen Strom und folglich kein Licht gibt. Neben Alouettes Bett bin ich auf dem Stuhl eingenickt. Und in diesem Traum erschienen die dunkelblauen fünffingrigen Zeichen überall, wohin ich auch blickte in diesem Zimmer, aber auch draußen waren sie, auf den von Trümmern gesäumten Straßen, die ich träumend durchschritt, auf jeder stehen gebliebenen Mauer, auf jedem Steinquader am Weg, sogar auf dem Schild, das in mehreren Sprachen die Trennung der Sektoren verkündet, tauchten sie auf. Ich wusste erst nicht, warum ich mich so sehr davor grauste – aber dann begriff ich es: Diese Hände bewegten sich, sie waren lebendig wie kleine, hin und her huschende Tiere, krabbelten auf und ab an den Wänden, wichen einander aus, versammelten sich.

Ich bin schweißgebadet aufgewacht. Meine erste Regung ist, die Hand nach meinem Kind auszustrecken – glühend, aber schlafend. Dieser Traum war wie ein klebriges Tuch, aus dem man sich nicht befreien kann!

Im Treppenhaus sind Stimmen, und ich bin mir sicher, dass sie mich geweckt haben. Ich verstehe nicht, was da gesagt wird, aber es klingt aufgeregt, schrill, bedrohlich.

Bisher war es immer sehr ruhig hier. Und nun – ich bin mir sicher, die schrillen Töne der Frau herauszuhören, die mir heute Vormittag mit ihrem Mann einen Besuch abgestattet hat. Was machen die da im Dunkeln?

Ich fürchte mich. Im Dunkeln sitzen und sich fürchten – das ist etwas ganz und gar Irrationales. Das Einzige, was mir passieren kann, ist das, was meiner Tochter passiert …

Ich muss mich aufraffen. Aufstehen, die Tür aufreißen, die da draußen anherrschen. Ruhe! Aber gerade als ich mich erhoben habe, ist es ruhig geworden. Ich atme tief durch. Ja, natürlich.

Es ist so, wie es damals war. Damals, als ich ebenfalls aus einem unruhigen Erschöpfungsschlaf erwachte, in dem Zimmer in Marrakesch – als ich erwachte mit verklebten Augenlidern und die Stimmen wiedererkannte: Madame Haydee, leise und verschwörerisch, und, unverkennbar, die kehlige Stimme des Mannes, den ich am Bahnhof wegen der Zigarette angesprochen hatte.

Damals schreckte ich hoch, als hätte ich eine eiskalte Dusche bekommen. Als Erstes fuhr meine Hand zum Lichtschalter – ich wollte nicht beleuchtet hinter diesem Perlenvorhang liegen, ausgestellt wie auf dem Präsentierteller. Und damals wie heute stand ich lauschend im Dunkel. Mir war so, als fiele in dem Gespräch mein Name, als würde Haydee »Gabrielle« sagen. Das Blut raste in meinen Adern.

Was ging hier vor? Wieso kannte mein »guter Engel« diesen fremden Mann? War ich in eine Falle gestolpert?

Ich starrte auf das Gitter aus Licht und Schatten, das von der Galerie her durch die Perlenfransen auf den Fußboden projiziert wurde, und schlich auf Zehenspitzen zu dem Vorhang, um hindurchzuspähen.

Die Galerie war von ein paar Petroleumlampen erhellt, offenbar war das elektrische Licht ein Luxus nur für die Gastzimmer. Und da war er tatsächlich, dieser Mann. Ich sah den feisten Rücken in dem zu eng sitzenden Jackett, die pomadisierten Haare – die Frau sah ich nicht.

Ich hatte nur noch einen Gedanken: Weg hier! In Panik schlüpfte ich in meine Schuhe, griff die Tasche und steckte vorsichtig den Kopf durch die leise klappernden Perlenschnüre. Trotz der Dunkelheit lärmten unten im Hof noch die Kinder – anders als in den Bergen, wo du groß wurdest und wo man gleichzeitig mit den Tieren zu Bett ging, tobten die kleinen Städter noch bis spät. Ansonsten war es still. Aus einigen Zimmern drang Licht, aber es war keine Menschenseele zu sehen.

Ich fasste mir ein Herz, ging vorsichtig auf die Treppe zu und unterdrückte im letzten Moment meinen Aufschrei.

Eine Hand hatte mich am Knöchel gepackt. Fast wäre ich hingestürzt. Und wenn ich heute an diese Szene zurückdenke, so wundere ich mich noch immer, dass du von meinem Schreck nichts mitbekommen hattest und dich überhaupt nicht regtest in mir. Ich versuchte mich zu befreien, zerrte und schlug mit der Tasche zu, verlor das Gleichgewicht und musste mich am Geländer festhalten. Und inzwischen umschlangen zwei Arme meine Beine und hielten mich unerbittlich fest, sosehr ich auch zappelte.

Und dann eine sanfte Stimme in gebrochenem Französisch: »Bitte, Madame, nicht! Ich bin da, ich komme, wenn Sie mich rufen! Ich besorge alles für Sie! Bitte, zurückgehen!«

Im unsicheren Licht starrten mich von unten weit aufgerissene Augen mit viel Weiß an, ein Blick, der eher verzweifelt wirkte als drohend.

»Lass mich endlich los!«, keuchte ich, atemlos vor Schreck. »Was willst du denn?«

»Nicht weggehen! Nachts gefährlich für weiße Madame!«

Ich hörte auf, mich zu wehren. Der würde mich nicht loslassen, das war klar. Eher würde er das ganze Haus zusammenschreien. »Was geht dich das an, wohin ich gehe?«

»Aber ich bin doch Jussuf!« Es klang fast vorwurfsvoll, als müsste ich das wissen. »Madame Haydee sagt, ich Sie bedienen.«

»Bedienen oder bewachen?«, fragte ich wütend.

Darauf erwiderte er nichts. Magere Arme umschlangen immer noch meine Beine. Dunkle Arme. Ein Burnus, der Kopf gesenkt, das Gesicht nun verborgen unter der Kapuze.

»Bin ich hier eingesperrt?«

Er schüttelte heftig den Kopf. »Nicht nachts ausgehen. Morgen überallhin, sagt Madame Haydee.«

»Madame Haydee, Madame Haydee!«, äffte ich ihn nach. »Ist Madame Haydee hier die Göttin?«

»Sie ist meine Herrin«, erwiderte er, »sie hat mich vom Hausbesitzer gemietet«, und damals begriff ich nur halb, was er wirklich damit meinte. Jedenfalls klang es in meinen Ohren
 nach antikem Rom und Sklaverei, also wie völlig aus der Welt. Ich hatte wirklich keine Ahnung.

Es half nichts. Ich trat den Rückzug an, packte meine Tasche und ging zurück zu meinem Quartier. Dann kam mir eine Idee. »Du sollst mich bedienen? Beschützen, nicht wahr?«

»Ja, Madame. Ja.«

»Kannst du dafür sorgen, dass heute Nacht niemand zu mir kommt? Auch nicht Madame Haydee?«

»Madame Haydee schläft schon.«

»Das ist keine Antwort. Niemand soll zu mir kommen, auch nicht deine Herrin.«

»Auch nicht meine Herrin«, wiederholte er, und es klang eher wie eine Frage.

Ich ließ es dabei bewenden. »Gut. Dann wache vor meiner Tür!«

Er sah mich verwundert an – denn das tat er ja schon die ganze Zeit. Mein Leibwächter für eine Nacht.

Ich ließ mein Zimmer im Dunkeln, warf, bevor ich mich vollständig bekleidet hinlegte, Tasche als Kopfkissen, noch einen Blick auf die Galerie. Da lag er tatsächlich, auf einer Matte, zusammengerollt wie ein junger Hund, aber beim Klappern der Perlenschnüre fuhr sofort sein Kopf in die Höhe, das Weiß der Augen, fragend.

»Alles in Ordnung, Jussuf«, sagte ich, gerührt und befremdet zugleich. »Bonne nuit.«

Seine leise Stimme: »Leyla sâida, Madame.«

Ja, ich war todmüde. Aber nun, meine Kleine, warst du aufgewacht und setztest mir zu mit Händen und Füßen, und so war an Schlaf nicht zu denken.

Lag es an dir, dass in dieser Nacht meine Gedanken in die Vergangenheit spazierten – zurück zu dem Mann, der dein Vater ist und an den ich damals noch mit viel Zorn und viel Liebe und wenig Verständnis zurückdachte. Damals, meine Kleine, glaubte ich ihn noch am Leben. Ich habe dir bisher wenig über ihn erzählt. Damals erweckte deine Munterkeit in mir die Erinnerungen …

8

Kann man die Vergangenheit lebendig machen, Dinge heraufbeschwören durchs Erinnern, dass sie greifbar und fühlbar werden? Das ist wie Magie.

Seit ich dir das hier alles erzähle, ohne ein Märchen daraus zu machen, steht er mir wieder vor Augen, als wären inzwischen nicht fast sechs Jahre ins Land gezogen, und mir ist, als wäre ich immer noch das sommersprossige Mädchen von damals, an der Seite des Mannes mit den grauen Augen und der gebrochenen Nase, und manchmal, wenn ich mich kurz von dir entferne, meine Kleine, um in dieser zugigen Wohnung irgendeiner Verrichtung nachzugehen, kann es vorkommen, dass ich ihn hinter mir glaube; sogar der Geruch des Herzmittels scheint irgendwo im Raum zu sein, und wenig fehlt, ich würde ihn anreden, diesen Schatten …

Er und ich, wir bewegten uns durch das im Chaos versinkende Frankreich als Flüchtlinge unter anderen Flüchtlingen, gleichsam in grotesken Rösselsprüngen von Gelegenheit zu Gelegenheit bis zu einem seltsamen Schloss am Wasser, von dem aus man vom deutsch besetzten ins freie südliche Frankreich fliehen konnte.

Und so schickte er mich also los und blieb zurück, und ich stand da mit einem Pass, in dem er aus einem Gabriel Talbaut eine Gabrielle Talbaut gezaubert und mich gleichzeitig um vier

Jahre älter gemacht hatte. Sodass ich nun mit seinem Namen herumlief und mein Kind – von dem er nichts wusste – seinen Familiennamen tragen würde. Und immer wenn ich meinen neuen Namen schrieb oder aussprach, war Gabriel Talbaut da, schmerzlich unvergesslich wie eine alte Narbe.

Auch in dieser Nacht drängte sich das zerklüftete schiefnasige Gesicht mit den grauen Augen zwischen mich und die reale Welt, hervorgerufen durch die sanften Tritte meines Kindes, seines Kindes. Ich war jetzt nach dieser Zeit bereit, ihm zu vergeben und ihm Glück zu wünschen – mit seinem kranken Herzen und an der Seite dieser anderen Frau in seinem anderen Leben da in Frankreich.

Und in dieser Nacht wurde mir klar, dass einzig und allein das Wesen in meinem Bauch mir die Kraft gegeben hatte, gegen Behörden zu kämpfen und die Schiffsagentur von Marseille zu bestechen und endlich wirklich anzukommen in der Stadt meiner Träume – mit dem letzten bisschen von dem Geld, das ich meinem Vater gestohlen hatte.

Eine Postkarte mit einer Telefonnummer der Gastgeber und ein Name, den ich nicht einmal genau wusste, hatten mich hierhergeleitet, hierher, wo Sidonies Eltern Zuflucht gefunden hatten. Wo wir eigentlich gemeinsam hinwollten, sie und ich. Sie kam nicht mehr aus Berlin fort. Ich setzte mich gleichsam allein auf die Spur.

Grünstein, Grinstein – das war der Name, nach dem ich suchen musste in der Ville Neuve, der Neustadt Marrakeschs. Und Mendes. Mendes war Sidonies Mädchenname, der Name ihrer Eltern. Diese Leute konnten mir vielleicht helfen – mir, das hieß, meinem Kind. Dir. Um ihrer Tochter willen.

Ich weiß nicht, wann ich dann eingeschlafen bin. Jedenfalls

weckte mich das gellende Geschrei des Muezzins, und ich saß schweißgebadet im Bett und der neue Tag hatte begonnen.

In Berlin beginnt die Nacht. Das heißt, es wird hell. Die Lampe an der Decke und die auf dem Nachtschränkchen erstrahlen auf einmal – um mitzubekommen, dass der Strom eingeschaltet wird, macht man sie gar nicht erst aus. Jetzt haben wir mindestens zwei Stunden Licht.

Alouette gefällt das nicht. Sie dreht unruhig den Kopf hin und her, seufzt und knurrt. Für mich ist das ein gutes Zeichen. Sie nimmt wieder mehr von ihrer Umwelt wahr. Aus dem offen stehenden Koffer, in dem unsere Sachen seit Alouettes Erkrankung in wildem Durcheinander liegen, zerre ich ein orangerotes Tuch vor und umhülle damit den Schirm der Nachttischlampe, dunkle das Licht ab. Nun ist sie ruhiger.

Ich trete ans Fenster. Die Rollos aus schwarzem Papier stammen noch aus dem Krieg, Verdunkelung bei Fliegerangriffen. Warum ich sie herunterziehe jeden Abend, weiß ich selbst nicht – vielleicht, damit wir beide, mein Kind und ich, ein bisschen von der Höhle wieder herstellen, die unsere Hütte in Anefgou für uns war. Ich sehe hinaus. Es gibt keine Straßenbeleuchtung. Aber da unten zwischen den Ruinen auf der anderen Seite tut sich etwas. Schemen gleiten hin und her, eine Taschenlampe blitzt kurz auf.

Ich mag so etwas nicht. Schnell lösche ich das Licht und trete wieder ans Fenster. Jetzt kann ich es deutlich erkennen. Da stehen zwei, drei Leute und starren herauf, deuten, wie mir vorkommt, auf unser Fenster.

Ich bin seit ein paar Jahren außer Übung, was Verfolgung und Flucht angeht. Aber das Gefühl des In-der-Falle-Sitzens ist sehr lebendig in mir. Und jetzt sitze ich in einer Falle, denn ich kann ja nicht fort von hier mit dem kranken Kind.

Was wollen diese Leute? Bestimmt hat es etwas mit dem Auftauchen dieser Wohnungsinhaber zu tun. Aber was wollen sie? Und wen haben sie da mobilisiert, wem zeigen sie meine Wohnung, meine und Alouettes Zuflucht?

Ich ziehe die Rollos herunter. Und dann stehe ich noch eine Weile still in der Dunkelheit, so wie ich in Marrakesch in dem dunklen Zimmer mit dem Perlenvorhang gestanden habe, und komme mir vor wie ein Kind, das sich in der Besenkammer versteckt hat und vor Angst im Dunkeln die Luft anhält.

Mein erster Tag in Marrakesch war wenig erfolgreich. Mit Mühe versuchte ich zunächst die simpelsten Dinge zu erledigen, die man in einer fremden Stadt, in einem fremden Land zu tun hat – zur Bank gehen, ein Postfach einrichten, sich anmelden bei der Ausländerbehörde.

Nichts klappte. Man schickte mich von Pontius zu Pilatus, immer war die Reihenfolge der Behörden nicht richtig oder man machte gerade Mittagspause oder man verstand mich nicht. Eine unbegleitete schwangere Europäerin – das musste ja eine Herausforderung sein; eine Herausforderung, die ich damals nicht so voll und ganz verstehen konnte.

Übrigens: Unbegleitet war ich ja eigentlich gar nicht. Denn der schwarzäugige Jussuf in seinem Burnus heftete sich an meine Fersen wie ein Kobold, tauchte an jeder Straßenecke hinter mir auf, schlich unentwegt im Häuserschatten hinter mir her.

Für immer werde ich sein bittendes, sein flehentliches, sein eindringliches »Madame, oh Madame!« im Ohr haben, den weichen, klagenden Tonfall, der mich damals bis zur Verzweiflung reizte – ein Verfolger, der sich nicht abschütteln ließ, der mir wie mein Schatten nachstellte.

Nein, er dürfe mich nicht allein lassen! Befehl von Madame Haydee! Er würde seine Obliegenheiten sonst verletzen. Obliegenheiten, so sagte er in seinem gleichzeitig hilflosen und geschraubten Französisch.

Ich glaubte damals zu wissen, warum er mich nicht aus den Augen ließ! Es musste etwas mit diesem Mann zu tun haben, der nachts mit Haydee gesprochen hatte, durch dessen Anwesenheit sich meine wohltätige Minzfrau in meinen Augen in eine durch und durch hinterhältige und zwielichtige Person verwandelt hatte.

Ich war mit diesem dunkelhäutigen Knaben hinter mir so etwas wie ein Kamel, das an einer langen Leine geführt wurde.

Schließlich, da ohnehin alles schiefging, verfiel ich darauf, den Spieß umzukehren. Wenn er denn, wie er behauptete, mein Diener sei, so solle er doch vor der Tür des Hôtel de Ville, des Stadthauses, für mich einen Platz freihalten, damit ich nach der Siesta gleich als Erste zur Polizei kam, um mich anzumelden.

Als Pfand ließ ich ihm meine schwarze Tasche da – es befand sich nichts Wichtiges darin; Geld und Papiere trug ich in einem Brustbeutel.

Das glückte. Und so ließ ich ihn auf dem Boden hockend vor dem Hôtel de Ville zurück; aber zunächst bat ich ihn noch um eine Wegbeschreibung in die Ville Nouvelle, die Neustadt, wo, wie ich inzwischen wusste, die reichen Franzosen wohnen. Erst verstand er nicht. Dann leuchtete sein Gesicht auf. »Ah, Madame meint Ghéliz!« Und mit weit ausholenden Gesten beschrieb er mir den Weg. Er fragte nicht, was ich dort wollte. Das gehörte wohl nicht zu seinen »Obliegenheiten«.

Und hier sah ich ihm zum ersten Mal ins Gesicht, in das Gesicht eines Jungen, der zu viel erlebt hat für sein Alter …

Ich wandte mich ab und lief fast. Ich hatte keine Lust, mir zu den unzähligen Gedanken, die ich mir ohnehin schon machen musste, auch noch welche um Jussuf zu machen.

Es galt zuerst diejenigen zu finden, die meine allerletzte Brücke bildeten zu meiner Vergangenheit. Zu Sidonie.

In einer der altmodischen Telefonzellen, die an den Straßenecken standen wie verlassene Schilderhäuschen, entdeckte ich ein zerschlissenes Telefonbuch. Eine Reihe von Seiten fehlte, aber das »G« war unversehrt. Und so machte ich mich auf die Suche nach Grünstein, Grinstein, Grönstein – dem Namen, den mir meine Stiefmutter genannt hatte. Fuhr mit dem Finger die Zeilen entlang, in der anderen Hand die Postkarte, die ich aus Deutschland mitgebracht hatte, die mit der Telefonnummer. Unansehnlich inzwischen und mehrfach geknickt. »Mond über Marrakesch«.

Nichts, gar nichts. Aber dann entdeckte ich: Gründstein. Gründstein, Arthur. Mein Herz begann zu hämmern. Ich verglich die Telefonnummer auf der Karte mit der im Buch. Ja, sie stimmten überein.

Ich warf die Münzen ein und ließ läuten, aber da war offenbar keiner zu Haus.

Trotzdem. Ich hatte eine Anschrift, einen Straßennamen. Mein Verfolger saß vorm Hôtel de Ville. Ich winkte eine Kutsche heran.

In mühsamem Zuckeltrab bewegten wir uns Richtung Norden; das Pferdchen war müde und der Rücken des Kutschers in seinem abgeschabten griesegrauen Jackett wirkte müde, und so ging es nicht so schnell vorwärts.

Die Fahrt war ein Spießrutenlauf. Radfahrer, Lastkarrenführer, Reiter, junge Kerle auf der Straße – sie alle grinsten breit, winkten mir zu, machten obszöne Gesten, riefen etwas. Alle Frauen, denen ich begegnete, waren verschleiert. Mein Kutscher versuchte, sein Tier mit der Peitsche voranzutreiben. Seine Passagierin musste ihm unendlich peinlich sein.

Der Weg schien endlos und die Sonne brannte mir auf den Kopf. Irgendwann schließlich bogen wir in eine Allee ein. Schatten, zartblättrige Akazien, so schmal und dünn, als wären sie gerade erst gepflanzt. Üppiges Grün wucherte über Gartenmauern. Aber kein Haus war zu sehen, und die Straße schien wie ausgestorben. Mein Kutscher kassierte – sicher viel mehr, als rechtens war, ich wusste damals noch nicht, dass man vorher handeln musste, und setzte mich einfach ab. Rollte davon, froh, diese kompromittierende Fuhre zu so gutem Preis los zu sein.

Nach längerem Suchen entdeckte ich, verborgen unter rot blühender Clematis, eine Hausnummer; es war die richtige. Und einen großen Türklopfer aus Bronze. Kein Namensschild.

Ich klopfte. Ich weiß nicht wie oft. Es regte sich nichts. Die Straße lag tot und verlassen da, und irgendwann hockte ich mich in den Schatten der Mauer und war den Tränen nah. Du, meine Kleine, regtest dich auch. Das Rütteln des Gefährts hatte dich sicher beunruhigt, und nun wolltest du deinen Ärger an mir auslassen, so, dass ich nach Luft schnappen musste.

Und gerade als ich so richtig am Verzagen war, hörte ich das Klippklapp von Pferdehufen. Zuerst dachte ich, mein Kutscher käme zurück, aber das war ein Trab, den dessen armseliges

Pferdchen bestimmt nicht mehr zustande gebracht hätte! Ein glänzend polierter Einspänner kam die Straße entlang, bespannt mit einem schönen schwarzen Traber, und kurz vor diesem Eingang verlangsamte das Tier den Schritt. Wie von Geisterhand öffnete sich das Tor, vor dem ich so kläglich gescheitert war, und das Gefährt bog ein in das Anwesen.

Mit klopfendem Herzen sprang ich auf. Da gab's nur eine Möglichkeit: hinterher!

Der Wagen rollte davon auf sandbestreutem Weg, zwischen Pinien und Palmen, Hibiskus und Bougainvillea, ein Rausch aus Duft und Farben. Und hinter mir schloss sich das Tor genauso leise, wie es sich geöffnet hatte.

Ich war drin.

Auf den Empfang brauchte ich nicht lange zu warten. Im Laufschritt näherten sich zwei: ein Mann und ein Hund. Der Mann trug eine Art Uniformjacke, wie Bedienstete sie tragen, hatte graue Haare und einen dicken Schnurrbart. Der Hund war so groß wie ein Kalb und ließ die Zunge lang aus dem hechelnden Maul hängen. Zum Glück war er an der Leine. Beide, Mann und Hund, schnappten nach Luft.

»Wie kommen Sie hier rein?«

»Durch die Tür da«, sagte ich so ruhig wie möglich und streckte meinen Bauch vor. Er würde ja wohl seinen Hund nicht auf eine Schwangere hetzen.

Er maß mich mit schrägem Blick. »Wollten Sie was mitgehen lassen? Hier gibt's nichts zu holen. Diese Bettler werden immer dreister. Na los, kommen Sie. Ich lasse Sie wieder raus, bevor es Ärger gibt.«

»Ich bin nicht hier, um zu betteln«, erwiderte ich und schluckte meine Angst vor der kalbsgroßen Töle hinunter.

»Ich will dringend Herrn Gründstein sprechen – mit Grüßen aus Europa!«

Der Name Gründstein tat sofort seine Wirkung – allerdings eine, die ich so gewiss nicht erwartet hatte. Der Mann lief rot an, senkte den Kopf wie ein Stier und brüllte: »Raus! Machen Sie, dass Sie rauskommen, oder ich rufe die Polizei!« Was der Hund zum Anlass nahm zu knurren.

»Herr Gründstein …«

»Hier wohnt kein Gründstein! Soll ich den Hund von der Leine lassen?«

»Aber er steht doch im Telefonbuch!«, erwiderte ich, inzwischen entschlossen, mich nicht einschüchtern zu lassen. »Könnten Sie mir wohl die neue Adresse geben, falls die Familie noch in Marrakesch ist?«

Er starrte mich mit weit aufgerissenen Augen an. Offenbar wusste er nicht, was er sagen sollte, war wohl auch nicht gewohnt, dass jemand mit ihm diskutierte. Eine Autorität! Da fiel ihm wohl nur noch Gewalt ein. Er packte mich am Arm, der Hund fing an zu bellen und ich durchdringend zu schreien.

Ich stelle mir heute die Szene vor: Ein bärbeißiger Gärtner oder Pförtner, der mit der einen Hand seinen aufsässigen Hund zu bändigen versucht, während er mit der anderen ein zappelndes, schreiendes Frauenzimmer mit dickem Bauch zum Tor zerren will.

So sah es wohl auch die Frau, die da auf uns zukam und mit ziemlich hoher schriller Stimme »Germont, was geht denn hier vor?« rief – eine breithüftige, gut gekleidete Person auf

Stöckelschuhen, in der Hand eine Zigarette in langer Spitze. Eine Dame mit einer Zigarette! Einer Zigarette, nach der meine Lippen gierten …

»Diese Person«, sagte mein Zerberus und wechselte vom Kasernenhofton ins Devote, »ist hier unbefugt eingedrungen und weigert sich zu verschwinden.«

»Gnädige Frau!« Zum Glück hatte ich noch nicht verlernt, mich als »höhere Tochter« aufzuführen. »Es lag mir fern, den Frieden Ihres Heims zu stören. Ich habe nur um eine Auskunft ersuchen wollen. Und nun ... Sie sehen ja ... ich fühle mich gerade nicht wohl ... hätten Sie vielleicht ein Glas Wasser?«

Und dann war ich plötzlich in einem kühlen, großen, weißen, europäischen Haus, in einem Empfangssalon mit Korbmöbeln und Pflanzen wie in Südfrankreich, und fühlte mich in eine andere Welt zurückversetzt. Die Wohnung der Gründsteins – oder?

Eine junge Frau in schwarzem Kleid mit weißer Schürze kam herein, das Hausmädchen, wie es im Buche steht, und setzte ein Tablett vor mir ab: eine Glaskaraffe mit Wasser, ein hohes Glas mit ein paar Zitronenscheiben. Stilvoll. Als sie mir einschenken wollte, hob ich abwehrend die Hand. »Lassen Sie nur, das kann ich selbst!«

Sie lächelte mich an. Dunkle Ponyfransen bis fast zu den Brauen, lustige runde Augen und eine kleine Nase. Eine Französin, keine Einheimische.

Ich lächelte zurück, senkte verschwörerisch die Stimme: »Ob ich wohl eine Zigarette haben könnte?«

Sie rollte mit den Augen. »Für Zigaretten ist allein die gnädige Frau zuständig.« Aber dabei machte sie eine hinweisende Kopfbewegung zu einem Tischchen in der Ecke. Ein metallener Aschenbecher, Streichhölzer, ein glänzend polierter Humidor aus Korkeiche, so ein Ding, in dem man Zigarren und Zigaretten aufbewahrt.

»Wie heißt die gnädige Frau?«, fragte ich, und sie erwiderte: »Bertinet. Madame Bertinet.«

»Und die Gründsteins?«, fragte ich schnell. Sie drehte kurz den Kopf und setzte zu einer Antwort an, aber in diesem Moment erschien die Gnädige mit ihrem Glimmstängel und sagte beiläufig. »Danke, Claudine. Sie können gehen.« Und zu mir, fürsorglich: »Fühlen Sie sich besser, mein Kind?«

Schon immer hatte ich ein gewisses Misstrauen gegenüber Leuten, die mich mit »mein Kind« anredeten. Aber dem konnte ich schlecht nachgeben. Bedankte mich stattdessen für ihre Fürsorge und stellte dann die berühmte Frage. »Hätten Sie wohl eine Zigarette für mich? Ich weiß, in meinem Zustand sollte ich nicht, aber die Gewohnheit, Sie verstehen?«

Sie zog die Brauen in die Höhe, aber dann bekam ich doch meine »Juno« aus dem üppig gefüllten Humidor und umschloss das Mundstück gierig mit den Lippen. »Juno«, die deutsche Zigarettenmarke, die Sidonie am liebsten geraucht hatte. Der erste Zug, den ich nur im Mund behielt, ohne zu inhalieren. Schon war alles gut, ich hätte das Ding jetzt wieder auslöschen können – aber das ging natürlich nicht, wenn ich vor der Dame des Hauses nicht als völlig verrückt erscheinen wollte. So pustete ich brav weiter, während sie mir einen Vortrag hielt über die Schwierigkeit, heutzutage an Tabakwaren heranzukommen. Im Mutterland gäbe es sogar schon Raucherkarten! Und dann: »Was hat Sie hierhergeführt, mein Kind?«

»Ich habe mich wohl in der Adresse geirrt«, sagte ich vorsichtig. »Eigentlich wollte ich zu den Gründsteins.«

Das wohlwollende Lächeln auf ihrem Gesicht war auf einmal wie weggewischt. Sie erhob sich, strich den Rock über den

Hüften glatt. »Tut mir leid. Nie gehört. Ich kenne die Nachbarschaft nicht so genau. Wohne noch nicht so lange hier. Entschuldigen Sie, ich muss weiter. Claudine wird Sie nach draußen bringen. Alles Gute, au revoir.«

Sehr merkwürdig. Die Zeit zwischen ihrem Abgang und Claudines Auftritt nutzte ich noch zu einem schnellen Griff in den Humidor – man musste mitnehmen, was man bekommen konnte.

Claudine grinste wissend, während ich die Zigaretten in meinem Brustbeutel verstaute. Wissend und komplizenhaft.

Den Weg zum Gartentor ging ich bewusst langsam. Die Hitze! Mein Bauch! Fragte schließlich, ohne die Lippen zu bewegen: »Was ist mit den Gründsteins?«

Sie antwortete, ohne mich anzusehen, und duzte mich auf einmal. »Du kannst Fragen stellen! Das war alles ihres und wir ihr Personal. Wurden vor 'nem Vierteljahr von der neuen Herrschaft ›übernommen‹. Die Gründsteins waren Juden, weißt du das nicht?«

»Ja, und?«, entgegnete ich. »Marokko ist französisch, nicht wahr? Kein Teil von Nazideutschland.«

»Du hast ja keine Ahnung!«, bemerkte Claudine. »Wenn der Sultan nicht …« Sie brach jäh ab. Am Tor stand Germont mit seinem Hund, bereit, mich endlich rauszuschmeißen.

Ich bückte mich, als wenn ich an meinem Schuhband was richten musste, ächzte. »Tu so, als wenn du mir helfen musst, und red weiter.«

Sie nestelte an dem tadellos gebundenen Doppelknoten meines Schuhs. »Mach dich woanders kundig. Das geht jetzt nicht.«

»Sind die Gründsteins außer Landes?«

»Keine Ahnung. Frag in der Mellah. Geh in die Synagoge.«

Was mag eine Mellah sein? »War hier mal eine Familie Mendes? Zu Besuch aus Deutschland?«

»Hier war unendlich viel Besuch, Flüchtlinge auf der Durchreise. Mendes? Weiß ich nicht.« Sie richtete sich auf, wechselte den Ton. »So, Madame, alles wieder in Ordnung. Au revoir, und viel Glück für Sie und Ihr Kleines.«

Germont war näher gekommen, die Stirn in tiefe Falten gezogen. »Was tuschelst du da mit dieser Person?«, fragte er Claudine misstrauisch.

»Sie hat mich nur gefragt, wie man am besten in die Altstadt kommt.«

»Das soll dann wohl ihr Problem sein!« Das Tor ging wieder fast geräuschlos auf.

Draußen die Straße, so still, so heiß, so menschenleer.

Aber an der Ecke stand eine leere Kutsche. Sogar mit Verdeck, sodass die Rückfahrt ohne Angaffen verlief. Pas de problème.

9

Zum ersten Mal seit meiner Ankunft dachte ich: verfluchtes Marrakesch. Aber eigentlich, meine Kleine, verfluchte ich mich selbst und meine Blindheit: Wie konnte man in eine Weltgegend reisen, von der man nichts wusste, die man nur von einer Postkarte kannte und von der man nichts hatte als einen Namen und eine Telefonnummer?

Ich war nie darauf gekommen, dass es mittlerweile den Juden in Marokko genauso oder ähnlich ergehen konnte wie denen, die unter Hitlers Fuchtel standen … Die Gründsteins also waren ausgewandert, wie es schien. Und was war die Mellah? Ich beschloss, es herauszufinden. Beugte mich vor unter dem Verdeck, tippte meinen Kutscher auf die Schulter und sagte: »Zur Mellah bitte.«

Der kleine Wagen ruckelte und blieb stehen. Ein feindselig verschlossenes Gesicht drehte sich mir zu. »Haben Sie Mellah gesagt, Madame? Das Judenviertel?«

Nun wusste ich immerhin, was das war. »Gewiss doch«, sagte ich, so gelassen wie möglich. »Ist das schwierig?«

»Man kann da nicht hineinfahren«, entgegnete der Kutscher mir in seinem stockenden Französisch. »Gassen zu eng.«

»Dann setzen Sie mich am Eingang ab.«

»Ich setze Sie an der Djemâa al-Fna ab«, sagte er und schnippte kurz mit der Peitsche über den Pferderücken.

»Aber ich will nicht zur …«

Er ließ mich nicht ausreden. »Man wird Ihnen den Weg beschreiben.« Offenbar hatte er nicht vor, auch nur in die Nähe dieses Viertels zu fahren.

Ich lehnte mich in die verschlissenen Samtpolster zurück und schloss die Augen. Fürchtete mich vor diesem Platz mit seinem Krach und Gestank, vor den Männern, die mir hinterherpfeifen oder sich als frech grinsende Touristenführer anbieten würden, den Frauen im Schleier, die einen Bogen um mich machten, als wäre ich aussätzig.

Aber es ließ sich nicht vermeiden. Ich stand wieder da zwischen zwei fahrbaren Garküchen und einem laut brüllenden Wasserverkäufer mit Fransenhut, Arme und Beine behängt mit Schellen, und wusste nicht wohin. Mir war nach Verkriechen – bis mein Blick auf ein Schild über einer schattigen Terrasse fiel: »Café de France«. Vielleicht könnte ich ja da eine Schale Milchkaffee bekommen und ein Croissant und für einen Augenblick so tun, als wäre ich noch in Europa.

Der Kellner in langer weißer Schürze sah mich nicht an. Langsam begriff ich, dass man eine unverschleierte Frau einfach nicht ansieht, außer man »will etwas von ihr«.

Und während vor meinen Augen da draußen im gleißenden Sonnenlicht zwei junge Männer in Frauenkleidern im Kreis klatschender Zuschauer ihre Hüften im Bauchtanz schwangen und ein paar Schritte weiter jemand zum Klang seiner Flöte eine Schlange aus dem Korb aufsteigen ließ – Ereignisse, die dich, meine Kleine, bestimmt entzückt hatten –, gönnte ich mir eine der Zigaretten, die ich in dem vornehmen Haus hatte mitgehen lassen, ohne zu ahnen, dass ich ein weiteres Tabu verletzte, denn eine unverschleierte Frau war schon schlimm genug, aber eine unverschleierte, in der Öffentlichkeit rauchende Frau, das war der Gipfel der Verderbtheit.

Berührung der Lippen. Erinnerung. Sidonie, ich bin hier und ich lebe.

Ich hatte den Kopf zurückgelegt und kurz die Augen geschlossen. Als ich sie wieder öffnete, sah ich den Garderobenständer mit den Zeitungen. Die meisten mit arabischen Lettern, aber zwei waren in Französisch. Ich fischte mir »L'Echo du Maroc« und »Le Commerce au Maroc« vom Haken und musste erst gar nicht hin- und herblättern. Der Leitartikel war von einem gewissen al-Arslan, über die deutsch-marrokanischen Beziehungen. »Der geniale Hitler«, las ich und spürte, wie sich die Haare auf meinen Armen aufrichteten, »wird niemals etwas tun, was die arabische Gemeinschaft gegen ihn aufbringen könnte. Er wird sich damit begnügen, Algerien,

Tunesien und unser Land dem Einfluss Frankreichs zu entreißen und …«

Hastig legte ich das Blatt weg. Das fehlte noch – stand eine Invasion bevor? War ich nicht weit genug weggelaufen?

Und als wollte mir an diesem Tag das Schicksal nur Schläge in die Magengrube versetzen, stieß ich dann in der zweiten Zeitung auf eine Abhandlung über das Problem jüdischer Einwanderung und las die schönen Sätze: »Die jüdische Einwanderungsgruppe ist eine gefährliche Gruppe mit starren Glaubenssätzen und gleichzeitig zersetzenden modernen Ideen, die der marokkanischen Wirklichkeit radikal widersprechen. Es ist deshalb die Pflicht aller nationalen Araber, sich dieser Unterwanderung mit aller Kraft zu widersetzen.«

Auf einmal hatte ich keinen Appetit mehr auf mein Croissant. Der Hals war mir wie zugeschnürt. Das also hätte dich erwartet, Sidonie, hierzulande …

Und ich selbst? Ich war durch meinen falschen Pass – wenn er denn nicht aufflog – einigermaßen geschützt. Aber immerhin war ich selbst ja auch Halbjüdin von der Mutterseite her. Schöne Aussichten …

»Madame, oh Madame!« Der klagende Tonfall. Ich schrak zusammen. Jussuf. Den hatte ich ganz vergessen. Sollte er nicht eigentlich bei meiner Tasche vorm Hôtel de Ville sitzen und mir einen Platz freihalten? Aber da stand er vor meinem Tischchen, hatte die Tasche mit beiden Händen umklammert, als würde sich wer weiß was darin befinden, und sah mich vorwurfsvoll an.

Wie hatte er mich gefunden?

Irgendwie brachte seine Anwesenheit das Fass zum Überlaufen. Gab es denn kein Entkommen?

»Du solltest mir doch den Platz reservieren!«, herrschte ich ihn an. »Ist das dein Diensteifer?«

»Aber«, stammelte er, »ich habe doch – ich habe einen Stellvertreter hingesetzt – ich – Madame kam gar nicht wieder und – verzeihen Sie bitte!«

Seine Augen waren angstgeweitet. Er haschte nach meiner Hand und zog sie sich an die Stirn – eine Geste der Demut, die ich vorher nicht kannte und die mich erschreckte. Ich hatte schon wieder etwas falsch gemacht. Dieser junge Mann war offenbar so empfindlich wie eine Mimose.

»Komm!«, sagte ich, um meine Schlappe auszubügeln. »Setz dich zu mir. Ich bestelle dir einen Minztee.«

Er sah mich an und schüttelte den Kopf, als hätte er nicht recht gehört. »Aber das ist nicht Sitte, Madame. Ich bin doch Ihr Diener.«

»Ich verstehe nicht. Warum kannst du nicht mit mir einen Minztee trinken, wenn ich dich dazu einlade?«

»Weil – weil es nicht Sitte ist.« Jetzt schlug er die Augen nieder, stand mit gesenktem Kopf vor mir. Ich merkte, keine Macht der Welt hätte ihn bewegen können, sich zu mir an den Tisch zu setzen. »Außerdem«, fuhr er hastig fort, »muss Madame jetzt zum Stadthaus. Sonst ist es zu spät.«

Also gut. Ich winkte die Bedienung heran und zahlte, wobei sowohl ich als auch Jussuf mit missbilligenden Blicken bombardiert wurden. Er war wohl genauso unwillkommen wie ich. Im Weggehen sah ich, wie der Kellner meinen Tisch mit der Serviette auf eine Weise sauber fegte, als verpasse er jemandem einen Schlag.

Während ich, leidlich gestärkt durch den Kaffee, wieder hinaus in die Glutsonne ging und der junge Mann zwei Schritt hinter mir hertrabte wie ein Hündchen, die Tasche über der Schulter, sagte ich: »Komm heran, lauf bitte neben mir, ich halte das so nicht aus.«

»Das ist nicht Sitte!«, kam die übliche Antwort.

Ich verlor langsam die Geduld. »Klär mich auf! Ich kenne diese Sitte nicht. Warum benimmst du dich wie – wie ein Sklave?«

Seine Antwort verschlug mir den Atem. »Aber ich *bin* ein Sklave!«, sagte er ruhig.

Ich blieb stehen, und er rannte gegen mich, zog sich schnell mit einer Verbeugung zurück.

»Bist du wahnsinnig?«, sagte ich. Meine Stimme war klein vor Entsetzen.

»Nicht ganz und gar!«, sagte er beschwichtigend. »Mein Vater war noch richtig Sklave. Ich bin ein Haratin. Ein anderer Mensch. Nicht so viel wert.«

Nicht so viel wert. Unwertes Leben. Das kenne ich doch! Das kenne ich aus Deutschland, aus den Nazireden, den Nazischriften. Unwertes Leben. Sidonie war unwertes Leben. Und ich letztlich ja wohl auch.

Ich packte ihn an der Schulter und rüttelte ihn. »Alle Menschen sind gleich! Es gibt keine Sklaven! Das ist vom Gesetz verboten, auch hier – oder nicht?«

Ich erinnere mich, dass alle auf der Straße einen Bogen um uns machten damals: eine schwangere Unverschleierte, die einen Haratin anfasste! Ein Mann im Burnus spuckte vor mir aus.

Jussuf entzog sich meiner Berührung, lächelte scheu. »Verboten und erlaubt, Madame, das machen die Regierungen. Aber eigentlich bleibt alles so, wie es immer war.«

Ich schüttelte den Kopf. »Und woher weiß man, dass man das ist – Haratin?«

»Der Vater war es und dessen Vater. Und dann – man sieht es ja, Madame. Die dunkle Haut. Dunkler als Araber. Und wir können nicht gut sprechen. Nicht so viele Wörter.«

»Was soll das nun wieder heißen? Ihr lernt doch lesen und schreiben in der Schule!«

»Nein, nein! Wir dürfen nur den Islam lernen. Nicht lesen und schreiben, keine Schule.«

»Du kannst weder lesen noch schreiben?«

»Nein, Madame.«

»Was kannst du denn?«

»Arbeiten und gehorchen.«

»Und was für Lohn erhältst du?«

»Essen und trinken, Madame. Eine Stelle zum Schlafen. Auch ein Paar neue Schuhe, wenn die alten löcherig sind.«

»Und Geld?«

»Nein, Geld nicht.«

Es war wirklich Sklaverei, und ich hatte auf einmal furchtbare Angst. In was für ein Land war ich geraten? »Und da beutet dich die liebe Madame Haydee also nach Strich und Faden aus«, sagte ich leise und ungläubig, »lässt dich von früh bis spät schuften ohne einen Dirhem?«

»Oh nein, Madame! Ich gehöre nicht Madame Haydee. Ich gehöre Monsieur Oubou, dem Hausbesitzer. Madame Haydee ist eine gute Frau. Sie schlägt mich nicht.«

»Man schlägt dich?«

»Nein, nein. Madame Haydee schlägt mich nicht.« Er begriff einfach nicht, dass ich grundsätzlich etwas dagegen haben könnte …

Ich war so fassungslos, dass ich nichts mehr zu sagen wusste.

Wir waren unter diesen Reden angekommen beim Hôtel de Ville, wo der »Stellvertreter« saß, und ich war von den Neuigkeiten des Tages so zerschmettert, dass ich gar nicht in der Lage war, jene Furcht zu empfinden, die ich sonst immer hatte, wenn ich meinen gefälschten Pass vorlegen musste. Stets der Druck auf den Magen, obwohl bisher alles gut gelaufen war – wie auch heute. Der Gang zur Banc du Maroc, immer mit meinem Trabanten hinter mir, verlief ebenfalls ohne Zwischenfälle, brachte jedoch die ernüchternde Wahrheit, dass ich mir wohl kein anderes Quartier würde leisten können als ein Zimmer in der Art, wie ich es gerade auf der Galerie des Hauses von Monsieur Oubou bewohnte. Und dass das Geld, das ich vorsichtshalber in Marseille deponiert hatte, nicht vor einem Monat hier sein würde.

Der Rest des Tages und der Weg zurück mit Jussuf, das war nur noch wie ein Tappen im Nebel. Und die Stadt Marrakesch kam mir vor wie ein Bild, über das man eine Schicht graue Farbe gezogen hatte.

Dann saß ich in meinem schäbigen Zimmer mit dem Perlenvorhang unter der nackten Glühbirne und zog Bilanz.

Ja und ja, ich hatte auf diese reichen und hilfreichen Leute, diese Gründsteins, gehofft. Erst jetzt, nachdem diese Suche so gut wie gescheitert war, machte ich mir mit aller Deutlichkeit klar, dass ich insgeheim darauf spekuliert hatte, dort würde man mir weiterhelfen, so wie man den Eltern von Sidonie weitergeholfen hatte. Irgendwann würde ich am Ende meines Lateins sein und auf den Grund meines Portmonees gucken. Und das durfte nicht geschehen. Da warst du, meine Kleine. Um dich ging es von jetzt an. Morgen würde ich in diese Mellah gehen, dies jüdische Viertel – ein letzter Versuch, Hilfe zu bekommen, jemanden aufzutreiben, der sich meiner und meines Kindes annimmt. Vielleicht sind Sidonies Eltern ja irgendwo hier in Marokko. Damals in Berlin hatte ich sie hochnäsig behandelt, eingebildete »höhere Tochter«, die ich war. Ich hoffte nur, sie würden es mich nicht entgelten lassen.

An diesem Abend – du schliefst sanft und friedlich in meinem Bauch, zum Glück nicht berührt von den Aufregungen, die mich heute erschüttert hatten – war meine Sehnsucht nach deinem Vater so übermächtig, dass ich ihm einen Brief schrieb. Einen Brief, der Folgen für uns beide hatte. Ich schrieb ihm von mir und teilte ihm mit, dass du unterwegs warst, damit er denn wusste, er war noch bei mir – durch dich. Ich schickte den Brief am nächsten Tag ans Schloss in Chenonceaux, ohne ihn mit Namen zu nennen, weil ich glaubte, er würde ihm ausgehändigt werden. Ich bat ihn, mir postlagernd zu antworten. Damals, meine Kleine, war er schon tot.

10

Die Lampe flackert und erlischt. Zwei Stunden Strom und aus. Wir sitzen wieder im Dunkeln. Ich taste mich in die Küche, wo die Packung mit den Stearinkerzen und die Streichhölzer auf dem Tisch liegen, tappe umher und stelle fest, dass meine »Besucher« heute sowohl Kerzen als auch Hölzer haben mitgehen lassen. Kerzen sind Schwarzmarktware – verständlich in einer Stadt, in der es nur für so kurze Zeit elektrische Beleuchtung gibt. Aber eine hätten sie mir doch dalassen können!

Schließlich ertaste ich eine von den »Hindenburg-Lichter« genannten Sparkerzen, Stearinklumpen mit kleinem Docht in einer hauchdünnen Metallhülle, und finde daneben noch eine Schachtel mit genau zwei Zündhölzchen. Zum Glück schaffe ich es mit dem ersten. Irgendetwas muss leuchten, ich kann nicht ganz und gar im Finsteren sitzen.

Als ich, das Licht auf dem Handteller, als wäre es eine Gabe, ins Zimmer zurückkomme, sehen mich die weit offenen Augen meines Kindes an.

Alouette ist bei Bewusstsein.

Hastig stelle ich die Kerze auf dem Tisch ab und stürze zum Bett meiner Kranken, fasse ihre Hände. So glutheiß wie immer.

»Ma petite!«, flüstere ich. »Willst du etwas trinken?«

Sie nickt, und ich stütze sie, hebe die Tasse mit dem kalten Tee an ihre Lippen. Sie trinkt, verschluckt sich fast, hustet. Behutsam lasse ich sie auf das durchgeschwitzte Kissen zurücksinken.

»Maman – Maman – bitte …«

»Was möchtest du, Alouette? Sag es mir!« Ich halte wieder ihre Hände.

Sie atmet schwer, der Atem rasselt. »Das ist gut«, murmelt sie in ihrem Französisch. »Très bon.«

»Was meinst du?«

Ihre Augen, riesig in dem abgemagerten Gesicht, gleiten hinüber zu der spärlich brennenden Kerze auf dem Tisch. »Sehr gut. Wie Anefgou.«

Ich begreife. Der schwache Lichtschein ist ihr vertraut – viel mehr Beleuchtung hatten wir in unserer Hütte im Atlasgebirge auch nicht. Elektrisches Licht stört sie …

»Jetzt noch du«, murmelt sie.

Ich? Was meint sie?

Sie dreht den Kopf, blinzelt. Der Lampenschirm, den ich mit dem Tuch verhüllt habe vorhin – das Tuch. »Du. Wie immer. Wie in Anefgou.« Ihre kraftlose Hand zuckt in der meinen, fährt hoch zu meinem Kopf. »Bitte, Maman. Tu es um.«

»Was soll ich umtun? Das Tuch?«

Sie nickt. »Wie in Anefgou.«

Jetzt habe ich verstanden. Das Fremde soll weg. Ich soll nicht mehr diese Frau in Rock und Bluse sein, sondern die Mutter, die ihr vertraut ist. Also nehme ich das Tuch vom Lampenschirm und hülle es mir nach Art der Frauen im Atlasgebirge um den Kopf, eine Art fantasievoller Turban; dort oben verschleiern sie sich nicht, sondern bedecken nur ihr Haar. Ich sehe die Befriedigung in Alouettes Augen.

Wenn schon, denn schon. Aus der Unordnung des geöffneten Koffers zerre ich den bunten Burnus aus dicker Wolle heraus, den ich dort oben gegen die nächtliche Kälte getragen habe, Gott allein weiß, warum ich ihn mitgenommen habe. Jetzt zeigt es sich. Es ist ohnehin kalt im Raum. Als ich wieder an Alouettes Bett trete, verhüllt und verkleidet, lächelt sie mich an. Nun bin ich wieder zu der Mutter geworden, die sie kennt. Und gehe zurück in jenes Jahr, bevor du auf die Welt kamst.

»Erzählst du mir weiter?«

Aber sie lag doch, tief versenkt in ihren Fieberwelten – und ich, habe ich nicht nur gedacht, habe ich gesprochen?

Ich ergreife wieder ihre heiße Hand. Ich steh dir bei. Erzähle dir, welche Mühe es kostete, dich ins Licht dieser Welt blinzeln zu lassen. Das wirst du doch jetzt nicht vergebens sein lassen?

Jussuf weigerte sich, mit mir in die Mellah zu gehen. Vor dem graugelben Sandstein-Torbogen, durch den man eintreten musste in diese abgeschlossene Welt, blieb er stehen. Er hatte mir den Weg gezeigt, er würde warten – aber dort hinein? Nein. Nicht.

»Da wohnen andere Leute!«, sagte er.

Ich sah ihn nicht an. »Andere Leute? Und wenn ich nun zu diesen anderen Leuten gehöre?«

Erst war er still. Dann sagte er scheu: »Sie sind eine – von denen?«

»Zumindest zur Hälfte!«, erwiderte ich. »Zur Hälfte eine Jüdin, das wolltest du doch wissen, ja?« (Es war mir völlig egal, wie er mich ansah.)

Er sagte nichts.

»Ist die Mellah ein Getto?«, fragte ich.

Er wusste nicht, was das war, und als ich ihm erklärte, es seien abgeschlossene Viertel, in denen früher in Europa die Juden eingesperrt waren, verneinte er heftig.

»Man kann hinein und hinaus, Madame!«

Nur er nicht!

»Bist du nicht angewiesen, mich nicht aus den Augen zu verlieren?«, sagte ich grimmig. »Und nun traust du dich nicht zu den Leuten, die nicht an Allah glauben? *Sie* halten sich keine Sklaven!«

Aber es hatte keinen Zweck. Seine Augen waren so voller Verwirrung, dass er mir leidtat. Also betrat ich die verwinkelten Gassen, die sich in nichts von der übrigen Altstadt von Marrakesch unterschieden. Trotz der schwülen Hitze hatte ich mich in meinen alten Staubmantel gehüllt, denn er kaschierte meine Schwangerschaft noch am besten.

Die Synagoge war schnell zu finden, und im ersten Stock das Büro des Rabbiners.

Und nun hob meine Hoffnung, die schon ganz zaghaft geworden war, endlich einmal wieder den Kopf, denn ich wurde nicht weggeschickt, sondern eine junge Frau mit rot gefärbtem Haar und einer großen Brille bat mich zu warten.

Ob ich auf der Suche nach jemandem sei, fragte sie sachlich. Das war hier offenbar ein alltäglicher Vorgang. »Die Listen sind bei Rabbi Kreizberg. Sie sind zwar nicht vollständig, aber vielleicht haben Sie ja Glück.« Sie lächelte mich an, und ich, schon jetzt dankbar, lächelte zurück und fühlte mich aufgehoben in diesem dunklen Raum mit den vergitterten Fenstern und dem geradezu gigantischen Schloss- und Riegelsystem, das davon zeugte, dass man sich wohl nicht allzu sicher vorkam hier …

Rabbi Kreizberg war ein rundlicher Mann im dunklen Anzug, und das Einzige, was mich an seinen Stand erinnerte, war das Käppchen, das er auf dem Kopf trug. Freilich, der Blick, mit dem er mich von Kopf bis Fuß musterte, den kannte ich schon. Der besagt: Ach. Schwangere Frau ohne männliche Begleitung und ohne Ring am Finger.

»Sie suchen jemanden?«

Ich nickte, und als Nächstes bat er darum, meinen Pass sehen zu dürfen.

Auch jetzt wieder, als ich diese schöne Fälschung aus der Hand gab, klopfte mir das Herz bis zum Hals. Und dieser Mann schien eingehender hinzuschauen als alle Flics und Bürokraten von Frankreich und Marokko zusammen! Auch gab er ihn mir nicht wieder, als er mich dann in sein Büro einlud, einen noch engeren, noch kleineren, noch mehr mit Akten vollgestopften

Raum als das Vorzimmer. Ordner, Bücher, Zeitschriften, auch mit hebräischen und arabischen Buchstaben. Mehr Archiv als alles andere.

Er bot mir einen Platz an – ich erinnere mich, wie wunderbar es war, dass sich in der Nähe ein Ventilator drehte – und setzte sich hinter den Schreibtisch. Immer noch mit meinem Pass in der Hand. Dann fragte er freundlich: »Nun, meine Tochter, wie heißen Sie?«

Ich machte eine kleine Kopfbewegung zu dem Ausweis. »Da steht es doch. Gabrielle Talbaut.«

Einen Moment schwieg er, dann schob er mir das Papier über den Tisch und sagte ruhig: »Wissen Sie, innerhalb der letzten Jahre sind wir hier in der jüdischen Gemeinde so etwas wie Profis geworden, gezwungenermaßen. So viele unserer Glaubensgenossen mussten fort um jeden Preis, das ging nicht immer legal. Glauben Sie mir, ich kann einen echten Pass von einer Fälschung unterscheiden. Und wenn wir hier jemanden finden wollen, dann müssen wir so akribisch sein wie die deutschen Ahnenforscher – wenn auch mit umgekehrtem Vorzeichen.« Er lächelte. »Also – wie heißen Sie?«

Ich war rot geworden wie ein ertapptes Schulmädchen. »Es wird nichts bringen«, stotterte ich. »Ich – ich bin nur Halbjüdin. Mein Vater ist Deutscher. Aber meine angeheirateten Verwandten sind hierhergekommen. Nach ihnen suche ich schon seit langem.«

»Sind ihre Verwandten gläubige Juden? Ich meine, sind sie Mitglieder einer jüdischen Gemeinde?«

»Ich weiß nicht so genau!«, murmelte ich.

Ich wusste es wirklich nicht, aber es schien mir reichlich unwahrscheinlich. Es waren gebildete, emanzipierte Leute, er war Klavierlehrer, sie schrieb für eine Zeitung – warum sollten sie in einer Glaubensgemeinschaft sein?

»Schwierig«, sagte er. »Wir haben meist nur die registriert, die ihren Glauben leben. Wie heißen denn Ihre Verwandten?«

»Mendes. Das Ehepaar Mendes.«

»Und die Vornamen?«

»Die kenne ich nicht«, erwiderte ich beschämt. Und er, nun schon etwas ungeduldig, fragte nach der Schreibweise, und zumindest die kannte ich. Mendes mit s.

Er belehrte mich, dass dieser Name bei Juden sehr geläufig sei, bei sephardischen Juden, also bei denen aus Spanien, und ich verriet meine Unwissenheit, indem ich erklärte, meine Mendes kämen aus Berlin, und er musste mir erklären, dass die Sephardim 1492 aus Spanien vertrieben worden waren und seitdem in der ganzen Welt siedelten.

Er fand unendlich viele Mendes in seinen Büchern. Er kam nicht weiter. Und ich saß da, heiß und rot trotz des wunderbaren Ventilators, und schämte mich meiner Unbedarftheit und verzweifelte gleichzeitig, denn dies war ja meine letzte Hoffnung. Schon wollte ich aufstehen und mich kleinlaut verabschieden, da gabst du mir einen kräftigen Tritt, und als hätte es dieses »Anstoßes« bedurft, sagte ich: »Sie haben bei einer Familie Gründstein in der Neustadt gewohnt.« Und nannte die Straße und die Hausnummer.

Er hob den Kopf von seinen Akten. »Familie Jakob Gründstein!« Er schien mich gleichsam mit anderen Augen zu betrachten. »Gründstein war eine Säule der Gemeinde Marrakeschs – einer der letzten Gerechten.«

»Sie wohnen dort nicht mehr!«, sagte ich zaghaft.

Er seufzte. »Ja, ich weiß. Der Verkauf des Gründstein-Hauses und die Auswanderung nach Amerika – das ging alles ganz schnell.«

Also sie waren fort! Ich biss mir auf die Lippen, den Tränen nah vor Enttäuschung. Hörte mit halbem Ohr den Rabbi sagen: »Die Zusagen unseres Sultans waren ihnen wohl nicht glaubwürdig genug.«

Und ich fragte: »Was für Zusagen?«

Jetzt sah er mich an, als wäre ich von einem anderen Stern. »Aber liebe junge Frau«, sagte er langsam, »wenn Sie als Halbjüdin in ein anderes Land auswandern, dann müssen Sie doch wenigstens wissen, warum gerade dorthin? Was hat Sie denn ausgerechnet nach Marokko gebracht?«

Was sollte ich ihm sagen? Dass mich eine Postkarte mit dem Titel »Mond über Marrakesch« mit einer Telefonnummer hierhergebracht hatte? Er würde mich wahrscheinlich für verrückt erklären – für so verrückt, wie ich wohl wirklich war.

»Entschuldigen Sie – ich war zu sehr mit mir selbst beschäftigt«, murmelte ich und presste die Hände auf meinen Bauch.

Er nickte und sagte: »Ich verstehe.« Aber er sah nicht so aus, als würde er wirklich verstehen. Dann erklärte er: »Unser Sultan Sidi Mohammed Ben Jussuf – der Ewige möge ihm, einem Muslim, seinen Segen nicht verwehren – hat sich bisher geweigert, die Gesetze anzuwenden, die es jetzt im Mutterland, in Frankreich, gibt. Sie heißen ›Ausnahmegesetze bei der Behandlung von Israeliten‹. Die Regierung in Vichy hat sich nämlich verpflichtet, den Deutschen alle Juden auszuliefern. Aber der Sultan sagt, dass es in Marokko seit tausend Jahren Juden gäbe und er seine Mitbürger nicht ans Messer liefern werde. Deshalb wimmelt es hier so von Flüchtlingen. Ich dachte natürlich, dass auch Sie aus diesem Grund …« Er schlug seine Akten zu. Wollte mich wohl endgültig los sein, ich stahl ihm seine Zeit mit meiner Ahnungslosigkeit.

»Aber«, sagte ich, »das ist doch wunderbar!« Und fragte mich dabei gleichzeitig, wieso mein Haratin vor dem Tor der Mellah haltmachte, als wäre es der Eingang zur Unterwelt.

Rabbi Kreizberg lächelte. »Unser Sultan kann zum Glück sehr starrköpfig sein. Leider ist er nicht überall, um seine Befehle zu kontrollieren. Und unsere Region untersteht einem Statthalter, dem Pascha al-Glaoui, der zum Haus des Sultans nicht immer freundschaftlich steht und der beide Augen zudrückt, wenn es um Ausschreitungen geht, vor allem gegen reiche Juden.« Er sah mich an. »Das haben Sie natürlich auch nicht gewusst!«, sagte er nicht ohne Spott.

Ich antwortete nicht. Damals hörte ich zum ersten Mal den Namen des Mannes, dessen Günstling für unser Wohl und Wehe so wichtig werden sollte, meine Kleine. Hörte ihn und vergaß ihn wieder.

»Hier in der Mellah ist man relativ sicher. Man kann die Tore des Nachts schließen, und es gibt junge Männer, die zur Verteidigung bereit sind. Darum haben viele Familien vor ihrer Auswanderung hier Station gemacht. Auch Ihre Gründsteins.« Er schob meinen Pass über den Tisch. »Kann ich noch etwas für Sie tun – Madame Talbaut?«

»Die Gründsteins haben in der Mellah gewohnt?« Eine letzte Hoffnung. »Kann ich wohl ihre hiesige Adresse haben? Vielleicht erinnert sich jemand an meine Verwandten?«

Er stand auf. »Madame Lara im Vorzimmer wird Sie Ihnen geben. Ach, übrigens, wenn ich fragen darf: Ist der Vater Ihres Kindes auch Jude?«

»Nein«, sagte ich traurig. »Nein, Rabbi Kreizberg.«

Im Vorzimmer drückte mir die Rothaarige einen Zettel in die Hand und leitete mich hinaus. Erst auf der Straße entdeckte ich, dass es eine Art Faustskizze war. In der Mellah gab es keine Straßennamen.

11

Von Sidonie, meiner geliebten Freundin und Stiefmutter, hatte ich ein einziges Erinnerungsstück. Das war ein ovales Bonbonschächtelchen aus Email, verziert mit einem Blumenmotiv. Einst waren darin Veilchenpastillen gewesen, eine Leckerei, die es nur in einem bestimmten Süßwarengeschäft in Berlin gab. Sidonie lutschte sie mit Leidenschaft. Manchmal hatte sie eines dieser kleinen ovalen Bonbons im Mund, wenn sie rauchte. Dann schmeckte die Zigarette, die ich von ihren Lippen entgegennahm, gleichzeitig bitter und süß.

Bei der Flucht trug ich diese Dose in der Tasche meines abgeschabten Staubmantels mit mir herum, und während der Zeit in Marseille, als es jeden Tag darum ging, sein Glück aufs Neue zu versuchen bei Ämtern und bei der Reederei, schloss ich meine Hand zur Faust um das kleine Ding, als wäre es ein Talisman, der mir helfen könnte. Auf dem Schiff war ich fast nur krank, und du, meine Tochter, nahmst mir diese Seereise auch übel und behandeltest mich unwirsch. Aber dann, als ich ankam in Marokko, als diese neue, bestürzend fremde Welt mich packte wie mit Klauen, hatte ich die beschwörende Berührung nicht mehr ausgeführt. Hier, so musste es mir wohl vorgekommen sein, konnte kein Erinnern helfen, weil alles ganz anders war.

Doch als ich, beschämt und enttäuscht, das Büro de Rabbiners verlassen hatte und mich mit der Skizze in der Hand aufmachte, das Haus zu suchen, wo die Gründsteins gewohnt hatten, da umklammerte ich auf einmal wieder diese Emaildose, als würde sie mir Hilfe sein.

Dabei wusste ich selbst nicht, was ich erwartete. Denn diese Familie war ja nach Aussage des Rabbis bereits fort, nach Amerika ausgewandert, und es war kaum wahrscheinlich, dass mir irgendwer beistehen würde. Alle hatten schließlich selbst Sorgen genug.

Der Zettel gab sehr genaue Auskunft, nicht nur über den Weg, sondern auch über das Ziel. Madame Lara hatte mit großen energischen Buchstaben notiert: »Haus mit zwei Lampen am Portal, holzgeschnitzter Türsturz, großes Fenster mit schmiedeeisernem Gitter rechts.« Hörte sich wohlhabend an.

Ich fand das Haus schnell. Ein Klingelknopf neben einer kleinen Hülse – erst später erfuhr ich, dass das eine Mesusa war, ein Behältnis mit Worten des Gebets, das jedes strenggläubige jüdische Haus schmückte.

Im Schatten unter dem Türsturz stand ich und wartete, dass sich auf mein Klingeln etwas regte, und auf fatale Weise erinnerte mich die Situation an die Ville Nouvelle, wo mir ja auch niemand aufmachen wollte.

Die Türen von Marrakesch schienen alle vor mir verschlossen zu sein.

Aber dann kam jemand mit laut klappernden Absätzen die Treppe herunter da drinnen, und die Klappe vor einem Guck-

loch in der Tür wurde zurückgeschoben. Ein großes Auge musterte mich.

Endlich klirrte eine Kette, wurde ein Schlüssel im Schloss

gedreht. Ein zweiter. Ein Riegel. Man hatte sich gut verbarrikadiert.

Im Halbdunkel des Flurs stand eine junge Frau mit kurzen Haaren und in europäischer Kleidung. Sie sah mich fragend an.

»Verzeihen Sie«, fing ich an, »aber Rabbi Kreizberg hat mir diese Adresse gegeben. Hier soll die Familie Gründstein gewohnt haben vor ihrer Ausreise.«

»Die sind schon eine Weile fort«, sagte sie, und ihr Französisch klang bemüht, es war nicht ihre Muttersprache.

»Ja, ich weiß«, erwiderte ich. »Aber vielleicht – vielleicht kann ich ja hier mal jemanden fragen nach einer anderen Familie, die bei den Gründsteins war. Flüchtlinge aus Deutschland.«

»Aus Deutschland?« Sie warf einen Blick auf meinen Bauch, zuckte die Achseln. »Ich bin erst seit vierzehn Tagen hier, für den Übergang, bis ich wegkann. Ich kenne nicht alle, auch wenn ich hier die Concierge mache. Die Leute kommen und gehen.«

»Gibt es denn keine Namensschilder?«

»Gott bewahre! Jeder ist doch froh, anonym zu sein.« Ihre dunklen Augen hatten sich verschleiert. »Davongekommen«, setzte sie leise hinzu.

»Ein Ehepaar aus Deutschland«, wiederholte ich flehend. »Bitte, vielleicht kennen Sie sie. So um die Fünfzig. Aus Berlin. Mendes heißen sie.«

Auf einmal sagte sie auf Deutsch, und es klang süddeutsch: »So ein Paar hat's hier nicht.« Als sie sah, dass ich verstand, musste sie lächeln. »Du lieb's Herrgöttle, da plagen wir uns hier mit dem Französisch …«

Ich hatte einen Kloß im Hals. Wie lange hatte ich schon kein Wort Deutsch mehr geredet!

Sie fasste mich am Arm und zog mich endlich ins Innere des Hauses. »Brauchst einen Platz hier?«, fragte sie vertraulich. »Wir könnten schon zusammenrücken … für eine kurze Weil wenigstens …«

Meine Güte, ja. Auf einmal war sie da, die Gelegenheit, aufgenommen und bewahrt zu werden. Aber mit meinem Pass als Gabrielle Talbaut wohl kaum. Und – wohin sollte ich denn noch? Ich musste hierbleiben, auf dich warten, meine Kleine.

»Ich komme schon zurecht«, sagte ich und musste mich räuspern. »Ich möchte nur wissen, wer hier im Haus aus Berlin kommt.«

»Mädle, was willst du denn? Das geht doch nicht, dass du von Tür zu Tür klapperst und die Leut befragst! Die kriegen doch die Panik!«

Am liebsten wäre ich an ihr vorbei und zur Treppe gegangen, aber sie bekam Verstärkung. Eine hagere Person tauchte aus dem Halbdunkel dieses Flurs auf, graue Locken, auf der dünnen Nase einen Kneifer mit Halbgläsern. Sie erinnerte mich an eine meiner früheren Lehrerinnen, und auch sie sprach Deutsch.

»Es gibt keine Familie Mendes, junge Dame. Aber einen älteren Herrn haben wir, der heißt Mendes. Kann sein, dass er aus Berlin kommt. Wilhelm Mendes, ja? Meinen Sie den vielleicht?«

Ich nickte. Wilhelm? Keine Ahnung, ob Sidonies Vater Wilhelm hieß. Mein Mund wurde trocken. »Bitte. Lassen Sie mich zu ihm. Ich habe … Nachrichten … von seinen Angehörigen!« Vor Aufregung kippte mir die Stimme weg.

Die beiden Frauen wechselten einen Blick. »Gut, gut!«, sagte die mit dem Kneifer beschwichtigend. »Ich kann Sie zu Wilhelm Mendes bringen. Aber ob er mit Ihnen reden wird – das weiß ich nicht. Er hält nicht viel von Kontakten.«

Wir hatten viele Treppen zu steigen. Viele Treppen, von denen viele Türen abgingen, tatsächlich war nirgendwo ein Namensschild angebracht. Alles war sehr still, so totenstill, als wäre das Haus unbewohnt. Mir war die Luft knapp. Vom Treppensteigen und von Hoffnung.

Meine Führerin klopfte an eine der namenlosen Türen, lauschte, klopfte nochmals.

»Herr Mendes? Jemand möchte Sie sprechen. Jemand aus Berlin!«

Es kam keine Antwort.

»Sie sehen, meine Dame!«

Aber ich hatte nicht vor aufzugeben, nur weil jemand auf ein Klopfen nicht reagierte. Ich drückte die Klinke herunter und ging an der protestierenden Frau vorbei nach drinnen.

Der Raum war handtuchschmal und halb dunkel. An einem Tisch saß ein alter dünner Mann in einem grauen Anzug. Er tat nichts, hatte die gefalteten Hände vor sich auf dem Tisch und sah geradeaus. Dann blinzelte er, als würde er gerade erwachen, und verbeugte sich vor uns im Sitzen.

»Sie wünschen, meine Damen?« Seine Stimme war leise.

Meine Begleiterin strich sich nervös das Haar aus der Stirn. »Entschuldigen Sie, Herr Mendes. Diese junge Person hier sagt, sie hätte Nachrichten aus Berlin.«

»Aus Berlin? Bitte nehmen Sie doch Platz.« Es gab nur einen zweiten Stuhl. Die Grauhaarige ging wortlos.

Ich setzte mich. Mir war fast übel vor Enttäuschung. Diesen

Mann erkannte ich nicht. Sollte es wirklich derselbe sein, dem ich vor vielen Jahren in Berlin begegnet war? Das konnte doch unmöglich Sidonies Vater sein. Viel zu alt! Und das Gesicht eine einzige Falte, unter den Augen dicke Tränensäcke. Aber die Augen – waren das nicht Sidonies Augen? War das nicht ihr Blick?

Ich spürte, wie es heiß meine Kehle heraufstieg, mühte mich krampfhaft, nicht aufzuschluchzen. »Sie sind doch Sidonies Vater, nicht wahr?«, flüsterte ich. »Sidonie Moebius!«

In seinem Gesicht rührte sich nichts. »Mit wem habe ich die Ehre?«, fragte er höflich und unbeteiligt.

»Ich bin Rita – erkennen Sie mich denn nicht? Rita Moebius. Sidonies Stieftochter. Ich habe Sie doch mal besucht in Charlottenburg – Sie spielten Klavier – und dann diese Postkarte ...« Ich stammelte zusammenhangloses Zeug.

Der alte Mann musterte mich aus seinen dunklen unergründlichen Augen, den Sidonie-Augen trotz Tränensäcken und entzündeten Lidern, und bemerkte sanft: »Verzeihung, wenn ich Sie nicht erkannt habe. Damals waren Sie ja ein Kind. Sie haben Post von meiner Tochter, verstehe ich das recht?«

Ich schüttelte stumm den Kopf.

Plötzlich sagte er sachlich: »Würden Sie sich wohl ausweisen?«

Ausweisen. Immer und ewig der Pass. Alles lief grauenvoll schief. Ich kramte das Dokument aus meinem Brustbeutel. Gabrielle Talbaut.

Er besah sich das Papier, verglich das Foto mit meinem Gesicht. Ich versuchte zu lächeln.

Als er mir das Ding zurückgab, sprach er Französisch. »Was

wollen Sie tatsächlich von mir, Madame? Ich bin ein alter Mann ohne Geld und ohne Beziehungen. Ich kann Ihnen in nichts nützen.«

Ich biss mir auf die Lippen. Wie absurd das alles war. »Mein eigentlicher Name ist Rita Moebius. Ich stand Sidonie sehr nah, glauben Sie mir!« Er musste mir einfach vertrauen. »Wir haben damals eine Postkarte bekommen, Sidonie und ich. Ich habe sie noch, ich kann sie Ihnen zeigen, wenn ich wiederkommen darf. Mond über Marrakesch. Mit einer Telefonnummer. Ich war erst in der Villa der Gründsteins und dann bei Rabbi Kreizberg. Ich wollte Sie unbedingt finden!«

Er fragte nichts, reagierte nicht. Ich nahm den Pass und steckte ihn, statt in den Brustbeutel, in die Manteltasche. Und da stieß meine Hand auf etwas Sperriges, Hartes. Sidonies Dose. Die Dose für die Veilchenpastillen.

Ich holte sie heraus und hielt sie dem alten Mann einen Moment auf ausgestreckter Hand hin. Nichts.

Es hatte keinen Zweck.

»Verzeihen Sie die Störung«, sagte ich und wandte mich zum Gehen. An der Türschwelle erreichte mich seine leise Stimme: »Sie ist tot, nicht wahr?«

»Ich weiß es nicht«, stammelte ich. Ich drehte mich nach ihm um.

Über das faltige Gesicht des Mannes liefen zwei Tränen. Zwei schreckliche einsame Tränen.

»Erzählen Sie mir«, sagte er und deutete wieder auf den Stuhl.

»Sie sind Sidonies Vater?«

Er nickte. Jetzt erst schien er mich wahrzunehmen.

»Und – Ihre Frau?«

»Alina ist gestorben, gleich nachdem wir aus der Ville Nouvelle fortmussten. Das Herz. Sie hatte keine Kraft mehr. Und die Hoffnung, dass Sidonie nachkommen würde, schwand von Tag zu Tag.«

»Wir wollten nachkommen! Wir beide. Wir waren – wir hatten uns sehr, sehr gern. Mehr wie Freundinnen. Es ist schwer zu beschreiben. Ich – ja, ich habe sie lieb gehabt.«

»Aber Sie konnten entkommen und Sidonie nicht.«

»Es hing am seidenen Faden. Ein paar Stunden nur, und wir hätten es beide geschafft. Es war so, dass …«

Er hob die Hand. »Ich möchte das alles nicht wissen«, sagte er müde. »Nun ist der letzte Grund, der mich am Leben halten könnte, auch dahin.«

Ich wagte nicht, irgendetwas zu sagen. Schließlich sah er mir in die Augen. »Frau Talbaut – warum sind Sie gekommen?«

»Weil ich – weil ich Rita Moebius bin. Weil ich irgendwohin gehören muss. Weil Sidonie meine Familie war. Und Sie und Ihre Frau …« Ich hörte mich selbst stammeln. Dachte an dich, meine Tochter, und sagte: »Ich suche so etwas wie ein Zuhause. Einen sicheren Ort für mich und mein Kind.«

Es war das erste Mal, dass er lächelte. Ein bitteres Lächeln. »Einen sicheren Ort in einem Judenhaus? Sie haben einen sehr guten Pass, Rita. Den würde ich nicht aufs Spiel setzen.«

»Ich habe gehört, der Sultan ist ein Beschützer der Juden!«, sagte ich, fast aufmüpfig.

Mendes machte eine müde Handbewegung. »Soweit das heutzutage geht«, erwiderte er. »Ich wünsche Ihnen alles Gute.« Das war eine Verabschiedung.

»Darf ich Sie wieder besuchen?«

Er schüttelte den Kopf. »Ach, lassen Sie das. Lieber nicht. Eine Bitte hätte ich freilich.«

»Was immer Sie wollen!«

Er zögerte. »Diese kleine Dose – sie würde mir sehr viel bedeuten. Als Andenken an meine Tochter. Verlange ich zu viel von Ihnen?«

Ja, wollte ich eigentlich sagen. Ja. Denn ich soll mich von dem Letzten trennen, das mich an Sidonie erinnert.

Stumm legte ich das ovale Schächtelchen auf den Tisch. –

Da stand ich nun in dem dunklen Treppenhaus und war abgewiesen worden. Sie wollten uns nicht haben. Mich nicht und dich nicht, meine Tochter. Irgendwo musste es doch eine Stelle geben, ein Bett für uns beide, einen Raum zum Leben. Hatte ich erwartet, ich würde mit offenen Armen empfangen werden, anstelle der Tochter? Hatte ich wirklich eine Familie für uns erwartet? Ja, vielleicht, wenn die Frau noch gelebt hätte, Sidonies Mutter … Ich ging die Treppen hinunter, und du warst sehr schwer für mich an diesem Tag.

12

»Was ist in Sie gefahren, Madame Talbaut? Wozu die Maskerade?«

Doktor Leblanc sieht mich mit großen Augen an, und erst da wird mir bewusst, dass ich noch immer in der Berberkleidung stecke, die ich in der Nacht Alouette zuliebe angezogen habe. Ich muss so eingeschlafen sein, im Sessel neben dem Bett meines Kindes, übermannt von den Erinnerungen an das Scheitern damals, und erst die Klingel des guten Arztes hat mich hochgeschreckt, aufgestört mit jagendem Herzen, und eine zweite Erinnerung packt mich: Die Türglocke damals, als sie Sidonie holten, wir wollten nicht öffnen, aber dann schlugen sie gegen die Tür, das Holz splitterte …

Das Kopftuch ist mir fast bis zu den Brauen gerutscht, ich reiße es herunter.

»Es ist ihretwegen«, sage ich leise, noch immer in den Fängen von Albträumen und Erinnerungen, »sie wollte sich zu Hause fühlen. Im Vertrauten.«

Er sieht mich schräg an, dann wendet er sich Alouette zu und tut, was er immer tut. Es ist eine Art rituelle Handlung. Puls, Abhören, Fieber messen, Hände waschen. Der Doktor war da. Die Patientin wird betreut. Sie lebt. Sie lebt noch.

Als er sich wieder mir zuwendet, ist sein Gesichtsausdruck streng.

»Gibt es was Neues?«, frage ich und tue so gleichmütig wie nur möglich. Mein Hals schmerzt, er ist wie zugeschnürt.

»Was Neues?« Er runzelt die Brauen. »Ich habe Ihnen doch gesagt, dass wir abwarten müssen. Diese Krankheit ist so hartnäckig wie ein böser Hund, den man nicht abschütteln kann. Aber Ihre Kleine hat ja Kraft. Sie kämpft. Mit Ihrer Hilfe, mit Ihnen zusammen. Meine Sorge, Madame, gilt Ihnen. Gestatten Sie, dass ich sie abhöre?«

»Mich abhören? Meinen Sie, ich habe mich angesteckt?« Panik kommt in mir hoch.

Er schnaubt unwillig durch die Nase. »Malen Sie nicht den Teufel an die Wand, Madame! Nein, nein, es geht mir um Ihren Allgemeinzustand. Wenn Sie das hier durchstehen wollen, dürfen Sie mir nicht irgendwann zusammenklappen. Haben Sie gegessen?«

»Ich habe Kaffee getrunken«, erwidere ich, während ich meine Bluse aufknöpfe. Den Burnus habe ich schon beiseitegelegt. Darauf sagt er nichts.

Nachdem er fertig damit ist, mir das runde Metallstück hierhin und dorthin zu drücken und mich aufzufordern, so oder so zu atmen, packt er sein Stethoskop ein und wäscht sich noch einmal die Hände.

»Haben Sie die Hühnerbeine gekocht?«, fragt er streng.

Er geht an mir vorbei in die kleine Küche, lüftet den Deckel vom Topf und sieht mich an. »Was ist das?«

»Das sind gekochte Hühnerbeine«, antworte ich. »Ich habe die Bouillon entfettet und davon unter Alouettes Haferschleim gemischt. Es ist ihr zumindest bekommen.«

»Madame! *Sie* sollten sie essen!«

»Ich habe gar keinen Appetit«, erwidere ich und zucke die Achseln.

»Aber so geht das nicht!« Er legt vorsichtig den Deckel wieder auf den Topf und fragt dann: »Wie alt sind Sie?«

»Siebenundzwanzig«, lüge ich gewohnheitsgemäß. (Damals, als ich den falschen Pass bekam, wurde ich vier Jahre älter gemacht. Eine unmündige Sechzehnjährige allein hätte man wohl kaum ausreisen lassen.)

Er schüttelt den Kopf. »Das können Sie einem Mediziner nicht weismachen. Sie sind viel jünger. Aber Sie sind in sehr schlechter Verfassung.«

»Wundert Sie das?«, sage ich bitter. »Bei dem, was gerade hier passiert?«

»Aber so geht das nicht weiter. Sie brauchen Hilfe. Professionelle Hilfe.«

»Was verstehen Sie darunter?«, frage ich alarmiert.

»Ich werde Ihnen eine Pflegerin schicken, die Sie bei Alouette ablöst – zumindest stundenweise!«, lenkt er ein, als er sieht, dass ich auffahren und protestieren will. »Sie müssen hier raus, sonst ist Ihre Kraft irgendwann erloschen wie eine Kerze.«

Kerze. Richtig, die brauche ich. Die hat man mir entwendet. Mir fällt die Begegnung von gestern ein.

»Leute sind hier aufgetaucht«, sage ich. »Die Wohnungsbesitzer. Sie haben dies und das von der Einrichtung abgeholt.« Meine abendliche Beobachtung verschweige ich. Sie kommt mir bei Tageslicht irgendwie absurd vor.

Mein sanftmütiger Doktor läuft rot an, so kenne ich ihn gar nicht. »Dazu haben die kein Recht! Hüten Sie sich vor solchen Eindringlingen! Lassen Sie niemanden herein!«

Ich muss lächeln, weil mir Schneewittchen einfällt. »Niemand will mir giftige Äpfel verkaufen«, sage ich überzeugt, aber er scheint das Märchen nicht zu kennen, sondern greift das Stichwort auf: »Übrigens: Äpfel! Sie brauchen etwas Frisches, Madame! Sie – und wenn es der Kleinen irgendwann besser gehen sollte, kann sie wohl auch einmal einen Löffel voll geriebenen Apfel zu sich nehmen.«

Wenn es ihr besser gehen sollte …

»Woher soll ich denn Äpfel bekommen?«, frage ich.

»Auf den Schwarzmärkten gibt es alles!«, erwidert er mit Überzeugung. »Aber ich kann nicht ständig für Sie den Einkäufer spielen. Sie müssen selber gehen. Am besten zu dem am Eichborndamm vor dem DP-Lager.«

»Was ist ein DP-Lager?«, frage ich weiter, und er sieht mich an, als wäre ich vom Mond gefallen. »DPs, Displaced Persons. Leute, die nirgendwo mehr zu Hause sind, Überlebende aus den Konzentrationslagern und andere Flüchtlinge, die nach einem neuen Platz zum Leben suchen. Einige von ihnen treiben dort Handel, und sie haben sehr gute Beziehungen zu den Alliierten.«

Es gruselt mich bei dem Gedanken, mit Überlebenden aus den Vernichtungslagern Handel zu treiben. »Aber ich kann doch nicht!«, sage ich matt.

»Doch. Sie werden können. Ich schicke ihnen die Pflegerin. Ach, und am besten vereinbaren wir ein Klingelzeichen, auch für die Frau. Sagen wir zweimal kurz, einmal lang. Damit Sie nicht wieder Unbefugten öffnen.«

Ich nicke ergeben. »Wird diese Person eine Deutsche sein?«, frage ich.

»Das wird sich wohl kaum vermeiden lassen.«

Ich zahle ihm die Konsultation, Schweizer Franken, wie jedes Mal.

Dann wende ich mich wieder Alouette zu. Tauche wieder ein in die alten Geschichten. Meine, wenn ich die Augen schließe, wieder die Gerüche und Geräusche dieser wilden und schrillen Stadt zu riechen und zu spüren, fühle tief im Herzen die Enttäuschung, dass Sidonies Vater so wie ich jemand ist, der von allen verlassen wurde. Wäre die Mutter noch am Leben, vielleicht hätte ich einen Arm gefunden, auf den ich mich von Zeit zu Zeit stützen könnte. Ich bin wieder das Mädchen von siebzehn, das ich damals war – und da vorm Tor sitzt der sanftäugige Haratin und wartet …

»Madame, oh Madame!«

Wie lange er wohl ausgeharrt hat vor dem Eingang zur Mellah, hingehockt, den Rücken an eine Wand gelehnt? Ich hatte ihn vergessen über meinen geplatzten Hoffnungen, meiner Traurigkeit. Jetzt, da ich ihn wieder sah, schoss in mir eine völlig sinnlose Wut hoch – als hätte dieser Hörige Schuld an dem, was mir zustieß. Er war so lästig! Lästig wie Fliegen! Ich musste ihn loswerden.

Ich ging also einfach an ihm vorbei, die Hände, so tief es ging, in meine Manteltaschen gesteckt. Egal wie knapp ich gerade bei Kasse war, egal wie lange es dauern würde, bis mein bisschen Geld aus Europa hierher überwiesen würde – ich musste mir ein Zimmer suchen. Ein schönes Zimmer für mich allein, mit einem Schloss, in dem ein Schlüssel steckt. Sodass ich zusperren konnte, mich auf dem Bett ausstrecken und allein sein mit mir und meinem Bauch. Und vorher wollte ich duschen.

Natürlich lief er mir nach, mein Schatten. Lautlos diesmal. Ich überquerte einmal wieder den »Platz der Toten«. Irgendwo würde ich finden, was ich suchte.

Gegenüber dem mächtigen Minarett der Koutoubia-Moschee, das du so begeistert bestaunt hast, meine Kleine, als wir unser Dorf im Atlas verlassen hatten, fielen mir denn auch dunkle Buchstaben an einer roten Fassade ins Auge: Hôtel de Foucault. Nicht zu prächtig, nicht zu schäbig, dachte ich. Gerade richtig.

Ich blieb stehen, um Luft zu schöpfen, und Jussuf verharrte hinter mir. Ich fuhr mir mit beiden Händen durchs widerspenstige Haar und kam dann auf die Idee, den Brustbeutel, den ich von deinem Vater hatte, den abgewetzten Brustbeutel eines ehemaligen Fremdenlegionärs, wie eine Handtasche an den Fingern zu schlenkern, denn eine Europäerin kommt nicht ohne Handtasche.

Wie herrlich kühl diese Halle war gegen die Schwüle draußen – und wie wundervoll, dass mein Trabant vor der Tür geblieben war! Auf einmal war ich in vertrauter Umgebung. Bunt bezogene Polsterbänke, ein Tresen, als wär's in Strasbourg oder Marseille, und hinterm Tresen ein ganz und gar nicht orientalisch aussehender Mann – er hatte blondes Haar!

Und nachdem er mich gefragt hatte, was er für mich tun könne, und auf meine Bitte um ein Zimmer das übliche Hin und Her veranstaltet worden war (»Ich fürchte, Madame, wir sind ausgebucht ... werde noch einmal nachschauen ...ach ja, Sie haben Glück, jemand hat abgesagt ...«), da glaubte ich mich schon am Ziel aller Wünsche, wenigstens für den Augenblick.

»Etwas ganz Exquisites, mit Bad und zum stillen Innenhof ...« Als ich meinen Pass über den Tresen reichte (Gabrielle Talbaut, zwanzig Jahre alt) – »Das Gepäck bringt mein Mann nach!« –, alles egal, nur in dies kühle Zimmer mit dem Bad und dem Bett – da geschah es, traf mich wie ein Peitschenhieb.

Gelächter, Männerstimmen. Deutsch. Lautes, aufdringliches, überhebliches Deutsch. Die Treppe herunter kamen vier Männer in der Uniform der deutschen Wehrmacht.

Feldgraue Uniformen, Kragenspiegel und Schulterstücke, Koppel, Dienstwaffen. Armbinden mit dem Hakenkreuz. Stiefel, die Stiefel ...

Ich packte meinen Pass, der aufgeschlagen auf dem Tisch lag, und rannte. Rannte zur Tür hinaus in die Gluthitze. Meine Schrecken hatten mich eingeholt. Die Stiefel.

Solche Stiefel trugen sie, als sie Sidonie abholten. Trug der, der mich brutal an die Wand knallte, als ich versuchte, sie festzuhalten.

Ich konnte nicht anders handeln. Ich musste wegrennen. Einmal wieder wegrennen, wie ich die ganze Zeit weggerannt war: fort aus Berlin, fort aus Frankreich! Hierher nach Marrakesch, wo ich nun schon wieder eingeholt wurde von dem, was ich hinter mir lassen wollte.

Warum sollten denn keine Deutschen in Marrakesch sein? Ihnen gehörte doch ohnehin die halbe Welt.

Damals, meine Kleine, kam ich mir wirklich vor wie ein gehetztes Tier, dem man einen Fluchtweg nach dem anderen versperrt.

Ich war irgendwie in einem kleinen Park angekommen, wo Feigenbäume und Palmen dünnen Schatten gaben, und ließ mich mit Seitenstechen auf eine hölzerne Bank fallen. Und dann machtest du dich unmissverständlich bemerkbar, recktest und strecktest dich in mir da drinnen. Ich presste meine Hand auf die Seite. Ruhig, sagte ich zu dir. Ich verspreche dir eins: Zu *denen* kehren wir nicht zurück, wir beide. Das Land bringt Unglück.

Heute fällt es mir ein, was ich damals gesagt habe. Und nun sind wir doch wieder in diesem Land, und ein Unglück ist eingetreten …

13

In Marseille hatte es angefangen: Ich konnte sozusagen aus dem Stand einschlafen, auf jeder Wartebank, an jedem Kneipentisch, sogar mitten im Gespräch, wenn es mir unwichtig vorkam. Für ein, zwei Minuten nickte ich einfach weg.

Der Arzt, zu dem ich dann ging, um zu erfahren, ob mit dir

alles in Ordnung war, erklärte mir, dies Einschlafen sei einfach bloß Schwäche. Ich solle mehr essen, viel frisches Obst! Aber in Marseille gab es ohne Lebensmittelkarten (und die hatte ich ja nicht als »Zugereiste«) nur Tomatenpizza und Roséwein.

Auf dem Schiff war es dann besser geworden. Nun holte mich die Erschöpfung wieder ein. Nach dem Schrecken sackte ich einfach weg auf einer Bank in der Hitze – und erwachte davon, dass mir jemand Kühlung zufächelte.

Jussuf, wer sonst. Er hockte vor mir auf den Fersen und bewegte ein Stück Kartonpappe vor meinem Gesicht. Seine Augen waren voller Flehen. Jussuf, so unvermeidlich wie das Schicksal.

Auf seinem Nasenrücken waren Schweißtropfen, und er sah mich ängstlich an.

Plötzlich wurde mir klar, dass all die Länder Utopia, die ich mir in meinem Kopf entworfen und auf die ich meine Hoffnung gebaut hatte, weggebrochen waren wie Inseln, die im Meer versinken. Die Spur der Postkarte hatte mich zwar zu Sidonies Vater geführt, aber nicht weiter, und der Weg zurück in europäische Lebensverhältnisse – den hatten mir eben die Stiefel der Deutschen verbaut.

Ich war in Marrakesch, im Augenblick fast mittellos, und ich war allein in einer Welt, die ich nicht verstand und die mich ängstigte – allein mit dir, meine Kleine. Noch hattest du den Schutz meines Körpers. Aber bald würde das vorbei sein. Ich konnte nicht weiter davonlaufen, musste mich hier in Marrakesch zurechtfinden.

Ich versuchte zu lächeln. Wohl das allererste Mal lächelte ich den Jungen vor mir an, und er lächelte zurück, scheu und unsicher.

»Geht es Ihnen schlecht, Madame?«

»Es geht mir …« Erst wollte ich sagen, den Umständen entsprechend, aber was sollte er damit wohl anfangen? »Ich fühle mich schon wieder besser«, antwortete ich also. »Komm, lass uns nach Hause gehen.«

Sein Aufatmen war unverkennbar.

Wir machten uns auf den Weg, überquerten die unvermeidliche Djemâa al-Fna, tauchten ein in das Gewirr der Gassen und Gässchen.

»Jussuf. Warum in aller Welt rennst du mir nach?«

»Madame, bitte. Ich habe gesagt: Ich bin da, um Sie zu beschützen. Ich passe auf.«

Nun musste ich lachen. »Aber Jussuf, wie willst du das denn anstellen? Du machst doch nichts weiter, als hinter mir herzulaufen, und selbst dann gelingt es mir noch, dir zu entkommen! Du bist keine Hilfe!« Im gleichen Moment fiel mir ein, dass das nicht ganz stimmte, denn immerhin hatte er mir bei den Behörden helfen können. Trotzdem fuhr ich unerbittlich fort: »Und wenn ich mich erinnere, dass du dich nicht mal getraut hast, mit mir am Tisch einen Minztee zu trinken, weil sich das angeblich nicht schickt …, du bist ein Haratin, heißt es nicht so? Du kannst doch gar nichts für mich tun!«

Er senkte den Kopf, trabte neben mir her.

»Ich kann aufpassen«, wiederholte er. »Sage Madame Haydee Bescheid, wenn etwas ist. Wenn jemand versucht, Ihnen etwas zu tun.«

Madame Haydee – warum in aller Welt wollte sie mich eigentlich beschützen?

Alles war rätselhaft.

Zweimal kurz, einmal lang. Die Pflegerin?

Ich werfe einen Blick auf Alouette. Sie rührt sich nicht, ihr Atem geht gleichmäßig, ich sehe kaum, dass sich ihre Brust hebt oder senkt.

Alles in mir sträubt sich, mein Kind den Händen einer deutschen Frau zu überlassen. Aber Doktor Leblanc hat sich so bemüht, und der Schnelligkeit nach zu urteilen, in der er mir diese Person herschickt, ist es ihm wohl wirklich dringend.

Ich öffne. Im Treppenhaus steht eine große knochige Person, um den Kopf das hierzulande allgemein verbreitete Turbantuch, unter dem der Ansatz rötlich blonden Haars zu sehen ist. Wahrscheinlich ist sie mal dick gewesen, aber dicke Deutsche gibt's im Jahr 47 nicht, nicht einmal bei denen, die für die Besatzungsbehörden arbeiten.

Wir mustern uns gegenseitig nicht ohne Misstrauen. Die Frau hat hellblaue Augen, so hellblau, dass es glitzert, und Sommersprossen. Sie wirkt kalt.

»Guten Tag«, sagt sie. »Ich bin Schwester Annemarie. Der Doktor hat mir gesagt, Sie verstehen Deutsch.«

»Ja. Tu ich«, sage ich kurz angebunden. »Kommen Sie nur herein.«

Wir geben uns nicht die Hand, aber das kann auch hygienische Gründe haben. Leblanc macht das ja auch nicht. In einem Typhus-Haushalt begrüßt man sich nicht per Handschlag.

Sie geht an mir vorbei, wirft einen Blick durch die Räume, auf mein krankes Mädchen, als wäre es ein Gegenstand unter anderen, auf meine improvisierte »Waschküche«, auf den kalten Herd, wo immer noch die Hühnerbeine im Topf herumstehen. Dann zieht sie ihren Mantel aus, vertauscht ihn gegen eine weiße Schürze, das Kopftuch gegen ein Haarnetz.

Ich kann nicht behaupten, dass mir die Person sympathisch ist. Aber ich will Doktor Leblanc nicht enttäuschen. Und wenn sie nun mal eine »gelernte Kraft« ist, wird sie ja wohl in der Lage sein, mein Mädchen für eine kurze Zeit zu betreuen. Die Art, wie sie die Bänder der gestärkten Schürze über dem Rücken verkreuzt, ohne dass sich eine Falte bildet, lässt einen keinen Moment im Zweifel, dass sie die Richtige ist.

Sie beginnt sofort mit den professionellen Handgriffen, die sie als perfekte Pflegerin ausweisen: ordnet Wasserglas, Fieberthermometer, Taschentücher und die Schüssel mit den Kompressen anders an, schüttelt die leichte Bettdecke auf, glättet das Laken.

Dann fragt sie: »Haben Sie Bohnenkaffee? Der Doktor sagt, Sie hätten Bohnenkaffee. Den brauche ich.«

Aha. Nun weiß ich doch endlich, wieso mir der gute Doktor die Tüte mit Bohnen mitgebracht hat. Wie's scheint, hat er damit diese Annemarie geködert, sich eines nicht gemeldeten Typhusfalls anzunehmen. Von der Bezahlung in Schweizer Franken mal ganz abgesehen. Das Wörtchen »bitte« scheint ihr übrigens fremd zu sein.

»Bedienen Sie sich. In der Küche«, sage ich. »Ich muss aus dem Haus. Bin froh, dass meine Kleine bei Ihnen in guten Händen ist.«

Sie grunzt. Schmeicheleien scheint sie nicht zugänglich zu sein. Dann kann ich mir das ja in Zukunft sparen.

Ich ziehe meinen leichten englisch karierten Mantel an, den ich mir in Zürich gekauft habe für das wechselhafte Übergangswetter, und sehe ihre scheelen Blicke auf das gute Stück. Überlege, womit ich besser fahren werde bei dem, was ich vorhabe, mit meinem kaufkräftigen Geld oder mit irgendeinem begehrten Gegenstand, meiner Armbanduhr oder der Pelzboa. Ich habe ja keine Ahnung, wie der »Wechselkurs« ist. Entschließe mich, erst einmal nur meine Brieftasche einzustecken.

»Wie komme ich eigentlich zum Eichborndamm?«, frage ich, damit sie auch genau weiß, wohin ich gehen will.

Sie sieht mich nicht an. »Am besten, Sie fahren mit der U-Bahn bis Rathaus Steglitz«, sagt sie, »die Strecke ist ja endlich wieder in Betrieb. Was wollen Sie denn auf dem Schwarzmarkt?«

»Bohnenkaffee für Sie besorgen«, erwidere ich und sehe mit Genugtuung, dass sie rot anläuft. »Und Sie sagen mir bitte jetzt noch, was ich für mein krankes Kind einkaufen sollte.«

»Na ja …« Sie verzieht die Mundwinkel. »Bananen, wenn es so etwas gibt. Und Äpfel könnte man reiben. Irgendwann vielleicht. Im Übrigen: Weißbrot, Taube …«

Es kommt mir so vor, als würde sie sich über mich lustig machen.

Ich werfe einen Blick auf mein schlafendes Kind, das ich nun, jedenfalls für kurze Zeit, ohne meinen Beistand zurücklassen muss, ohne mich und meine Geschichten – dann greife ich das Schlüsselbund vom Haken und gehe. Das erste Mal seit einer Woche verlasse ich das Haus.

14

Es bestürzt mich immer wieder: die trostlosen Straßen, die Trümmerberge zu beiden Seiten des Weges, zwischen denen sich hier und da ein stehen gebliebenes Haus erhebt, nicht als sei das sein ursprünglicher Platz, sondern als habe es jemand aus einer anderen Welt zwischen diese Ruinen hingepflanzt. Die Leute, allesamt dürr, mit grauen Gesichtern und in grauer, abgewetzter Kleidung, laufen so eilig aneinander vorbei, als hätten sie nichts Dringenderes zu tun, als sich voreinander zu verstecken.

Aber vielleicht bilde ich mir das ja auch nur ein. Meine Fantasie geht irgendwo spazieren nach dieser Woche voller Angst und Bangen und versorgt mich mit Gespenstern.

Als ich den von hohen Schuttlawinen flankierten U-Bahn-Eingang erreiche, der mir entgegengähnt wie der Eingang ins Innere eines Bergs, wäre ich um ein Haar wieder umgekehrt. Ich fühle mich nicht in der Lage, das zu tun, was ich gerade vorhabe, und außerdem brennt in meinem Bauch die Sorge um mein krankes Kind wie ein Magengeschwür. Aber dann überwinde ich mich doch und steige hinunter in die schlecht beleuchtete, übel riechende Unterwelt.

Die Waggons sind zum Bersten voll. Ich will nicht. Dennoch steige ich ein zu den Menschen, die sich nicht ansehen, und wie durch ein Wunder finde ich an der nächsten Station einen Sitzplatz.

Mir war schon ganz schlecht, und allmählich wird mir klar, dass ich völlig entkräftet bin. Aber das muss nun wirklich nicht sein, Rita Moebius, bei den Möglichkeiten, die du hast, im Gegensatz zu all denen hier, die sich nichts leisten können, was übers sogenannte Existenzminimum der »Hungerkarte« hinausgeht, dieser Lebensmittelkarte der niedrigsten Kategorie, die all jene erhalten, die nichts »Nachkriegswichtiges« arbeiten.

Ich merke, dass ich dauernd angestarrt werde. Der Mantel!

Und keine Kopfbedeckung, und das Haar, trotz straff frisiertem Knoten unverkennbar kraus … Was für eine ist das?

Ich schließe die Augen. Träume mich weg, sammele meine Kräfte für das, was ich dir als Nächstes an deinem Bett erzählen werde, erzählen muss, Alouette. Es wird schwer zu verstehen sein. Später. Jetzt, wo alles, was ich tue oder getan habe, noch mit keiner Elle gemessen werden kann von dir, noch nicht. Aber dann, meine Kleine, wenn du so alt sein wirst, wie ich es damals war.

Doch vielleicht ist es auch ganz anders. Vielleicht wird gerade das der Schlüssel zum Begreifen sein: Ich war siebzehn, ich hatte alle Hoffnungen, mit denen ich in das Land jenseits des Mittelmeers gekommen war, zerschellen sehen. Da war niemand, der mir helfen konnte. Ich hatte in diesem Augenblick nur eine vage Aussicht wieder zu Geld zu kommen. Und ich war schwanger.

Meine Verzweiflung, meine völlige Ratlosigkeit hatten mich Hals über Kopf in ein absurdes Abenteuer flüchten lassen, in einen Tunnel, der so dunkel war wie der U-Bahn-Tunnel, und in den ich hineinrannte wie eine Ratte in Bedrängnis – nur irgendwohin, wo ich für dich das Nest würde bereiten können.

Ich schrecke hoch. Beinah habe ich die Station verpasst. Dränge mich durch die Fahrgäste, die wie die Mauern stehen. Keiner murrt, aber keiner macht Platz, man muss die Ellenbogen zu Hilfe nehmen.

Aufatmend steige ich ans graue Tageslicht aus diesem Schacht und beschließe, zurück die S-Bahn zu nehmen, etwas, was oberirdisch fährt, auch wenn es ein Umweg wird, nur nicht wieder hinunter in dies Labyrinth unter der zerstörten Stadt.

Der Eichborndamm wimmelt von Menschen, es ist wie auf der Djemâa al-Fna. Die hier sind anders als die Leute, denen ich auf dem Weg hierher begegnet bin. Sie streben nicht auf ein Ziel zu, sondern schlendern langsam, beachten und beobachten einander, werfen sich abschätzende Blicke zu, stehen in Gruppen beisammen.

Ich hatte hier etwas ganz anderes erwartet. Das hier wirkt so normal. Ich hatte gedacht, die Menschen, die den Lagern entkommen sind, müssten verstört oder geduckt aussehen. Aber das ist überhaupt nicht der Fall. Die meisten sind zwar genauso hohlwangig und grauhäutig wie vorhin die Passanten, aber ihre Kleidung ist deutlich verschieden. Ich registriere helle Staubmäntel, dunkle Anzüge, weiche Schlapphüte aus Filz, schräg aufs Ohr gedrückte Baskenmützen, Chromlederstiefel. Ich sehe zunächst fast nur Männer – auch das ist ein bisschen wie in Marrakesch.

Dann auch, vereinzelt, Frauen. Jüngere Frauen, sehr unterschiedlich gekleidete Frauen. Manche in Kostüm und schräg aufgesetztem Hütchen, andere in der üblichen Tuch- und Turbanmode, die ihre Handtaschen krampfhaft festhalten. Keine ist sehr alt. Manche tragen auch etwas überm Arm – einen Pelz, ein Seidenkleid –, offenbar bieten sie auf diese Weise ihre Ware an.

Ich stehe und staune.

Wo man ins Geschäft kommt, ziehen sich die Handelnden in eine Türnische zurück, oder aber sie »verschwinden« in einem Kreis aus dunklen und hellen Mänteln.

Und dann dringt es an mein Ohr, das erste Gezischelte: »Hamse was zu verkaufen? Gold? Brillanten? Andere Steine? Alten Schmuck?«

Ich schüttele den Kopf und gehe erst einmal weiter. Sammele meine Gedanken. Was will ich eigentlich kaufen – außer Bohnenkaffee für Schwester Annemarie? Fleisch, Schokolade? Obst?

Plötzlich habe ich eine Gier nach den Früchten, die es in Marokko so reichlich gab, nach frischen Datteln oder Feigen, nach den kleinen Orangen mit dem üppig dunkelroten Saft, nach säuerlichen Limetten ... Habe ich etwa Heimweh nach der Fremde?

Der Nächste spricht mich an. »Omas Granatkollier vielleicht dabei? Rohzucker hätte ich, Trockenmilch, Volleipulver von de Amis, beste Ware, damit das Kindchen was in den Bauch kriegt!«

Das Kindchen? Ich schrecke innerlich zusammen und wende mich schnell ab. Einen Moment denke ich verstört: Er kennt mich. Aber dann mache ich mir klar, dass die meisten der jungen Frauen mit den Kopftüchern wahrscheinlich Mütter sind, die ihren alten Familienschmuck, oder was sie sonst noch an Wertsachen haben, eintauschen für Lebensmittel, um die hungrigen Mäuler ihres Nachwuchses zu stopfen.

»Irgendwas Kleines, Feines dabei?« Der hier, einer von denen im dunklen Mantel und mit Hut, spricht mit einem harten östlichen Akzent. »Gold, Brillanten, Schmuck?«

Ich fasse mir ein Herz und sehe ihn ein bisschen näher an. Das hagere Gesicht im Schatten der gebogenen Hutkrempe ist noch jung, die Augen sind dunkel und voller Neugier.

»Wie kommen Sie darauf, dass ich was Kleines, Feines haben könnte?«, frage ich.

Er grinst, legt den Kopf schief. »Schöne junge Dame, ganz einfach. Weil Sie nur haben so kleine Tasche! Frauen, die kommen hierher mit ihre Pelze oder ihr Porzellan, sie schleppen mit sich große Koffer!« Und er macht eine ausladende Handbewegung.

Ich muss lachen. Natürlich. Richtig beobachtet.

»Ich hab nichts Kleines, Feines«, erwidere ich. »Ich will mit Geld kaufen.«

»Pff!«, macht er verächtlich. »Geld! Was ist Geld wert heute?! Hamse Dollars? Bestimmt nicht!« Er zuckt die Achseln, will gehen.

»Schweizer Franken hab ich«, sage ich halblaut zu seinem Rücken, und schon ist er wieder bei mir, dreht den Hals, schaut sich um, sagt dann, übers ganze Gesicht grinsend: »Das schon besser klingt. Was soll's sein, schöne Dame? Zigaretten? Kiste Sekt für'n Schatz? Parfüm direkt aus Paris!«

»Reis«, sage ich. »Taube oder Poularde. Südfrüchte. Kaffee auch.«

»Nicht bei mir. Schade. Nicht doch schönes Parfüm?«

Ich schüttele den Kopf. »An wen muss ich mich wenden?«

Wieder legt er den Kopf schief, zieht die Brauen in die Höhe. »Schöne Dame, dies hier ist black market. Nichts umsonst. Auch nicht Auskunft.«

Ich habe langsam keine Geduld mehr. Das hier könnte mir ja sogar Spaß machen, wenn ich nicht ständig an Alouette denken müsste, ob sie in der Obhut dieser Frau auch gut aufgehoben ist.

»Wie viel?«, frage ich und er zuckt die Schultern. »Was ist Ihnen wert? Zehn Franken?«

Als ich wortlos den Schein aus der Tasche ziehe und ihm hinhalte, schaut er mich erstaunt an. Offenbar hat er erwartet, dass ich feilsche. Kurz sieht er sich einmal im Kreis um, und dann ist das Geld aus meiner Hand verschwunden; seine Bewegung ist so schnell, dass ich sie gar nicht bemerkt habe.

»So macht man hier nicht!«, sagt er kopfschüttelnd. »Nie Penunze hier so offen halten! Hand zu, dann shake hands, dann hat Partner, was er braucht. Wait a moment. Ich finde richtigen Mann.«

Damit wendet er sich einer Gruppe anderer in dunklen Mänteln zu und gerät mit ihnen in ein lebhaftes, von großen Gesten begleitetes Gespräch. Ich verstehe die Sprache nicht, es könnte Polnisch sein, aber ein Polnisch, das durchsetzt ist von Anklängen ans Deutsche – vielleicht ist es Jiddisch? Dann bin ich wieder dran. Mit einer Kopfbewegung verweist er mich an einen von ihnen.

»Gehen mit Jankel mit, okay?«

»Okay«, sage ich und trotte hinter einem anderen jungen Mann her, der beim Gehen ein Bein nachzieht.

Ja, er hinkt, aber sonst wirkt er so normal wie alle anderen auch, und ich habe mir wohl ganz falsche Vorstellungen gemacht, wie sich Leute benehmen, die etwas Entsetzliches überlebt haben.

Wir verlassen den Eichborndamm, mitten durch die flüsternden, palavernden, handelnden Gruppen, ich immer im Schlepptau des Menschen mit dem Hinkebein, und biegen in einen Hausflur ein. Es stinkt nach Katze und nach Müll. Ich fühle mich immer mehr an Marokko erinnert und bin kurz davor, auf dem Absatz umzukehren und wegzulaufen. Aber ich will, verdammt noch mal, endlich meine Sachen für Alouette kriegen.

Auf dem ersten Treppenabsatz drängt er mich plötzlich in die Ecke. »Zeig mal dein Geld!«, verlangt er. »Erst herzeigen.«

»Warum sollte ich? Nachher wollen Sie es mir klauen?«, sage ich, und meine Stimme ist heiser vor Schreck.

Er lacht freudlos auf und entblößt dabei seine Zahnlücken. »Wollen wir machen Geschäfte oder wollen wir klauen? Hier ist market, hier ist nichts Dieberei. Woher soll ich wissen, du bist nicht von der Polente? Vertrauen gegen Vertrauen.«

Wahrscheinlich hat er ja Recht. Stumm öffne ich meine Handtasche und zeige den Inhalt meiner Geldkatze, ohne sie aus der Hand zu geben. Er nickt. Gibt mich frei. Zieht ein Schlüsselbund aus der Tasche und öffnet die Tür zu einer Wohnung ohne Namensschild.

Was ich da betrete, ist ein Warenlager. Lebensmittel aller Art in Säcken, Papiertüten und Kartons, das meiste ist englisch oder französisch beschriftet, auch kyrillische Schriftzeichen erkenne ich. Und Stempel mit Hoheitszeichen. Das stammt also alles aus Armeebeständen der Besatzungsmächte. Und ich begreife, dass allein das wundersame Vorhandensein eines Bündels Schweizer Franken mir das Privileg dieses Zutritts verschafft.

»Also, was soll's sein?«

Ich versuche meine Gedanken zu sammeln, bete schließlich eine Bohnenkaffee-Zucker-Reis-Schokolade-Eipulver-Kerzen-Streichhölzer-Litanei herunter. Alles wird aus den Behältern genommen, auf einem großen Tisch gestapelt und, falls es nicht schon verpackt ist, auf einer altertümlichen Waage sorgfältigst abgewogen oder ausgezählt. (»Ein Kilo, schöne Frau? Zwei? Zehn Kerzen oder zwölf? Ganzes Dutzend?«)

Alles scheint perfekt, aber dann, als es um die frischen Sachen geht, Fleisch und Obst, schüttelt dieser Jankel den Kopf. »Viktualien? Die bringt Attila. Erst morgen. Ist noch auf

Hamsterfahrt. Komm morgen wieder, schöne Frau. Komm hierher zur Bude. Ich zeige Attila.«

Also gleich wieder hierher, das passt mir gar nicht. Zumal ich ja dann wieder Alouette allein lassen muss mit dieser Krankenschwester.

»Haben Sie nichts Unverderbliches? Äpfel, Orangen, Bananen? Ich habe ein krankes Kind.«

»Nicht mein Ressort. Aber für krankes Kind …« Wieder zeigt er mir seine schlecht erhaltenen Zähne im Lächeln. Geht in den Raum nebenan, bringt mir schließlich, wie er sagt, »aus privat« zwei schrumplige Äpfel und zwei Bananen, die schon beginnen, braun zu werden, und legt sie mit auf den Tisch.

Dann fängt er an zu rechnen, murmelt lautlos vor sich hin, bewegt seine Finger in einer Weise, aus der ich nicht schlau werde, nennt schließlich eine Summe. Als ich das Geld aus der Tasche ziehe, sieht er mich überrascht an.

»Sie wollen zahlen – einfach so? Wollen nicht handeln?«

»Wieso? Sie wollen doch, dass ich wiederkomme!«, sage ich ungeduldig. »Geht es nicht ehrlich zu?«

»Ehrlich schon – aber doch nicht so ehrlich!«, erwidert er, und ich muss unwillkürlich lachen. »Es geht doch um Handel!«, sagt er. »Man muss sich einigen!«

Schweigend schiebe ich meine Geldscheine über den Tisch. Was sich als ein weiser Schritt erweist – denn nun erst wird mir klar: Ich weiß doch gar nicht, wie ich das wegschaffen soll!

»Keine Tasche, kein Beutel?«, fragt mein Handelspartner erstaunt. Ich schüttele den Kopf. Daran habe ich nicht gedacht.

Wieder hinkt er in den Nebenraum, kehrt mit einer abgeschabten ledernen Aktentasche zurück. »Sie bringen nächstes Mal wieder mit, ja? Gutes Geld, guter Service.«

Ich werde langsam neugierig, und nun, da das Geschäftliche erledigt ist, fühle ich mich freier. Gleich fahre ich ja zurück zu meiner Tochter … »Wie kommt man an all die Waren?«

Er breitet die Arme aus. »Schöne Frau, wie Handel eben ist. Einer fährt über Land, besorgt was, man tauscht – Ignaz zum Beispiel, er fährt immer nach Dresden, tauscht Gold und Silber gegen Kartoffeln und Wurst. Gold und Silber geht an Amis, an Russkis, gegen Dollars, gegen Ware … ganz normaler market.«

Ich erwidere sein Lächeln. »Können Sie eigentlich alles beschaffen?«, frage ich.

Er zuckt die Achseln. »Manchmal dauert es länger. Aber eigentlich ja. Par exemple, ich habe Kundin, Französischlehrerin im Heim, starke Raucherin. Sie will unbedingt deutsche Juno haben. Keine Lucky Strike, keine Chesterfield, nein, Juno. Nun, ich beschaffe.« Er lächelt stolz.

»Kommen Sie morgen wieder, ja. Frisches Fleisch, frisches Obst. Oh, Lady, sorry, time is money. Wir müssen weiter.«

Mit großer schwungvoller Geste stößt er den Arm in die Höhe und schüttelt Ärmel und Manschette zurück, um seine Uhr betrachten zu können – aber eigentlich wohl, um sie mir vorzuführen. Es ist eine dicke goldene Uhr an einem dicken goldenen Armband.

Aber ich sage nicht, wie er sicher erwartet hat: »Oh, was für eine schöne Uhr haben Sie da!« Ich nicke nur stumm, raffe die Aktentasche mit den Waren und verlasse ganz schnell Wohnung und Haus. Denn als er so weit ausholend seinen dürren Arm freigemacht hat, da sind ihm seine Ärmel fast bis zum Ellenbogen hochgerutscht. Und ich habe die eintätowierte KZ-Nummer an seinem Unterarm gesehen.

15

Ich mache mich auf den Heimweg. Eigentlich bin ich froh, dass alles so glattgegangen ist. Aber etwas quält mich. Das mit der Juno-Raucherin. Auch meine Sidonie hat immer Juno geraucht. Dass einen solch eine Bemerkung so unendlich traurig machen kann …

Mein Kind finde ich apathisch wie immer, aber wohl versorgt vor, diese Annemarie macht bestimmt nichts falsch.

Mit unverhohlen neidischer Miene sieht sie mir zu, wie ich meine kostbaren Einkäufe in der Küche auspacke – ich habe keinen Grund, dergleichen vor ihr zu verstecken.

»Bohnenkaffee für Sie!«, sage ich.

»Ein bisschen Eipulver würde ich auch gebrauchen können!«, bemerkt sie aufmüpfig.

Ich schüttele den Kopf. »Nein«, entgegne ich fest. »Was Sie hier zu sich nehmen – in Ordnung. Aber ich habe nicht vor, Sie und Ihre Familie zu versorgen. Doktor Leblanc bezahlt Sie ja wohl, und ich bezahle Doktor Leblanc. So ist das.«

Sie sieht mich mit kalt glitzernden Augen an. »Ich bin ausgebombt«, sagt sie. »Ich habe Fünfundvierzig alles verloren, und Sie …«

»Ich habe ein bisschen früher alles verloren!«, erwidere ich. »Über unsere Verluste sollten wir vielleicht nicht rechten.«

Missbilligend, mit verschränkten Armen, sieht sie mich an. »Das alles gibt es also in der Juwelenecke!«, stellt sie fest.

»Was ist eine Juwelenecke?«

»Na, der schwarze Markt am Eichborndamm, wo die schachern und mauscheln, diese ›Überlebenden‹, auf Kosten des deutschen Volkes. Dabei kommen die meisten gar nicht aus den Lagern. Die kommen aus Polen.«

»Hören Sie«, sage ich, und hätte sie am liebsten am Kragen gepackt und hinausgeworfen, »ich habe keine Lust, mit Ihnen darüber zu sprechen. Für heute dann danke!«

Endlich zieht sie ihren Mantel an. Sagt, während sie ihre Handtasche ergreift: »Da waren Leute da, an der Tür.«

»Was für Leute?«, frage ich, und der Schreck fährt mir in die Glieder, sodass ich beinah die braune Spitztüte mit dem Reis fallen lasse. »Haben Sie ihnen etwa geöffnet?«

Sie schüttelt den Kopf. »Denken Sie, ich lasse jemanden rein, wenn Sie nicht da sind? Das wäre ja noch schöner. Ich hab mit vorgelegter Kette mit denen geredet. Die sagten, das sei ihre Wohnung. Aber das geht mich nichts an. Bloß wenn die wissen, dass Sie hier einen Typhusfall haben, das kann Ärger geben. Ich meine, Quarantäne und so. Dann ist da nichts mehr mit Schwarzmarktgeschäften.«

Weg ist sie. Ich hasse sie. Aber ich brauche sie für mein Kind.

Und diese Leute – sie wissen ja, dass Alouette Typhus hat. Hoffentlich trauen die sich nicht, gegen jemanden vorzugehen, der unter dem Schutz der Besatzungsmacht steht.

Ich koche Alouette Reisschleim und flöße ihn ihr vorsichtig ein. Dann suche ich nach einer Reibe, auf der ich den Apfel zubereiten könnte, und finde keine. Bananenbrei läuft ihr aus den Mundwinkeln heraus, sie würgt und spuckt.

Vierzig Fieber. Unverändert.

Bald kommt die Nacht.

Ich entzünde drei, vier Kerzen, stelle sie auf Untertassen neben dem Bett auf und versuche, den Gedanken an eine Aufbahrung zu verdrängen. Aber Alouette mag nun mal kein elektrisches Licht.

Verzweifelt und ermattet sinke ich auf den Stuhl, ergreife die heißen Hände meiner Tochter und beginne wieder hinabzutauchen in meine Welt von damals, breche auf dorthin, komme zu dem Punkt, als ich den irrwitzigen Entschluss fasste, mich »einzukaufen«, einen Handel abzuschließen, bei dem ich nur verlieren konnte. Aber das machte ich mir nicht klar. Denn ich sah keine andere Möglichkeit.

Was mir Jussuf am Tag darauf auf der Galerie vor meinem Zimmer erzählte, das hatte auch mit Handel zu tun – freilich mit einem etwas gefährlicheren als mit dem auf dem Schwarzmarkt hier in Berlin, den ich heute für uns beide besucht habe, meine Kleine.

Es ging um Menschenhandel.

Jussuf wollte von sich aus nicht mit der Sprache herausrücken. Ich musste erst streng werden und die »Herrin« herauskehren, bis er sich endlich genötigt sah, auf meine Fragen zu antworten. Denn ich wollte nun endlich wissen, was es bedeutete, dass er mir stets auf den Fersen blieb und mich »beschützte«. Ich hatte so eine Idee. Auf den Kopf zu fragte ich ihn, ob es mit dem Mann zu tun habe, der in der Nacht meiner Ankunft mit Haydee geredet hatte.

Er nickte mit gesenkten Lidern. Es war ihm unendlich peinlich, das Thema.

»War er meinetwegen gekommen?«

»Ja, Madame.«

»Und was wollte er von mir?«

Er wand sich fast. »Nichts Gutes. Er ist kein guter Mann.«

»Wenn er kein guter Mann ist, warum spricht Madame Haydee mit ihm und jagt ihn nicht einfach davon?«

»Er ist ein reicher Mann. Er kann Madame Haydee viel schaden.«

Es schien also ein diplomatischer Balanceakt zu sein, den meine Gastgeberin da vollführte, und sie versuchte, mich unter Aufsicht dieses Haratins halbwegs sicher durch Marrakesch zu bringen.

»Was macht dieser Mann denn Böses?«, drang ich weiter in den Jungen.

»Er handelt«, entgegnete er leise.

»Madame Haydee handelt auch. Sie handelt mit Minze. Was ist das Schreckliche an dem Handel, den dieser Mann betreibt? Verkauft er Opium?«, fragte ich, und es war eigentlich mehr ein grimmiger Scherz, aber Jussuf sah mich großäugig an und fragte doch wirklich: »Was ist böse an Opium?«

»Sag es endlich!« Ich hätte ihn am liebsten gerüttelt.

Und da sagte er: »Er verkauft Mädchen.«

Damals musste ich nach der ersten Verblüffung lachen. »Es gibt tausend Dinge unter Gottes Sonne!«, bemerkte ich spöttisch. »Aber dass jemand eine Schwangere verschachert, das kann ich mir nun wirklich nicht vorstellen – womöglich in einen Harem!«

Nun war es an Jussuf, verständnislos zu gucken. »Aber das ist es doch gerade! Weiße Frauen mit Baby im Bauch sind gut für alte Herren. Würdenträger, die noch keinen Sohn haben. Dieser Mann vermittelt.«

Ich war sprachlos.

Jussuf redete weiter. »Heute Abend bringe ich Madame in ein anderes Quartier. Wo sie sicher ist. Keine Sorge.«

»Aber das ist doch absurd!«, sagte ich. »Wieso soll ich mich irgendwo verkriechen? Ich stelle mich unter den Schutz der Fremdenpolizei …«

Ich erinnere mich, dass er aufschrie und flehend nach meinen Händen fasste. »Nicht Polizei, Madame! Sie kennen diese Stadt nicht! Hotels, Polizei, alles hängt zusammen. Jeder zahlt und wird bezahlt. Keiner fragt nach verschwundener Frau. Madame Haydee hilft, ich schwöre bei Allah!«

Es hörte sich glaubhaft an.

»Wenn jeder zahlt und bezahlt – warum will sie mich dann schützen?«, fragte ich zweifelnd. »Vielleicht bringe ich ja einen guten Preis.«

»Madame Haydee hat Tochter verloren!«, antwortete er scheu.

Wenn ich nicht geneigt war, an etwas zu glauben, dann war es Hilfe aus reiner Menschenliebe oder Sentimentalität. Dafür hatte ich im letzten Jahr zu viel erlebt. Ich verlangte, zur Aufklärung der Sache mit Haydee selbst zu sprechen – zur großen Erleichterung meines Haratins, dem die Sache offensichtlich über den Kopf wuchs.

Es musste bald Mitternacht sein, als Haydee endlich in mein Quartier kam, wo ich zwischen unruhigem Schlaf und Wachen lag und dem Gelächter und Geschwätz der Frauen lauschte, die Wäschestücke auf dem Geländer der Galerie aufhängten.

Ich hatte kein Licht gemacht, konnte die kahle Glühbirne nicht ertragen. Als nun der Perlenvorhang klapperte und ich das Rascheln eines Gewandes hörte, fuhr mir zunächst der Schreck in die Glieder, und du, mein Mädchen, merktest es natürlich und erschrakst mit, sodass du zucktest wie jemand, der im Schlaf aufgestört wird.

Aber sie war es, Haydee, ihr Geruch nach Schweiß und Minze. »Ma petite! Jussuf hat Ihnen erzählt, nicht wahr? Es tut mir so leid. Heute können wir nicht mehr weg. Morgen Früh bringt er Sie in ein Dorf im Atlasgebirge, wo Verwandte von mir wohnen.«

Ein Dorf im Atlas. Das also sollte aus meinem Traum von Marrakesch werden. Ich presste die Hände auf den Leib, um dich zu beruhigen.

»Warum nicht heute Nacht?«, fragte ich. »Wenn dieser Mann mir wirklich auf den Fersen ist ...«

»Nachts kann man nicht reisen«, erwiderte sie bestimmt. »Und schon gar nicht ins Atlasgebirge. Außerdem können Sie heute Nacht beruhigt schlafen. Es wird nichts geschehen.«

Ich wusste nicht, woran ich war. Eigentlich schien mir das alles unglaubwürdig. Was machten diese Leute mit mir? »Woher wissen Sie, dass heute Nacht nichts geschieht?«, drang ich in sie.

Ihr Atem ging gepresst. »Er war heute bei mir an meinem Marktstand. Will morgen mit Ihnen sprechen. Vorschläge machen. Und wenn Sie nicht darauf eingehen, dann wird er zugreifen, und dann ist es zu spät für Sie. Sie müssen weg!«

»Warum soll ich weg, wenn mir jemand Vorschläge machen will!«

»Sie kennen diesen Mann nicht. Der akzeptiert kein Nein.«

»Also man will mich kaufen?«

»Man wird einen Vertrag anbieten«, sagte Haydee gequält. »Damit es später keine Komplikationen gibt.«

Ich verstand nicht. Was für Komplikationen? Ein Ehemann aus Frankreich vielleicht, der irgendwelche Ansprüche anmeldet? Mein Misstrauen wuchs.

»Was denn für Komplikationen?«, sagte ich unwirsch. »Ich soll in einem Harem verschwinden …«

»Ma petite, Sie verstehen immer noch nicht. Es geht nicht nur um Sie. Es geht um ein Baby. Man braucht einen Sohn.«

Und in diesem Augenblick begann in mir diese Idee Gestalt anzunehmen. Es käme ja vielleicht auf einen Versuch an. Richtig. Es geht um ein Baby.

»Lassen Sie mich kurz überlegen«, sagte ich. »Ein Dorf im Atlasgebirge. Gibt es da eine Busverbindung? Eine Post? Leben dort Europäer? Spricht man Französisch?«

Ihr Schweigen war Antwort genug.

»Madame, Sie wollen mich auf den Mond abschieben! Unter Menschen, deren Sprache ich nicht verstehe, ohne Verbindung zur Welt! Ich soll mein Kind ohne medizinische Hilfe in einem Bergnest zur Welt bringen, wo man das Wasser aus dem Brunnen holt und wo Elektrizität ein Fremdwort ist! Halten Sie den Plan wirklich für gut?«

»Es müsste ja nicht für lange sein«, sagte sie matt.

Langsam wurde ich zornig. »Vielleicht wollen Sie mich ja nur für einen lukrativeren Käufer aufheben und rechtzeitig wieder vorholen?«

Ich hörte, wie sie stockend ausatmete. Hatte ich prompt ins Schwarze getroffen oder war sie nur beleidigt? Damals war es mir egal. Ich sagte: »Wissen Sie was? Ich werde morgen mit diesem Mann sprechen. Mir seine Bedingungen anhören. Wie sie schon sagten: Es geht um das Baby.«

»Sie sollten nicht mit dem Feuer spielen!«, erwiderte sie leise. »Mit diesen Leuten ist nicht zu spaßen. Der Mann, der sich für Sie und Ihr Kind interessiert, hat Beziehungen zu al-Glaoui persönlich.«

Zum zweiten Mal hörte ich den Namen, Rabbi Kreizberg hatte ihn ja auch erwähnt. Der allmächtige Gouverneur von Marrakesch … Ich verdrängte das damals. Wusste nicht, dass ich diesen Mann sehen sollte …

»Sagen Sie mir jetzt einfach, wie der Kerl heißt, der mit mir reden will, und wo das stattfinden soll, und dann Gute Nacht!«, forderte ich.

»Er heißt Monsieur Idris«, erwiderte sie, »und er will Sie zur Zeit des Mittagsgebets in der Wollfärbergasse treffen.«

Plötzlich fühlte ich, dass sie nach meinen Händen griff. »Meine Liebe, tun Sie's nicht! Sie reisen morgen in der Früh ab, und Jussuf sagt dort Bescheid, dass Sie verschwunden sind!«

»Wird er nicht. Er wird mich im Gegenteil dorthin begleiten, denn allein finde ich mich hier nirgendwo zurecht!«, sagte ich energisch. »Mich begleiten kann er ja wirklich ganz hervorragend.«

Sie nahm den Ton nicht auf. »Allah beschütze Sie, mein Kind!«, murmelte sie traurig.

»Das hoffe ich doch«, entgegnete ich verwirrt. Sie klang so bewegt und besorgt.

»Leyla sâida! Gute Nacht!«, sagte ich auf Arabisch. Das gehörte zu den drei Brocken, die ich damals kannte. Und sie erwiderte auf Französisch: »Bonne nuit.«

Ungeachtet des üblichen Morgenlärms von Muezzins und Straßenhändlern schlief ich bis in den hellen Tag hinein, und du mit mir.

Schließlich weckten mich die jungen Frauen, die in ihren bunten Gewändern und ihren Pluderhosen jedes Mal, wenn ich kam oder ging, die Galerie bevölkerten und mit vor der

Stirn zusammengelegten Händen grüßten – und dann hinter meinem Rücken tuschelten und kicherten. Sie standen vor dem Perlenvorhang und ich hörte sie reden – einmal mehr wurde mir bewusst, dass ich mich hier hinter keiner Tür verbergen konnte, sondern praktisch im Freien wohnte.

Sie hatten offensichtlich auf mein Erwachen gewartet, denn sie hielten allerlei in Händen, was sie mir offerieren wollten: Schminktöpfchen und Lippenstifte, Kämme, Spiegel, duftendes Haaröl. Mit Schrecken begriff ich, da hatte irgendjemand geplaudert oder zumindest eine Andeutung gemacht – dass ich heute etwas Besonderes vorhätte, vielleicht etwas, was mit einem Mann zu tun hatte …

Ich war wütend, hätte sie am liebsten alle verjagt, aber es war ja schließlich auch eine Geste freundlicher Anteilnahme, und ein Spiegel, ein bisschen Haaröl und Nadeln, um mein widerspenstig krauses Haar zu bändigen, waren ja gar nicht von Übel.

»Maman, du bist schön!« Das sagst du oft zu mir, meine süße Kleine, ich weiß. In den Augen ihres Kindes ist sicher jede Mutter schön. Die Mehrheit der Menschen findet das bei mir wohl kaum. Mein Gesicht starrte mich damals aus dem Spiegel an wie eine Rückversicherung, dass ich wenig geeignet für den Harem sei. Ein viel zu großer Mund. Sommersprossen. Gelbe, müde Augen. Sie wirkten, als seien sie von einem geschmacklosen Juwelier eingesetzt. Alles in allem habe ich schon immer gefunden, dass mein Gesicht so aussieht, als habe es jemand ohne einen Plan zusammengesetzt.

So rechnete ich mir gute Chancen aus für das Geschäft, das ich Monsieur Idris vorschlagen wollte. Sicher würde mich keiner auf Dauer behalten wollen. Wie absurd das war, was ich mir in meiner Verzweiflung ausgedacht hatte, wie weit mein europäisches Denken von den Vorstellungen der Männer dieses Landes entfernt war, das ahnte ich zu diesem Zeitpunkt noch nicht.

Als die Muezzins den Mittag einheulten, wartete ich allerdings vergebens auf Jussuf. Ich hatte damals zu allem anderen auch noch europäische Vorstellungen von Pünktlichkeit. Schließlich kam er, und wir überquerten einmal mehr den in Hitze und Lärm brodelnden »Platz der Gehängten« und tauchten hinterm Café de France ins Gewirr der dunklen, übel riechenden Straßenschluchten ein. Jussuf trabte neben mir her, und wenn wir an eine Kreuzung kamen, machte er mit der Hand ein Zeichen, in welche Richtung es ging. Er war schweigsam, und mir schien, dass er mehr Angst hatte als ich.

Natürlich redete ich mir ein, dass ich gar nichts zu befürchten hatte. Was sollte mir schon zustoßen? Aber ein mulmiges Gefühl gab es schon in meinem Bauch, direkt über dir, meine Kleine, im Sonnengeflecht.

Wir kamen in ein Viertel, wie ich es mir nicht einmal in meinen Träumen vorgestellt hatte. Das war wie aus Tausendundeiner Nacht. Die Straßen waren teilweise mit Segeltuchplanen überspannt, um die Sonne fernzuhalten, und die Hitze staute sich, als wäre man in einem kleinen Zimmer. Überall hingen Stoffe. Seiden, Brokate, Wollstoffe, bunte, selbst in diesem Halbdunkel leuchtende Farben, ein Glitzern, ein Glimmen wie von schwelendem Feuer. Es war wunderschön, aber es machte mich benommen, und ich war ja auch nicht in der rechten Stimmung für Märchenwunder. Dann erreichten wir einen Platz, der voll bunter Wollbündel lag, und überall zogen sich Wollstränge wie Kaskaden an Stangen entlang.

Ich dachte, wir seien da, aber Jussuf belehrte mich, dass wir ja ins Woll*färber*viertel mussten. Dies hier waren erst die Woll*händler.* Und dann fügte er in aller Ruhe hinzu: »Das war hier früher Souk Larzal. Alter Sklavenmarkt.«

Ich verbot mir zu fragen, wo denn nun der neue Sklavenmarkt sei, auf dem seinesgleichen verkauft wurde, und er führte mich weiter, vorbei an Kupferschmieden und Schustern, an Gürtelmachern und Gerbern (wie das stank!) – durch Gegenden von Marrakesch, die du wohl niemals kennenlernen wirst.

Eins aber war mir klar: Hier würde ich nie und nimmer allein wieder herausfinden.

Und als wir schließlich angelangt waren, stand ich wie gelähmt, denn der Platz sah entsetzlich aus. Meine Kleine, er war viereckig – und unbegehbar. Reihe an Reihe gemauerte runde Öffnungen wie Brunnenschlünde, statt mit Wasser mit Farben gefüllt. Es war schrecklich, denn die vorherrschende Farbe war Rot. Weinrot, Ockerrot, Rubinrot. Aber vor allem Blutrot.

Es sah aus wie ein Schlachthof. Triefende, rot gefärbte Wollstränge hingen an den Rändern dieser Steinbottiche wie blutige Fleischfetzen, wie Gekröse.

Arbeiter, die Kaftane aufgeschürzt bis zu den Oberschenkeln, standen barfuß auf der Umrandung der Tröge oder auch bis zu den Knien darin und schwenkten die Wollstreifen durch den Farbsud, auch ihre Arme bis über die Ellenbogen blutrot. Es stank. Es war wie die Hölle.

Nur ein schmaler Sims aus Ziegeln führte zwischen den Farbbottichen hindurch, auf dem musste man balancieren, wenn man den Platz überqueren wollte. Bei der Vorstellung, da durchzugehen, blieb mir die Luft weg. »Verlangst du etwa, dass ich hier entlanglaufe?«, fragte ich meinen Begleiter, und ich merkte, dass meine Stimme klein war vor Entsetzen. Gott sei Dank schüttelte er den Kopf, zeigte stumm nach links.

Unter einem hölzernen Säulengang gab es so etwas wie einen Steg auf Streben. Darauf war es trocken, nicht so bunt schillernd und glitschig.

Vorsichtig fasste mich der Haratin am Arm und führte mich über diesen Steg zu einem Haus. Ein schäbiges Haus, das aussah wie nicht bewohnt.

»Hier?«

Er nickte, und nun wäre ich am liebsten umgekehrt.

»Bleibst du bei mir?« (Bisher hatte ich ihn ja immer weggewünscht ...)

»Wenn man es mir erlaubt«, murmelte er ausweichend.

Ja, vielleicht würde dieser Monsieur Idris ihn wegjagen wie eine lästige Fliege. Aber ich nahm mir vor, das nicht zuzulassen. Ich holte Luft, drückte die Schultern nach unten, hob das Kinn und folgte Jussuf auf einer Stiege ohne Geländer nach oben. Dir passte das überhaupt nicht, Töchterchen. Du tratst mir kräftig in die Seite und ich musste auf dem Absatz verschnaufen. Du hattest meine Angst gespürt. Beruhigend legte ich meine Hand auf den Bauch.

16

Jussuf zeigte auf eine rissige Tür; ich kniff die Augen zu und klopfte an, und das »Entrez!« kam von der Stimme, die ich kannte. Eigentlich klang sie ja gut – sanft, tief, schmeichlerisch. Aber sie ließ mich erschauern.

Ich drückte die Klinke herunter.

Da war er. Jetzt freilich trug er nicht den hässlichen, schlecht sitzenden europäischen Anzug, sondern einen dunklen, Ton in Ton bestickten Kaftan, und das gab ihm sogar so etwas wie Würde. Er stand auf von den Polstern, auf denen er mit gekreuzten Beinen gesessen hatte, und streckte mir beide Hände entgegen mit einer Herzlichkeit, als wäre ich seine verlorene Tochter. Ich wich der Berührung aus, verbeugte mich und linste nach Jussuf. Er hatte sich gleich neben der Tür hingehockt; die Fähigkeit, sich gleichsam unsichtbar zu machen, hatte er wohl sein Leben lang trainiert, und zum Glück tat Idris auch so, als würde er ihn gar nicht bemerken. Ein Haratin, das zählte nicht.

»Madame! Wie schön, dass Sie gekommen sind! Dass Sie sich von Ihren Vorurteilen getrennt haben! Zigarette?«

Auch er schien sich »von seinen Vorurteilen getrennt« zu haben, wenn er denn einer Schwangeren eine Zigarette anbot. Ich nickte. Meine Lippen gierten nach der Berührung, nach dem Trost, dem Kuss aus der Vergangenheit …

Er wies mir einen Würfel aus buntem Leder zu, auf dem ich wegen meines Bauchs nur mühevoll Platz nehmen konnte, und zog ein goldenes Zigarettenetui aus seinem weiten Gewand. Solche Zigaretten hatte ich noch nie gesehen. Sie waren pastellfarben, sehr lang, mit einem porösen Korkmundstück, und rochen stark parfümiert. Später, im Haus von Mohammed al-Chakif, dem Auftraggeber, würde ich sie täglich sehen und ihren süßlichen Duft einatmen.

Diese Zigarette schmeckte, wie sie roch: nach Fruchtsirup.
Ich nahm nur einen Zug, dann drückte ich sie in dem metallenen Aschenbecher aus, der auf einem Tischchen mit einem

hölzernen Faltgestell als Fuß stand, so einem Nomadentisch, wie du sie aus Anefgou kennst, meine Kleine.

Wir schwiegen. Ich hatte das Gefühl, dass er mich musterte wie ein Kalb, das zum Verkauf steht.

Soll ich etwa anfangen, fragte ich mich. Vielleicht gar nicht so dumm. Selbst die Strategie festlegen ... Trotzdem wunderte ich mich. So viel hatte ich von dieser fremden Welt nun schon begriffen, dass Frauen, die die Initiative übernahmen, von vornherein mit Missbilligung betrachtet wurden. Sei's drum.

»Monsieur«, sagte ich, »möglicherweise habe ich etwas andere Vorstellungen über dies Geschäft als Sie. Aber lassen Sie uns reden.« Kein Muskel regte sich in seinem Gesicht, seine Augen waren wie Spiegel. Und doch hatte ich das Gefühl, dass eine Welle der Verachtung auf mich zuströmte.

»Mir geht es um Folgendes«, fuhr ich fort, »ich möchte, dass dieses Kind unter europäischen Voraussetzungen zur Welt kommt. In einer guten französischen Entbindungsklinik in Marrakesch oder Rabat, bei Medizinern, denen ich vertrauen kann. Danach möchte ich es ein halbes Jahr bei mir haben und es stillen. Und erst dann werde ich entscheiden, ob es zu einer Vereinbarung kommt und ich das Kind zur – zur Adoption freigebe. Falls ich es mir anders überlege, bekommen Sie selbstverständlich das Geld zurück, das investiert wurde.«

(Ich war so ahnungslos!)

»Das klingt sehr merkwürdig«, erwiderte er mit verzogenen Lippen, und mir war klar, dass merkwürdig eigentlich hirnverbrannt bedeutete. »Es entspricht nicht den Gepflogenheiten. Dies Geld, gestatten Sie mir die Frage, das hätten Sie dann?«

»Ich werde es haben, ja«, sagte ich fest.

»Da wäre noch die Frage nach dem Vater des Kindes.«

»Er ist tot«, antwortete ich, und es gab mir einen Stich, als ich es sagte. Mein Gott, ich dachte damals, es sei eine Lüge. Zu dem Zeitpunkt, meine kleine Alouette, entsprach es schon der Wahrheit. Es gab später Momente, in denen ich mir vorwarf, ihn mit dieser Lüge umgebracht zu haben …

»Kondoliere«, bemerkte Idris ungerührt. »Aber darauf zielte meine Frage nicht ab. Natürlich ist er tot, sonst wären Sie ja nicht allein hier – Sie, eine anständige Frau!« Er verzog die Lippen. »Ich meine: War dieser Mann gesund? Ist das Erbgut positiv?«

Erbgut! Waren wir bei den Nazis gelandet? Ich wurde plötzlich zornig. »Er war groß«, sagte ich herausfordernd, »hellhäutig, kerngesund und ein Deutscher, Monsieur. Reicht das?«

»Ein Deutscher? Oh! Sehr gut! Da wird auf Rassenreinheit geachtet, bei den Germanen«, bemerkte er und ich konnte förmlich sehen, wie er sich in seinem Kopf eine Geschichte zusammenreimte: eine französische Frau, die mit dem Landesfeind kollaboriert hat und deswegen von zu Hause weggelaufen ist, eine *putaine de Boches*!

Nun konnte er die Verachtung in seinem Blick nicht mehr verbergen.

»Haben Sie Verwandtschaft in Frankreich? Korrespondieren Sie noch?«

(Er wollte sich absichern, dass niemand nach mir sucht!)

»Nein!«, sagte ich entschieden (und dachte an das Postfach und an die vage Hoffnung, irgendwann einen Brief von deinem Vater darin vorzufinden – zumindest die Bestätigung, dass er von deiner Existenz erfahren hat …). »Meine Verwandten haben keinen Kontakt mehr mit mir.«

Ich sah, das war genau das, was er hören wollte.

»Natürlich wird mein Auftraggeber mit allem einverstanden sein!«, bemerkte er lächelnd und breitete die Arme aus. Ich sah ihn verdutzt an. Wieso sagte er so schnell alles zu, nahm meine Bedingungen an, einfach so? Irgendetwas war da faul!

»Wenn das Ergebnis das Gewünschte ist, können Sie den Harem nach einem Jahr wieder verlassen, Sie werden ausgezahlt, falls Sie nicht doch vorhaben zu bleiben – in einer Welt des Luxus und des Komforts, wo man Ihnen alle Ehren angedeihen lassen wird. Das liegt dann bei Ihnen.«

»Wenn das Ergebnis das Gewünschte ist?«, wiederholte ich begriffsstutzig. Wovon redete dieser Mann?

Er sah mich mit einer gewissen Verwunderung an. »Nun, wenn Sie einen gesunden Sohn zur Welt bringen!«, erklärte er. »An einem Mädchen ist mein Auftraggeber natürlich nicht interessiert. Dann werden Sie mit einem kleinen Geschenk entlassen – einem Geschenk, das von der Großzügigkeit des Auftraggebers abhängt, und Sie können sicher sein, dass er sehr großzügig ist.« Wieder dies Lächeln, bei dem mir kalt wurde.

Und jetzt begriff ich endlich. Man wollte mir nur mein Kind abnehmen. Wollte es mir stehlen, ob mit oder gegen meinen Willen, spielte gar keine Rolle. Alle meine »Bedingungen« – das hatte er sich angehört, weil er wusste, dass ohnehin keiner darauf eingehen würde! Was für eine Eselei, hierherzukommen! Nur weg hier!

Ich stand mit Mühe von diesem Lederkissen auf, stützte die

Hände ins Kreuz und probierte ein Lächeln. Merkte, dass mir die Knie zitterten.

»Verzeihung, Monsieur Idris, aber ich habe es mir doch anders überlegt. Unsere Vorstellungen von der Sache gehen zu weit auseinander. Ich kann mich darauf nicht einlassen. Danke und au revoir.«

Ich wandte mich zum Gehen, hörte seine Stimme: »Sie haben sich bereits darauf eingelassen, als Sie hierherkamen.« Und ein Fingerschnipsen.

Auf einmal tauchte ein Kerl in gestreiftem Burnus auf, so leise, als wäre er ein Schatten. Er stand in der Tür, wo Jussuf hockte, und als ich mich umdrehte, sah ich einen zweiten auf der Galerie. Sie kamen langsam auf mich zu. Ich war in eine Falle getappt, meine Kleine.

»Was soll das? Lassen Sie mich gehen!«, schrie ich Idris an, aber er hatte nicht einmal mehr einen Blick für mich.

»Mein Auftraggeber duldet kein Nein«, sagte er beiläufig. »Es ist zu Ihrem Besten, Madame!«

»Jussuf, hilf mir!« rief ich.

Aber was sollte dieser zur Demut erzogene Mensch wohl tun? Und ich dachte daran, wie erbittert ich mich in Berlin gewehrt hatte, damals, als man Sidonie abholte – war ich jetzt so viel schwächer, da es um dich gehen sollte? Ich holte tief Luft, und als der von der Galerie dicht vor mir stand, duckte ich mich, senkte die Stirn und rammte ihm meinen Kopf in den Magen.

Auf Widerstand war er nicht vorbereitet (schon gar nicht von einer Frau!). Er schnappte nach Luft, und bevor er nach mir greifen konnte, rannte ich an ihm vorbei auf die Galerie zu. Der andere wollte mir hinterherlaufen, aber er stolperte und schlug der Länge nach hin – ja, Jussuf hatte ihn doch tatsächlich am Bein festgehalten und zu Fall gebracht!

Der Weg zur Galerie war frei. Idris betrachtete überrumpelt das Chaos, ohne einzugreifen – er hatte bestimmt nicht mit einem Kampf gerechnet.

Ich stürmte nach draußen und sah nach unten auf den Platz der Färber. Wir waren im ersten Stock, und direkt unter mir lag alles voller Wollbündel. Das Blut raste durch meine Adern. Ich presste die Hände auf meinen Bauch. *Du da drin, halt dich fest! Wir müssen weg hier!*

Dann schwang ich mich übers Geländer, ging auf dem Sims in die Hocke und sprang so wie Katzen springen, damit sie auf allen vieren landen können.

Hinter mir schrie es. Schreit nur!, dachte ich. Mich kriegt ihr nicht, und mein Kind erst recht nicht!

Ich landete weich, aber mit einem Geräusch, als würde ein Sumpf Blasen schlagen – triefende rot gefärbte Wollberge, in denen ich fast versank. Ich strampelte mich frei und du zappeltest auch, und dann sah ich nach oben, aber kein Gesicht beugte sich über die Brüstung; das konnte nur bedeuten, dass sie schon die Stiege herunterrannten, um mich zu fangen.

Jussuf! Meine Güte, was würde mit ihm passieren? Aber ich konnte nicht auf ihn warten. Es ging ja um dich, mein Herz.

Mit trockenem Mund und wild klopfendem Herzen arbeitete ich mich zu dem Umgang des Platzes vor, immer wieder ausrutschend, und lief keuchend und japsend zwischen den Färberbottichen hindurch.

Ich drehte mich um, doch niemand folgte mir. Und auch auf dem Platz nahm niemand von mir Notiz! Es war, als sei ich unsichtbar. Die Arbeiter kehrten mir den Rücken zu – fast, als *wollten* sie meinen Sprung nicht wahrnehmen.

Aber dann spieltest du mir einen Streich: Das alles hatte dir wohl gar nicht gefallen. Und nach dem Zappeln vorhin holtest du nun aus ... Mir war, als wenn ein Riss durch meinen Bauch ging. Ich musste stehen bleiben und tief Luft holen. Wieder legte ich beschwörend die Hände auf meinen Bauch. *Bitte, mach jetzt keinen Ärger! Ich tu das hier für dich!* Dann, Gott sei Dank, war der Schmerz vorüber. War wohl nur der Schreck gewesen.

Wir beide, du und ich, wir waren entkommen! Auf einmal fühlte ich mich so, als ob ich fliegen könnte. Ich hatte eine Dummheit begangen in völliger Verkennung der Situation, aus meiner europäischen Hochnäsigkeit heraus – aber es war noch einmal gut gegangen.

Ich balancierte zwischen den Farbtrögen entlang, glücklich nach dieser gelungenen Flucht, glücklicher als angemessen, denn ich wusste doch, dass ich mich nie und nimmer in diesem Gassenlabyrinth zurechtfinden konnte. Aber irgendwie war ich mir sicher, dass mir der Zufall zu Hilfe kommen würde.

Weg von dem Färberplatz, so schnell es ging! Und dann machte ich eine beunruhigende Entdeckung. Ich hinterließ eine rote Spur, eine dicke Spur wie von Blut, die meinen Fluchtweg für die Verfolger markierte! Meine Schuhsohlen waren vollgesogen mit Farbe! Entsetzt schleuderte ich die Schuhe von den Füßen. Wie kalt und steinig der unebene Boden war – ich war barfuß zu laufen nicht gewohnt. Und es half auch gar nichts. Ich tropfte trotz alledem noch, der Staubmantel war ebenfalls blutrot getränkt.

Die Gassen des Souk, durch die ich rannte, tapste, stolperte, waren unheimlich still, hatten nichts von dem Wirbel der Handelsplätze. Wohnhäuser ohne Fenster, die Türen geschlossen. Wie stand die Sonne? In welche Richtung sollte ich gehen ohne meinen Führer?

Das hier war eine Sackgasse! Ich kehrte um, verrannte mich in der nächsten Toreinfahrt auf einen Hof. Mein Herz raste, ich hatte Seitenstechen.

Und dann: Schritte!

War ich verloren, waren wir verloren? Hatte man uns eingeholt? War man uns auf der roten Spur gefolgt?

Ich drückte mich eng an die Wand, hielt den Atem an. Wenn ich doch Sidonies Veilchenpastillendose noch hätte, um die ich meine Hände schließen könnte …

Eine Frau, dunkel verschleiert bis zu den Augen, bog in die Gasse ein, rennend, als würde sie ebenfalls verfolgt. Ihre Tücher und Gewänder flatterten. Sie war außer Atem wie ich.

»Ich laufe Ihnen schon die ganze Zeit nach«, keuchte sie. »Schnell, Madame! Ziehen Sie den Mantel aus, er verrät Sie! Und folgen Sie mir.«

»Was wollen Sie von mir?«

Wenn das die nächste Falle war …

»Madame Haydee hat mich geschickt«, sagte sie und zerrte mir den Mantel von den Schultern, warf ihn in hohem Bogen über eine Mauer. »Kommen Sie schnell!«

Und dann war da eine altersschwache Holztür mit verwittertem blauem Anstrich, gegen die sie sich mit der Schulter stemmte und mich hineinzog ins Dunkel. Meine nackten Füße patschten durch Feuchtigkeit, durch Schlammiges, ich wollte nicht wissen, was es war, ich wusste nur, ich war entkommen, entkommen mit dir. War in einem Versteck.

17

Ein heiseres Röcheln vom Bett her schreckt mich hoch, reißt mich heraus aus den Tiefen meiner Erinnerung, aus den Schlingen der Geschichten, in die ich mich verstrickt habe, während ich versuche, sie zu Alouette hinüberzuschicken.

Was ich sehe, entsetzt mich. Mein Kind liegt da mit krampfig verdrehten Händen, die Lippen von den Zähnen zurückgezogen, die Augen schräg nach oben verdreht, man sieht das Weiße; sein schmales Gesicht ist verzerrt zu einer Fratze.

Die Kerzen sind fast heruntergebrannt, die Dochte schwimmen im heißen Wachs und brennen deshalb umso heller, ein letztes Aufflackern, bevor sie erlöschen …

Ich werfe einen Blick auf die Uhr. Strom müsste da sein. Alouette ist es in ihrem Zustand bestimmt gleichgültig, ob es hell oder dunkel ist. Ich drehe den Lichtschalter. Ja. Es wird hell.

Schnell nehme ich das verhasste Fieberthermometer, dies Messinstrument meiner Verzweiflung, zur Hand, schiebe es meinem Kind unter die Achsel. Alouette zittert in Krämpfen. Ich traue meinen Augen kaum: Sie hat einundvierzig fünf.

Jetzt wollte ich, es gäbe für mich eine Gottheit, die ich um Beistand anflehen könnte. Was in aller Welt kann ich denn nur tun? Stehe da mit gerungenen Händen am Bett meines todkranken Kindes und murmele immer wieder seinen Namen.

Habe ich sie in die Krise hineingeredet, hineingedacht mit meinen wilden Erinnerungen? Aber ich, ich bin doch entkommen! Entkommen sind wir damals, petit chaton – Alouette, hörst du mich?

Nein, sie hört mich nicht.

Und da gibt es eine Stimme in meinem Innern, eine kalte und grausame Stimme, die sagt: Da bist du in die Stadt zurückgekehrt, die von Tod und Zerstörung gebrandmarkt ist. Und du denkst, du kommst ungeschoren davon? Dich erwischt es wie alle anderen, du und dein Kind, ihr habt keinen Schutzschild besonderer Art, ihr seid auch nichts weiter als eine Zahl mehr in der Statistik des Untergangs …

Ich presse die Fäuste in die Augenhöhlen. Nein. Nein. Ich muss etwas tun.

Die Krise. Das ist die Krise, von der Doktor Leblanc gesprochen hat. Der Scheitelpunkt, von dem es aufwärts- oder abwärtsgehen wird. Wenn ich nur wüsste, wie ich meinem Kind helfen kann, an dieser Wegkreuzung den richtigen Pfad einzuschlagen! Wenn ich nur wüsste, wie ihr helfen!

Das Fieber. Das Fieber muss runter. Wadenwickel – Wadenwickel erscheinen mir bei diesem Krampf so läppisch, als wenn ich ein Feuer mit einem Glas Wasser löschen wollte.

Ich kann hier nicht neben diesem Bett stehen und nur zuschauen, wie meine Tochter einen Kampf kämpft. Ich muss … ich muss … Vage tauchen Bilder in meinem Kopf auf. Ich habe einmal etwas gelesen – war es ein Kinderbuch? Er, irgendwer, holte den fiebernden Jungen von seinem Lager, und alle dachten, er würde ihn töten mit dem, was er tat – dabei hatte er ihn gerettet.

Es ist nun alles egal. Ich überlege nichts weiter. Reiße die dünne Decke von Alouettes gepeinigtem Körper und trage das glühend heiße Leichtgewicht ohne Zögern hinüber in den Raum mit der Zinkbadewanne, in der die eingeweichten Bettlaken schwimmen. Ich lege Alouette bis zum Hals ins Wasser, zwischen die Wäschestücke, biege ihr den Kopf nach hinten, so, dass auch ihr Haar durchnässt wird, dass nur ihr Gesicht draußen ist, wie wenn man sich beim Baden auf dem Rücken treiben lässt. Halte sie fest. Das Wasser ist so kalt, dass meine Arme sofort zu schmerzen beginnen.

Das Kind schlägt um sich, windet sich, erschlafft dann – in einer Ohnmacht, so hoffe ich. Mit zusammengebissenen Zähnen zähle ich bis dreißig, weil ich mich erinnere, dass in jener fernen Kindheitsgeschichte der kranke Junge mindestens eine halbe Minute in dem Schockbad bleiben musste, um das Fieber auszutreiben. Austreiben. Ist es vielleicht überhaupt nur eine Art von magischem Ritual, hat gar nichts mit wirklicher Heilung zu tun? Mir auch gleich.

Dann hebe ich das triefende, bewusstlose Bündel aus dem Wasser, trage es in die Küche, lege es auf den Tisch und beginne, ihm das klatschnasse Hemd vom Leib zu zerren, und dann reibe und rubbele ich mit jedem Stück Handtuch, das die Schränke der Quartiers hergeben, den abgemagerten Leib trocken, bis die fahle Haut rosig wird und glüht. Aber es ist eine andere Glut als die vorhin.

Eingewickelt in eine weiche Wolldecke, die feuchten Haare umschlungen von einem flauschigen Frotteetuch in leuchtendem Blau, liegt Alouette nun wieder zwischen ihren Laken. Ihre Augen sind geschlossen. Sie atmet ruhig.

Dann messe ich Fieber. Sanfte achtunddreißig.

Meine Tochter schläft.

Und ich stehe in der Mitte des Zimmers und zittere am ganzen Körper. Meine Zähne schlagen aufeinander. Nun, ich bin fast so durchnässt wie sie, bei der Prozedur habe ich nicht nur meine Arme eingetaucht.

Ich ziehe mich um. Immer noch zähneklappernd, gehe ich zum Bett und lege mich neben mein Kind. Dann fange ich an zu weinen.

Sind wir vielleicht entkommen? Bist du entkommen?

Sehr praktisch, dass man sich nicht darum kümmern muss, das Licht abzudrehen. Es geht wie immer pünktlich um zehn Uhr aus.

Ich schlafe bis zum Morgen.

Doktor Leblanc sieht mich an, als würde ich ihm erzählen, ich sei über den verschneiten Wannsee gewandert.

»Sie haben *was* gemacht, Madame?«

Ich erkläre es noch einmal in aller Genauigkeit, Punkt für Punkt.

Er schüttelt den Kopf. »Aber das ist Wahnsinn! Was, wenn sie nun zusätzlich eine Lungenentzündung bekommt?«

»Ich hab es einfach riskiert«, sage ich. »Andernfalls könnten Sie heute doch nur noch den Totenschein ausstellen.«

Alouette schläft. Sie schläft, ohne sich zu rühren oder zu regen, aber ihr Atem geht tief und regelmäßig, und sie liegt nicht mehr, wie bisher meist, auf dem Rücken, sondern hat sich zu einer Schlafkugel zusammengerollt, wie ich es von ihr kenne.

Leblanc hat sie abgehört und geht sich nun die Hände waschen.

»Sie haben etwas aus medizinischer Sicht Unerhörtes getan«, sagt er. »Haben sozusagen auf dem Höhepunkt der Krise die Natur mit einem Fußtritt in die gewünschte Richtung gelenkt. Wie in aller Welt sind Sie auf so eine absurde Idee gekommen?«

»Ich habe mich an ein Kinderbuch erinnert«, antworte ich gelassen.

»An ein Kinderbuch?«

Ich nicke. »Inzwischen ist mir auch eingefallen, was das für eine Geschichte war. Es ging um einen kleinen Jungen, der mit einem alten Indianer Freundschaft geschlossen hatte. Und dann wurde der Junge krank, bekam so hohes Fieber, dass er kurz vorm Tod war. Der Indianer, der ihn besuchen wollte, nahm ihn, steckte ihn in die Pferdetränke vor dem Haus, und dadurch ging das Fieber herunter. Die Weißen wollten den alten Mann lynchen, weil sie dachten, er würde den Jungen umbringen, aber …«

Leblanc unterbricht mich genervt. »Hören Sie auf, Madame, Sie müssen mir nicht die ganze Geschichte erzählen! Was für ein Wahnsinn.«

»Ich wusste mir nicht mehr zu helfen, Monsieur le Docteur.«

»Nun, Sie gehören nicht unbedingt zu den Frauen, die aufgeben, wie?« Es ist so etwas wie ein Lächeln in seinen Augen, ein Lächeln, das seinen Mund nicht erreicht.

»Wenn ich aufgegeben hätte, damals«, sage ich leise, »dann würde es weder mich noch Alouette geben.«

Er fragt nicht nach, wovon ich spreche.

Wir sitzen uns beide am Küchentisch gegenüber, und er fasst nach meinen (nicht desinfizierten) Händen, hält sie fest. »Madame, wir haben – *Sie* haben einen Sieg errungen im Kampf mit der Krankheit. Aber es ist nicht *der* Sieg. Es ist eine Etappe. Das hohe Fieber ist fort, ich hoffe, dabei bleibt es. Aber Ihre kleine Tochter ist extrem geschwächt. Sie ist so zerbrechlich wie – wie eine Eierschale. Ihr Herz und ihr Kreislauf sind äußerst labil, und wenn sie nicht bald wieder essen kann und das, was sie isst, bei sich behält, dann haben wir immer noch Grund zur Besorgnis. Um Himmels willen, bitte keine weiteren Experimente!«

Ich zucke die Achseln. »Ich glaube kaum, dass mir etwas Vergleichbares einfallen würde«, entgegne ich und er setzt zu einer Erwiderung an, schluckt sie dann aber lieber runter. »Sind Sie mit der Pflegerin zufrieden?«, fragt er stattdessen.

»Ich kann sie nicht leiden«, sage ich. »Aber sie scheint ihre Arbeit gewissenhaft zu machen.«

»Deutsches Pflichtbewusstsein!«, bemerkt er ironisch. »Sie können sich bestimmt auf sie verlassen.« Er erhebt sich, drückt noch einmal meine Hände. »Es ist wichtig, dass Sie Zeit für sich haben, Gabrielle«, sagt er und nennt mich das erste Mal bei meinem angenommenen Vornamen. »Aber genauso wichtig ist es, dass Sie weiter Alouette Beistand leisten, sie spüren lassen, dass Sie da sind. Lesen Sie ihr Märchen vor oder …«

»Nein«, erwidere ich, »ich erzähle ihr etwas. Und es ist mindestens genauso quer und kraus wie Märchen. Ich erzähle ihr, wie ich gekämpft habe, damit sie behütet und sicher zur Welt kam. Das hilft ihr vielleicht einzusehen, dass sie sich nicht einfach aus dem Staub machen kann.«

Er sieht mich mit gerunzelten Brauen an. »Sie erzählen ihr laut aus Ihrem Leben?«

»Eher lautlos. Aber ich denke, das macht keinen Unterschied.«

»Sie sind eine merkwürdige junge Frau!«, sagt er zum Abschied, und ich weiß nicht, was genau er damit meint. Meint er verrückt oder bemerkenswert – oder beides?

Ich koche Reisschleim für Alouette, wenn sie denn aufwacht.

Heute Nachmittag werde ich wieder zum Eichborndamm gehen.

18

Ich muss dir nun von einem seltsamen Versteck erzählen, in dem ich mich eine Zeit lang aufhielt, Kind, von einer Frau, die etwas tat, was du bestimmt erst verstehst, wenn du so alt bist wie ich damals (aber am besten wäre es, du hast dann auch noch nicht davon gehört, dass es dergleichen gibt), und von einem Bad, das mir auf eine andere Weise half als in dieser Nacht das eisige Wasser dir.

Die schwarz verschleierte Frau hatte mich in einen winzigen Raum gebracht, der stickig und glühend heiß war, mit einem einzigen Fensterchen so hoch oben, dass man nicht hinaussehen konnte. Überall blätterte der Putz ab, und überall befanden sich die dunkelblauen Handabdrücke, die vor dem bösen Blick schützende »Hand der Fatima« – so, wie ich sie im Traum hier in unserem Zimmer gesehen habe, mein Herz.

Dann gab es noch ein Eisenbett, einen Kleiderständer, ein Kohlenbecken mit einem Wasserkessel aus Messing, einen Hocker mit einer Emailleschüssel, einen Tonkrug.

Kein Tisch, kein Schrank, kein Spiegel, nichts Behagliches.

Ich saß wie benommen auf der Bettkante und versuchte nicht darüber nachzudenken, wozu dieser Raum wohl dienen mochte. Starrte auf meine nackten Füße und meine Hände, alles knallrot von der Krappfarbe.

Was für eine Frau war das, die mich hierhergebracht hatte? Außer den paar Worten zuvor hatte sie noch nichts zu mir gesagt. War einfach stumm wieder nach draußen gegangen. Aber mit Sicherheit hatte ich gehört, wie ein Schlüssel im Schloss umgedreht wurde …

War ich gefangen? Vom Regen in die Traufe gekommen? War das hier nur ein Teil der Falle? Auf einmal fing ich an zu zittern, konnte einfach nichts dagegen unternehmen. Alles an Kraft war verbraucht.

»He, du!«, flüsterte ich dir zu. »Was stellt deine Mutter bloß mit dir an!«

Aber du rührtest dich nicht. Schienst zu schlafen, vertrautest mir.

Ich wusste nicht, ob es dieselbe Frau war, nur ohne Verhüllung, die dann zur Tür hereinkam und mir die Kanne mit Minztee und den Becher brachte – und Zucker. Zucker war gut jetzt. Ich schaufelte mir Unmengen davon in den Tee, trank das glühend heiße Gemisch in kleinen Schlucken.

Meine Hände hinterließen rote Spuren auf dem Becher. Ich musste mich waschen.

Wie benommen begann ich, mir an der Waschschüssel mit einem Bimsstein die Hände zu schrubben. Und dann die sanfte Stimme: »Das bringt nichts, Madame. Ich werde mit Ihnen in den Hamam gehen.«

Ohne Weiteres nahm sie meine Hände aus dem Wasser und trocknete sie sanft mit einem bereitliegenden Tuch ab.

Jetzt erst sah ich die Frau richtig an und erschrak. Ihr Gesicht sah aus wie eine gemalte Maske. Wangen, Kinn und Stirn waren bedeckt von Mustern – geschminkt, tätowiert? – und ihre Augen tiefschwarz umrandet.

»Wer sind Sie und was ist ein Hamam?«

»Ein Hamam ist ein Badehaus. Und ich bin die Tochter von Haydee.«

Die Tochter von Haydee? Hatte mir nicht Jussuf so etwas gesagt? »Sie hilft Ihnen wegen ihrer Tochter ...« Aber er hatte auch gesagt, Haydee hätte ihre Tochter verloren ...

Jussuf. Er hatte mir die Flucht ermöglicht und war selbst zurückgeblieben in den Händen dieser Männer. »Was wird mit Jussuf geschehen?«

»Sie werden ihn schlagen und laufen lassen. Es wird ihm nichts Ernstes passieren. Er ist ja niemand«, sagte sie, und ihre Stimme war leise.

Plötzlich fühlte ich, wie mir die Tränen die Kehle emporstiegen. Er hatte sich für mich geopfert. »Ich will ihn sehen, will ihm danken«, sagte ich, und ich begann zu schluchzen, ich kam nicht dagegen an.

Sie zog mich in ihre Arme, und ich lehnte den Kopf an ihre Schulter. Eine Ewigkeit lang hatte ich meinen Kopf an keine Schulter mehr lehnen können. Sie roch nach irgendeinem fremden, starken Parfüm.

»Sie werden ihn bald sehen!«, versicherte sie mir, wiegte mich sanft hin und her. »Weinen Sie nicht, Madame – Sie werden ihn sehen. Aber jetzt müssen wir ins Bad. Ich verhülle Sie. Keiner wird Sie erkennen.«

Sie verließ kurz das Zimmer, gab mir Zeit, mich zu fassen. Ich wischte mir die Tränen mit dem Unterarm ab, aus Furcht, das Rot auch noch im Gesicht zu verschmieren. Madame Haydees Tochter ...

Als sie zurückkam, brachte sie einen dieser großen dunklen Umhänge, die einen von Kopf bis Fuß verhüllen und nur die

Augen freilassen, dazu Lederpantoffeln und schwarze Handschuhe. In dieser Kleidung war ich verborgen, genau wie sie. Versteckt und unkenntlich. (Du fragtest mich damals, ob das Fledermaus-Frauen seien, als wir vom Hohen Atlas nach Marrakesch kamen, erinnerst du dich, meine Kleine? Denn die Berberinnen in Anefgou verschleierten sich nicht, trugen nur bunte Kopftücher.)

Die Frau streckte mir ihre Hand hin – eine Hand, die genauso bunt verziert war wie ihr Gesicht. »Kommen Sie!«

»Wie heißen Sie?«, fragte ich. »Und was – was ist das hier für eine Behausung?«

»Behausung? Es ist mein Arbeitsraum«, sagte sie leise. Noch immer hatte sie mir ihren Namen nicht genannt. Da begriff ich endlich. Haydees Tochter war eine Frau, die sich verkauft.

Im ersten Schreck zuckte ich zurück. Mein altes Misstrauen war erwacht. Wollte man mich jetzt vielleicht, statt in einen Harem, in ein Bordell verschachern? »Lassen Sie mich gehen!«, sagte ich. »Ich will das hier nicht.«

Beschwörend hob sie die mit feinen Linien bemalten Hände. »Haben Sie keine Angst vor mir, Madame! Bitte! Bei Allah, niemand will Ihnen etwas Böses. Ich möchte einzig und allein mit Ihnen in den Hamam gehen, damit Sie sich säubern. Sie können doch nicht mit dieser Farbe herumlaufen!«

Nein, ich konnte nicht mit dieser Farbe herumlaufen. Was blieb mir übrig? Ich ging mit ihr, und auf der Schwelle sagte sie leise: »Ach ja, ich heiße Aischa.«

19

Erinnerst du dich an unseren gemeinsamen Besuch im Hamam von Marrakesch, meine Kleine, als wir aus unseren Bergen heruntergekommen waren? Nie vergesse ich dein Entzücken beim Eintreten in den Empfangssaal, dein Staunen über die bunte gläserne Kuppel, durch die vielfarbiges Licht auf den Springbrunnen und die steinernen Sitzbänke mit den bunten Polstern fiel, wie du in die Hände klatschtest beim Anblick der wuchernden Grünpflanzen und der Tische aus getriebenem Metall. Schließlich warst du aus unserem Bergdorf nur eine kleine Badehütte mit Tauchbecken und Bottich für heißes Wasser gewöhnt.

Für mich war damals diese ganze Herrlichkeit kaum einen Blick wert, so verwirrt und beklommen, wie ich mich immer noch fühlte. (Später sollte ich noch einen ganz anderen Hamam erleben, im Haus des Mohammed al-Chakif …) Ich sah mich alsbald in den Armen zweier rundlicher Frauen in weißen, lose fallenden Kaftanen, die um mich und meine Begleiterin herumwuselten und begannen, uns auszuziehen, und während Aischa noch auf sie einredete, wohl um ihnen irgendeine Geschichte aufzubinden, wie diese Europäerin zu der roten Farbe gekommen war, geschah etwas so Wunderbares, dass mir beinah noch einmal an diesem Tag die Tränen kamen, aber dieses Mal Tränen der Freude: Sie begannen, meinen dicken Bauch zu streicheln, küssten ihre Fingerspitzen zum Zeichen des Entzückens und stießen hohe Freudenschreie aus. Diese beiden Badefrauen waren außer mir die Ersten, die dich wirklich und wahrhaftig willkommen hießen.

Dann geschahen all die Dinge, die man mit uns beiden auch anstellte, als wir, Mutter und Tochter, vor gar nicht so langer Zeit dasselbe Bad besuchten. Mit dem Unterschied nur, dass ich dich führen, leiten und dir alles erklären konnte. Aischa führte und leitete mich damals zwar auch, aber alles bestürzte und erstaunte mich trotzdem. Zunächst, dass man unsere Kleider in einer Wandnische verstaute und mir trotz meines Widerstrebens auch den Brustbeutel abnahm, mit meinem Pass, mit allem, was bewies, wer ich war.

»Keine Sorge, Madame, nichts verschwindet im Hamam. Es wird eingeschlossen. Hier, den Schlüssel können Sie bei sich behalten!«

Ein kleiner glitzernder Schlüssel wurde mit einem Lederband an meinem Handgelenk befestigt.

Eingehüllt in große weiße Laken, bekam jede von uns einen irdenen Napf mit einem gewaltigen Stück Olivenseife und einem Faserbüschel.

Und dann tat sich die Tür zur Hölle auf – so schien es mir jedenfalls damals. Brühheißer Dampf quoll mir entgegen, schlug mir ins Gesicht. Ich rang nach Luft, schreckte zurück.

»Das geht nicht!« Ich sah Aischa an, verängstigt. »Das ist eine Sauna, nicht wahr? In meinem Zustand darf man nicht in eine Sauna gehen!«

Sie lächelte. »In Europa erzählen sie viel.« Und dann verfiel sie ins vertrauliche Du (das Frauenhaus-und-Badestuben-Du). »Glaub mir, die Frauen hier wissen Bescheid. Nichts geschieht dir. Dein Kind wird vor Freuden springen.«

Erst glaubte ich zu ersticken da drin, und mir war, als wenn ich einen Schluck allzu heißen Tees getrunken hätte, der durch die Kehle in den Magen lief – natürlich wusste ich nicht, dass man zunächst mit geschlossenem Mund atmen muss in so einem Dampfbad. Nach Luft schnappend, stand ich da und sah nur Schemen. Jemand nahm mir das Laken ab und führte mich zu einer Bank. Und langsam begann die feuchte Hitze mir wohl zu tun. Ich atmete nun langsam und durch die Nase.

Aischa entdeckte ich zwischen den wallenden Dünsten neben mir. Sie lächelte mich aufmunternd an. Was für eine schöne junge Frau sie war! Und dennoch wandte ich den Blick ab – da waren diese Tätowierungen an Hand- und Fußgelenken und der Glitzerstein in ihrem Nabel, die mich an das erinnerten, was sie tat, tun musste. Und dann entdeckte ich noch etwas, und mein Herz klopfte heftig: Die Haut ihres Bauchs war an der Seite von weißen Rissen durchzogen. War wie marmoriert.

Du kennst diese weißen »Ästchen« an mir, meine Kleine, und ich habe dir auch erklärt, dass so etwas bei manchen Frauen von der Schwangerschaft zurückbleibt. Aischa hatte also bereits ein Kind zur Welt gebracht!

Meine Gedanken überschlugen sich. Wo mochte das jetzt sein? Was hatte sie wohl erlebt? War sie schon vorher in dem schrecklichen »Beruf« tätig gewesen, den sie ausübte? Mir fiel wieder Jussuf ein: »Madame Haydee hat Tochter verloren!« Ein schrecklicher Verdacht stieg in mir hoch. War sie vielleicht jemand, der auch versucht hatte, einen »Vertrag« einzugehen mit einem Unterhändler wie Idris oder einem ähnlichen Schuft …

Mir blieb keine Zeit, weiter zu grübeln. Die Badefrauen winkten uns in einen anderen Raum, auch sie waren jetzt nackt, kräftig gebaute Frauen mit viel Schmuck an Hals und Armen.

Du erinnerst dich an das marmorne Becken, diese übergroße Badewanne? An das ständig strömende Wasser, das über den Rand schwappt und sich über den warmen Mosaikfußboden ergießt? Ich weiß noch genau, wie entzückt du warst, als ich mit der irdenen Schale Wasser schöpfte und es über dich goss – wundervoll laues Wasser, erfrischend, belebend, befreiend. Ich hatte es dir nicht gesagt, dass du schon einmal da warst, damals in meinem Leib, und dass du tatsächlich das tatest, was mir Aischa vorhergesagt hatte: Da drinnen in mir sprangst du vor Freude, und die Badefrauen sahen die Bewegung, lachten und klatschten in die Hände.

Eine der beiden brachte eine Schale mit einer faulig riechenden Flüssigkeit und bearbeitete die rote Farbe auf meiner Haut. Es prickelte und brannte, aber es wirkte. Zu meiner großen Erleichterung wurde ich wieder »einfarbig«.

Was dann geschah, das habe ich dir im Badehaus erspart. Eine der Frauen setzte sich vor mich hin mit gekreuzten Beinen, und ehe ich mich's versah, wurde ich von ihr derb mit Wasser überschüttet und Haar und Leib eingeschäumt mit Olivenseife. Sie wusch mich bis in die letzte Hautfalte, handhabte mich, als wäre ich ein Ding, schob mich wie eine Puppe in die jeweilige Position, die sie brauchte, drückte und rieb, knetete, massierte und schrubbte mit aller Kraft. Nur der Bauch – deine Wohnung – wurde mit weit ausholenden, kreisenden Bewegungen gleichsam gestreichelt.

Und da war mir, als hätte diese stürmische Wäsche nicht bloß die rote Farbe und den äußeren Schmutz von mir abgespült, sondern als seien damit auch die Schlacken meines Kummers und meiner Ängste weggeflossen – zumindest für diese Stunde.

Körper und Seele befreit von Unrat …

Das war das Geheimnis des Frauenbades. Nicht umsonst nimmt einen die Badefrau hinterher in die Arme und küsst einen liebevoll auf die Wangen.

»Schukran!«, Danke!, murmelte ich. Das war eins der wenigen arabischen Wörter, die ich damals schon kannte, und ich meinte es sehr ernst.

Als ich dann mit Aischa auf den Polstern der kleinen Empfangshalle ruhte – wir beide eingehüllt in flauschige Tücher, die Haare unter Leinenturbanen, Minztee vor uns auf dem Tisch –, gab mir meine Badefrau noch ein Fläschchen mit duftendem Olivenöl und deutete auf meinen Bauch. Ich begann, mich behutsam zu massieren, und wieder danktest du mir mit einer sanften Bewegung.

Und dann schlief ich ein, ermattet und erlöst, und träumte.

20

Nicht umsonst habe ich dich damals in dies Badehaus in Marokko geführt – denn hier träumte ich deine Geburt.

Ich träumte, dass ich diesen Ort nicht verlassen musste und dich gleich hier ohne große Schmerzen und umgeben von hilfreichen, freundlichen Frauen zur Welt bringen konnte. Ich lag ausgestreckt und fühlte, wie mein Bauch zu leuchten begann, und das war in diesem Traum das Zeichen dafür, dass du bereit warst herauszukommen.

Außerdem hielt mich eine Frau in den Armen, hatte von hinten meine Schultern umschlungen, und ich lehnte mich gegen ihren warmen duftenden Leib. Aber es war keine Frau aus dem Badehaus. Und obwohl ich sie nicht sehen konnte, wusste ich doch, wer es war, und ich vermochte vor Glück kaum zu atmen: Es war Sidonie, meine junge Stiefmutter und geliebte Freundin, Sidonie, die du nicht mehr erleben durftest, meine Kleine, weil sie in Deutschland zurückgeblieben war, verschwunden im Grauen der Lager …

Aber jetzt war sie da, heil und unbeschadet, hatte es geschafft, zu entkommen, war hier mit mir in Marrakesch und wollte mir nun bei der Entbindung beistehen. Was auf der Welt konnte schöner sein? Alles war gut.

Aber dann schlich sich Unruhe ein. Die Sorgen des Alltags sickerten in den Glückstraum. Nun, da sie hier war, würden wir ihr Papiere besorgen müssen und ich müsste sie ja eigentlich überallhin begleiten, sie kannte sich nicht aus. Aber wie denn, wenn ich jetzt erst einmal dich bekommen wollte.

Da fiel mir etwas ein, wie es gehen könnte, und ich sagte zu ihr: »Sidonie, weißt du, dass dein Vater hier ist? In einem Haus in der Mellah? Geh zu ihm! Wie wird er sich freuen, dass du lebst! Er wird dir bei allem helfen, wenn ich jetzt erst einmal nicht kann, es ist jetzt an ihm – ich habe ihm deine Dose gegeben, die Dose für die Veilchenpastillen, war das richtig?«

Und sie antwortete und sagte endlich etwas mit ihrer sanften Stimme: »Gibt es denn in Marrakesch Veilchenpastillen?«

»Wohl nicht«, erwiderte ich verwirrt und wusste nicht recht, wie ich ihr die Bedeutung dieses Talismans erklären sollte – denn sie war ja am Leben, und also waren solche Reliquien nicht vonnöten.

»Komm, Rita«, sagte sie. »Kümmere dich jetzt nicht um mich. Kümmere dich nur um dich und dein Kind. Ich werde dir schon mal das Haar kämmen. Gleich kommt dein Kind, und es soll dich doch mit schönen Haaren sehen.« Und sie begann mir den Handtuchturban zu lösen und den Kamm durch mein widerspenstiges Haar zu ziehen.

»Schönes Haar hab ich doch gar nicht. Schönes Haar hattest immer nur du«, antwortete ich.

Sie lachte. »Du hast sehr widerspenstiges Haar.«

Und da wachte ich auf, und mein Kopf lag in Aischas Schoß, und sie kämmte mich, und sie war es auch, die den letzten Satz gesagt hatte.

Schwester Annemarie macht ein überraschtes Gesicht, als sie sieht, dass sich der Zustand meiner Tochter verändert hat – wahrscheinlich war sie davon ausgegangen, dass sie diese Arbeit nicht mehr lange machen würde. Aber sie lässt sich nichts anmerken, und ihre Fragen berühren nur die »aktuellen medizinischen Daten«. Hat sie gegessen, getrunken? (Abgekochtes Wasser, gesalzenen Reisschleim mit Hühnerbrühe.) Hat sie alles bei sich behalten? Gut. Und die Temperatur?

Sie sieht mich ungläubig an, als ich siebenunddreißig acht sage, und misst selbst noch einmal nach. Dann geht sie in die Küche, um Wasser zu erhitzen und die Kranke zu waschen, und auf meine Frage, ob ich ihr helfen soll, entgegnet sie kalt: »Unnötig. Das ist mein Beruf. Und so ein Fliegengewicht schafft ja keine Probleme.«

Auf dem Tisch neben Alouettes Bett hat sie einen Korb mit einer Handarbeit deponiert; sie ist dabei, einen alten grünlichen Pullover aufzuräufeln und das Garn zu einem Knäuel zu wickeln. Damit beschäftigt sie sich also, wenn sie neben der Schlafenden sitzt und sie behütet.

Ganz offensichtlich erwartet sie, dass ich aus dem Haus

gehe. Ich störe nur. Nun gut, mache ich mich also wieder auf zum Eichborndamm, zu sehen, ob der andere Händler – hieß er nicht Attila? – besorgt hat, was ich haben will.

Ich streiche sanft über die Stirn meiner Tochter und bin unendlich froh, dass sie nun nicht mehr so glühend heiß ist. Packe meine Tasche und die Aktentasche, die man mir geliehen hat, und bin diesmal so schlau, noch ein Netz mit Lederhenkeln mitzunehmen. Ich benutze die S-Bahn, da kann ich wenigstens aus dem Fenster schauen, wenn mir die grauen Gesichter meiner Mitreisenden nicht zusagen.

Es ist das gleiche Bild wie gestern, das Gewimmel, die Grüppchen, die jungen Männer, manche mit Chromlederstiefeln und Trenchcoats, andere dagegen in langen schwarzen Mänteln, alle mit Hüten auf den Köpfen, und die jungen Frauen mit den Pelzen überm Arm oder den Koffern in der Hand. Mit gerecktem Hals halte ich Ausschau nach meinem Bekannten, und es dauert nicht lange, da kommt er auf mich zu, Jankel mit dem Hinkebein; mit weit ausholenden Bewegungen rudert er gleichsam durch die Menge und zeigt mir wieder strahlend seine Zahnlücken.

»Schöne Frau, alles ist perfekt! Sie erwartet werden schon!« Als Erstes nimmt er mir seine Aktentasche aus der Hand, scheint befriedigt darüber, dass ich das Ding zurückgebracht habe. Dann lotst er mich durch die Menge – diesmal auf die andere Straßenseite, wo Fabrikhallen stehen, zu einem Gebäude, das wirkt wie eine Lagerhalle.

Das Erste, was ich sehe, als wir von der Straße abbiegen und um die Ecke gehen, macht mich so perplex, dass ich stehen bleibe. Ich glaube meinen Augen nicht zu trauen. Auf einem eingezäunten Geviert herbstlich dürren Rasens stehen Kühe.

Schwarzbunte Kühe mitten in Berlin. Ich starre die Kühe an und die Kühe wenden allesamt die Köpfe und starren mich an, während sie rhythmisch kauend ihre Mäuler bewegen.

»Das gibt's doch nicht!«, sage ich, und Jankel entgegnet sachlich: »Doch. Gibt's. Erleichtert Beschaffung von Frischmilch. Kuhwarm, wenn Sie wollen.«

Ich schüttele den Kopf. Kuhwarm? Bestimmt nicht. Ich erinnere mich an einen Urlaubsaufenthalt in den Bergen, als ich Kind war, da lebte meine Mutter noch. Und ich sollte so etwas trinken, der Gesundheit wegen. Schauerlich.

»Wo kommen denn die Kühe her?«, frage ich, und er antwortet logischerweise: »Na, vom Land.« Und fährt fort: »Sie werden finden Viehzeug an vielen Stellen in der Stadt. Karnickel auf Balkon. Ziege in Park. Gibt auch Kühe vor Ruine von Opernhaus in Mitte. Aber unsere sind besser genährt.« Er nickt stolz, und ich muss lächeln.

Ich habe nicht das Gefühl, dass er mich am Vortag groß gemustert hätte, aber er sagt: »Kind geht es besser, ja? Haben Bananen geholfen?«

»Wieso ...?«, frage ich, und er: »Weil Sie können lachen heute.« Dann schleust er mich zum Eingang der Halle, klopft eine bestimmte Folge an die Tür und ruft: »Gute Kundin!« Und während er sich schwungvoll umdreht und die Hände schlenkert zum Gruß (ich sehe lieber nicht so genau hin, will nicht wieder zufällig die Nummer auf seinem Arm bemerken), verabschiedet er sich: »Wenn Sie brauchen meine Waren – Sie wissen, wann und wo Sie finden Jankel!«

21

In der geöffneten Tür des Schuppens steht ein Riese. Ein Riese in Hemdsärmeln, mit Hut und rotem Bart, der ihm bis auf die Brust reicht. Einen Augenblick frage ich mich, ob ihm die Leute, wenn er auf »Hamsterfahrt« ist, die Sachen vielleicht aus Angst verkaufen.

Seine Stimme tut ein Übriges. In tief grollendem Bass heißt er mich willkommen, tritt zur Seite und lässt mich ein.

Im Gegensatz zu Jankel mustert er mich ausführlich. Seine Augen unter den buschigen Brauen sind leuchtend blau.

Im Vordergrund der Halle oder des Schuppens, unter einer kahlen Glühbirne, stehen drei Heizstrahler, glühende Sonnen, alle drei aufgebaut um einen kleinen Tisch und zwei wacklige Stühle. Auf dem Tisch zu allem Überfluss noch eine Kochplatte, deren Spiralen ebenfalls rot glühen. Gekocht wird aber nichts. Daneben ein Ungetüm von silbrig glitzernder, bauchiger, summender Teemaschine auf krummen Beinen.

Irgendwo brummt etwas tief und anhaltend.

Der Riese nötigt mich in den Kreis und auf einen der Stühle. Brüllende Hitze!

Es verschlägt mir fast den Atem, und ich muss augenblicklich meinen Mantel öffnen. Er scheint es gar nicht zur Kenntnis zu nehmen.

»Jankel hat mir gesagt, für krankes Kind?«, eröffnet er.

Ich nicke.

»Alles frisch bei mir!«, beteuert er dann. »Alles vom Land. Scheene Äpfel. Scheene Eier. Wie viel?«

»Haben Sie auch – Südfrüchte?«, frage ich vorsichtig.

Er reißt die Augen weit auf. Kinderaugen in einem Männergesicht. »Sind aber nicht billig!«

»Ich hab nicht erwartet, dass hier etwas billig ist«, erwidere ich, und er schmunzelt. »Warten Sie bitte, junge Frau. Ich stelle Kollektion zusammen. Tee gefällig, frisch aus dem Samowar?«

Ohne meine Antwort abzuwarten, beugt er sich nach unten, holt unterm Tisch zwei angeschlagene Tassen und eine Schale mit Würfelzucker hervor und dreht den Hahn der Teemaschine auf. Die Flüssigkeit, die herauskommt, hat die Farbe von dunklem Bier. Er wirft in jede Tasse vier Stück Zucker, rührt beide mit demselben Löffel um und schiebt mir eine zu. »Trinken Sie! Ist umsonst. Auf gute Geschäfte!«

Gehorsam nippe ich an dem heißen bittersüßen Getränk, er hingegen stürzt seinen Tee auf einen Zug hinunter, greift sich von irgendwoher einen Mantel, vertauscht seinen Hut mit einer schwungvollen Bewegung gegen eine Pelzmütze, wie ich sie bei russischen Soldaten gesehen habe, und verschwindet in den dunklen Tiefen der Lagerhalle.

Und ich sitze da und schwitze und lausche, zutiefst beeindruckt, dem Scheppern und Rumpeln und Klirren irgendwo da hinten. Wie ist so etwas möglich? Es heißt doch, beinah jeden Tag gäbe es eine Razzia auf dem einen oder dem anderen der schwarzen Märkte, und diese Männer hier, Jankel und nun der gewaltige Attila, scheinen sich da gar keine Sorgen zu machen. Und wie dieser Mann sich hier eingerichtet hat – diese beheizte Insel inmitten von Dunkelheit … Jetzt erst fällt es mir auf: Zu dieser Tageszeit gibt es doch in Berlin eigentlich gar keinen Strom! Das Brummen und Dröhnen, das ich höre, das muss ein Generator sein. Dieser Mann schafft sich seine eigene Elektrizität, um drei Heizsonnen, eine Kochplatte und einen Samowar zu betreiben in einer Lagerhalle. Was für eine Art absurder, eigensinniger Luxus ist das denn? Attila, der Hunnenkönig …

Es knarrt und rattert. Er taucht wieder auf und zieht eine Art Handwagen hinter sich her; neben ihm wirkt das Gerät wie ein Kinderspielzeug. Der Wagen ist beladen mit leuchtenden Früchten. Narbige Orangen und sonnenfarbene Pampelmusen, so groß wie Bälle, Zitronen, Bananen. Gestreifte Äpfel neben anderen mit graurötlicher Schale. Ein Ring getrockneter Feigen.

Ich traue meinen Augen kaum.

»Nun?«, fragt er stolz und wirft seinen Mantel von sich, behält aber die Pelzmütze auf dem Kopf. »Bitte auszuwählen!«

Ich schlucke. »Das ist ja kaum zu glauben!«, sage ich. »Wo bekommen Sie das denn alles her?«

Die Frage scheint ihn zu verdrießen. Er schiebt sich die Mütze von hinten her tiefer in die Stirn. Aber dann überfliegt ein jungenhaftes Grinsen sein bärtiges Gesicht und er sagt verschmitzt: »Na, woher wohl schon? Amis haben alles. Und wer was von Handel versteht, bekommt auch alles.«

»Ich bewundere das!«, beeile ich mich zu versichern, und er nickt stolz.

»Noch Tee?«, fragt er, und obwohl mir der Schweiß von der Stirn läuft, wage ich nicht abzulehnen. Rücke nur meinen Stuhl etwas weiter nach hinten, aus dem Fokus der Heizkörper.

Er bemerkt es und grinst mich an. »Schön warm, ja?«

»Sie erzeugen den Strom selbst?«

»Ich mache mir das Elektrische!«, sagt er, und es klingt trotzig. »Ja. Das kann ich mir leisten. Ich friere nie wieder. Hier in Berlin nicht. Und später auch nicht, dann wenn ich gehe nach Palästina.«

»Sie wollen nach Palästina auswandern?«

Er setzt sich mir gegenüber auf einen Stuhl, in seinem Blick liegt etwas Spöttisches. »Was denken Sie, wozu es sonst gibt Unrra-Lager?«

»Was ist Unrra?«, frage ich, und er: »Kommen Sie von Mond, junge Frau?«

»Nein, vom Atlas-Gebirge«, erwidere ich. »Ich war bis ein Jahr nach Kriegsende in Marokko, auf einem Dorf. Da erfährt man nicht alles, was in Europa so geschieht.«

Er sieht mich groß an. »Wollte nicht unhöflich sein«, sagt er und legt seine große, rot behaarte Pranke auf meine Hand. »Marokko – da hatten es die Juden doch auch ganz leidlich.«

Ich nicke. »Gegenüber dem, was hier vorging, bestimmt – jedenfalls gab es keine Lager.« Offensichtlich geht er von vornherein davon aus, dass ich ebenfalls Jüdin bin.

Er mischt sich den nächsten Tee mit Zucker, kippt ihn wieder in einem Zug hinter. »Unrra«, sagt er dann. »United Nations Relief and Rehabilitation Administration. Die sollen uns alle Visa besorgen. Und dann nichts wie weg. Weg aus dieses Land.« Er schüttelt sich.

Ich wage nicht zu fragen, was er erlebt hat. Lieber nicht.

»Und Sie? Sie wollen hierbleiben?«

»Ich glaube nicht«, sage ich. Er nickt. »Aber erst muss das Kind gesund werden.«

»Also!«, sagt er und dehnt die Arme. »Kommen wir zum Geschäft.«

Genau wie bei Jankel gestern wird alles ordentlich abgewogen oder abgezählt und nebeneinandergelegt, und mit derselben Methode – irgendetwas mit den Fingern – wird der Preis errechnet.

»Gestern ist mir gesagt worden, nun müsse ich handeln!«, sage ich mit einem Lächeln. Er sieht mich erstaunt an, schüttelt langsam den Kopf. »Nicht bei mir. Ich mache faire Preise. Ich komme nicht aus Polen. Ich bin Ungar.«

Es klingt so, als wäre es völlig selbstverständlich, dass die Handelsbräuche bei den Nationen verschieden sind.

Ich zähle das Geld ab und bemerke, um den Vorgang beiläufiger zu gestalten: »Darum heißen Sie also Attila.«

Wieder knurrt er. »Ja, wenn man hat national gesinnten Vater, ist sogar Attila, die Geißel Gottes, ein ungarisches Heiligtum.« Während er die Schweizer Franken nachzählt – sehr ruhig und bedächtig –, sagt er wie nebenbei: »Hat ihn seine Gesinnung nicht vor Lager bewahrt. So wenig wie mich.«

Und wieder sitze ich da und fühle mich, als hätte mir jemand einen Hieb in die Magengrube versetzt wie gestern, als ich Jankels KZ-Nummer gesehen habe. In welchem Lager mag Sidonie gewesen sein – welche Nummer trug sie wohl auf der Haut ihres Unterarms? Ich schaudere.

Attila tut so, als hätte er nichts bemerkt. Sagt stattdessen: »Sie sind unvorsichtig, junge Frau. Geld so in Handtasche! Haben Sie nicht Brustbeutel?«

In einem Brustbeutel, genauer in Gabriels Brustbeutel, habe ich alles Wichtige durch Frankreich und durch Marrakesch mit mir geschleppt – irgendwie war ich wohl der törichten Meinung, die Zeiten hätten sich geändert. Und vielleicht verhindert auch die alles überschattende Sorge um mein Kind, dass ich die Dinge des Alltags richtig plane; das wird mir klar, als ich sehe, mit welchen Augen er das Einkaufsnetz anschaut, das ich hervorziehe, um die Waren zu verstauen. Ein Netz ist so gut wie gar nichts.

»Sie wollen im Ernst durch Berlin spazieren mit Südfrüchte im Netz?«, fragt er, und es klingt, als würde er mich nicht nur als vom Mond, sondern aus einer anderen Galaxie stammend betrachten.

Ich fühle, dass ich rot werde.

Ohne ein weiteres Wort verlässt er den Kreis seiner Heizsonnen – natürlich zieht er seinen Mantel an! – und verschwindet in der Dunkelheit. Kommt zurück mit zwei Pappkartons und einer Handvoll sorgfältig geglätteter Papiertüten. »Ist zwar Amistempel drauf, aber besser als nackt tragen«, sagt er und packt die Sachen ein.

Ich danke ihm beschämt. »Sie sind sehr freundlich.«

Er grinst. »Will mir doch Kundschaft erhalten.«

Dann bringt er mich zur Tür des Schuppens, und ich sehe mich um und werfe einen flüchtigen Blick auf übereinandergetürmte Holzkisten und Säcke.

»Haben Sie keine Sorge wegen einer Razzia?«, frage ich.

Nun lacht er, ein tief aus der Brust kommendes, fast jungenhaftes Lachen. »Razzia ist auf Straße!«, sagt er. »Hierher kommt kein deutsche Polizei. Hier ist Military Police zuständig. Gute Freunde!«

Bevor er die Tür hinter mir schließt, sagt er noch einmal: »Vorsichtig sein!«

Der große Attila hatte ja so Recht! Die Blicke, mit denen man in der S-Bahn mein pralles Einkaufsnetz mustert, sind alles andere als freundlich. Beim Aussteigen habe ich das unangenehme Gefühl, dass sich zwei oder drei Leute an meine Fersen heften. Es dämmert schon, und ich gehe mit schnellen energischen Schritten durch die unbeleuchteten Ruinenstraßen, laufe fast. Ist jemand hinter mir her? Ich traue mich nicht, einen Blick zurückzuwerfen.

Meine Angst nimmt zu, je länger ich unterwegs bin. Irgendwann fange ich dann tatsächlich an zu rennen. Ganz schnell kriege ich Seitenstechen. Mein Atem geht so laut, dass ich sowieso keinen Verfolger hören würde, und ich komme mir lächerlich vor. Aber dazu habe ich, wie sich herausstellt, keinen Grund.

Kurz vor der Haustür, als ich schon nach dem Schlüsselbund in meinen Manteltaschen zu suchen beginne, packt mich jemand am Arm. Ich schreie auf und will mich losmachen, aber eine Hand legt sich mir über Mund und Nase und drückt mir die Luft ab, und das Netz wird mir grob aus der Hand gerissen. »Kriegsgewinnlerin!«, zischt mir jemand ins Ohr. »Besatzerhure! Und unsere Kinder hungern!«

Ich winde mich, aber die – keine Ahnung, sind es zwei oder drei – halten mich fest, und nun kommt auch noch die Handtasche dran (»Guck mal, fremdes Geld!«), und dann gibt man mir einen Tritt in die Kniekehlen und ich gehe zu Boden. Meine Arme werden nach hinten verdreht. Jemand packt mich am Haar und schlägt mein Gesicht aufs Pflaster. Ich schreie, spüre, wie mir das Blut aus der Nase läuft – was wird noch passieren?

Aber das war's dann. Ich höre eilige Schritte, die wegrennen. Ich richte mich mühsam auf, rufe: »Haltet die Diebe!«, aber da ist natürlich niemand, und selbst wenn, wahrscheinlich würde sich keiner darum kümmern.

Da sitze ich nun auf der Straße dicht vor meiner Haustür, meine offene leere Handtasche neben mir, mit aufgeschlagenen Knien, zerrissenen Strümpfen und Nasenbluten, kann wahrscheinlich von Glück sagen, dass die nicht noch etwas anderes mit mir angestellt haben, und das schöne Obst für Alouette und mich ist weg. Hoffentlich sind wenigstens die Eier bei der Rangelei kaputtgegangen.

»Vorsichtig sein!« Der Rat hat nichts geholfen.

22

In meinem Quartier brennen die Kerzen, und es bedarf wahrlich keiner Festbeleuchtung, um zu sehen, was mit mir passiert ist. Schwester Annemarie jedenfalls mustert mich kühl und abschätzend, während ich mich, die Nase ins Taschentuch gepresst, über das Bett meiner Kleinen beuge.

»Sie hat Reisschleim getrunken. Und ich habe ihr zwei Löffel geriebenen Apfel gegeben, den hat sie auch bei sich behalten«, sagt sie sachlich. »Die Reibe habe ich mitgebracht, so was gibt es ja hier nicht. Alles in Ordnung, das Fieber ist weiter unten. Kommen Sie in die Küche, ich habe Jod in meiner Arzttasche.«

»Wofür Jod?«, frage ich unwillig, und sie: »Für Ihre Knie. Kommen Sie schon.«

In der Küche ziehe ich meine zerfetzten Strümpfe von den Beinen, und sie behandelt mich mit aller gebotenen Grobheit dem Patienten gegenüber.

»Verdammte Räuber!«, sage ich mit zusammengebissenen Zähnen. »Alles ist weg.«

Darauf erwidert sie nichts. Schüttet aus ihrer offenbar unerschöpflichen ambulanten Apotheke ein wenig essigsaure Tonerde in eine Schale mit Wasser und weist mich an, damit meine Nase zu kühlen, wenn es aufhört, zu bluten.

»Warum?«, frage ich aufsässig. Ich kann sie in ihrer Perfektion noch weniger leiden als vorher.

»Weil Sie einen Riechkolben wie eine Gurke kriegen werden, wenn Sie es nicht machen«, bemerkt sie humorlos.

»Kommen Sie morgen früher! Ich will zur Polizei und Anzeige erstatten!«, sage ich, und sie: »Das würde ich an Ihrer Stelle nicht tun.«

Ich starre sie an. »Ach? Sind Sie sicher?«

»Absolut sicher. Abgesehen davon, dass die Kerle sowieso über alle Berge sind – was wollen Sie der Polizei denn erzählen? Dass man Ihnen Schieberware vom schwarzen Markt geklaut hat? Und Devisen, die ein Deutscher nicht haben darf? Da werden Sie wohl kaum auf Begeisterung stoßen bei den Schupos.«

»Ich bin französische Staatsbürgerin!«

»Dann gehen Sie nur zu der Besatzerpolizei. Vielleicht hilft die Ihnen weiter.«

»Aber ich bin von Deutschen ausgeraubt worden!«

Wieder bleibt sie stumm. Packt ihre Arzttasche und stopft auch das große Wollknäuel hinein, in das sich der grünliche Pullover unter ihren Händen verwandelt hat. Eine tüchtige Person!, denke ich wütend.

»Bis morgen, und gute Besserung!«, sagt sie eisig und schlüpft in ihren Mantel. »Und das mit der Polizei würde ich mir an ihrer Stelle wirklich gut überlegen. Da schneiden Sie sich ins eigene Fleisch. Ich bring Ihnen morgen mal einen Zeitungsartikel mit. Der sagt Ihnen was über die Stimmung hier in Berlin.«

Wütend und hilflos sitze ich in der Küche. Wahrscheinlich hat sie Recht. Trotzdem. Zum Glück hatte ich nur an Geld mitgenommen, was ich in ungefähr veranschlagt hatte. Hätte ich, wie ich es sonst meistens getan habe, meine ganze Barschaft mit mir herumgeschleppt, sähe es schlecht aus. Da müsste ich erst Beziehungen zum Schweizer Konsulat anknüpfen ... Morgen muss ich noch einmal zu Attila, um neu einzukaufen. Und um sein Gesicht zu sehen, wenn er hört, was mir passiert ist. *Vorsichtig sein!* Ob er lacht? –

Ich nehme die kleine Schale mit dem essigsauren Wasser mit hinüber zu meinem Platz an Alouettes Bett.

»Wenn du mich jetzt sehen würdest, meine Kleine«, flüstere ich und streiche ihr sanft übers Haar. »Sicher würdest du erschrecken.«

So wie ich damals erschrak, als ich Jussuf wiedersah.

Aber zuvor hatte mir Aischa ihre trostlose Geschichte erzählt, nachdem wir wieder in das kleine Zimmer mit den blauen Handabdrücken gegangen waren. Nicht, dass ich sie danach gefragt hätte. Nein, eigentlich wollte ich es gar nicht wissen.

Aber als ich dann zusah, wie sie sich schminkte und parfümierte, mit so einer süßlichen, aufdringlichen Essenz, da konnte ich nicht umhin.

»Wie kommt es, dass du ...«, fing ich an und wusste nicht weiter.

Sie ergänzte: »... dass ich eine schlechte Frau bin?«

»Eine schlechte Frau?«

»So wird man hier genannt, wenn man das tut, was ich tue.«

Ich schluckte, wusste nicht, wohin mit meinen Blicken. Aischa malte sich die Lippen purpurn, hängte sich große schaukelnde Ohrringe ein. Ich hatte in ihren Armen gelegen und mir das Haar kämmen lassen von ihr, und in meinem Traum war sie sogar einen Moment mit Sidonie vertauscht worden …

»Es war wegen meinem Kind«, sagte sie, und ich hatte das Gefühl, dass mein Magen zu Eis wurde.

»Wegen deinem Kind?«, wiederholte ich hilflos. Ich hätte in diesem Moment nichts lieber gehabt als eine Zigarette an meinen Lippen.

Sie nickte und legte irgendetwas Glitzerndes auf ihre Augenlider. »Meine Mutter und ich, wir sind nach Marrakesch gekommen aus dem Gebirge. Ich war da noch klein. Mein Vater und meine Brüder waren bei einer Schießerei mit Arabern ums Leben gekommen. Und die Familie war zu arm, uns beide zu ernähren.«

»Mit Arabern?«, unterbrach ich ihren Redefluss. »Seid ihr nicht selbst …?«

Sie schüttelte den bunt geschmückten Kopf. »Wir sind Berber!«, entgegnete sie, und es klang fast hochmütig. »Die Araber halten uns für arme Bergnarren. Aber da oben ist man frei.«

Was mochte sie unter Freiheit verstehen?, fragte ich mich.

Unterdessen fuhr Aischa fort: »Meine Mutter konnte hier ein kleines Stück Land pachten und fing den Handel mit Minze

und Kräutern an. Es ging ganz gut. Ich konnte sogar die Schule besuchen. Lernte den Islam und Arabisch und Französisch. Ich spreche doch ganz gut, oder?«

Sie lächelte, und ich nickte beklommen. »Als ich größer war, half ich meiner Mutter. Dann geschah das Unglück.«

Sie machte eine Pause, und ich wagte nicht nachzufragen.

»An dem Abend«, fuhr sie mit leiser Stimme fort, »entdeckte meine Mutter, dass der Vorrat an Melisse und Basilikum knapp wurde. Es war vor dem Mouloud-Fest, dem Geburtstag des Propheten – Allah segne ihn und gebe ihm Heil! –, und da rösten die Leute ein Lamm am Spieß mit vielen Kräutern. Wir würden gut verdienen ... Meiner Mutter ging es nicht gut an dem Abend, und so erbot ich mich, allein zu unserem Garten vor die Stadtmauern zu gehen und Vorrat zu holen. Haydee war dagegen. Aber ich wollte es unbedingt, wollte ihr doch helfen. Es wurde schon dämmrig, als ich auf dem Weg zurück war mit meinem Kräuterkorb. In einem Palmenhain bin ich dann vergewaltigt worden.«

Sie legte ihre Handflächen gegen die bemalten Wangen – nie werde ich diese Geste vergessen, ma petite! Es war, als müsse sie nachfühlen, ob sie noch sie selbst war ...

»Das Schlimme war, dass ich schwanger wurde. Du kennst unsere Bräuche ja nicht so gut. In unser Dorf zurück konnten wir nicht. Man hätte mich wahrscheinlich umgebracht. Wir waren verloren, meine Mutter und ich. Und hier in der Stadt – nun ja, da begegnete meine Mutter Monsieur Idris. Er war auf der Suche nach – nun, du weißt ja, was er sucht. Was sein Gewerbe ist.

Natürlich war ich nicht so viel wert wie du – ich war ja bloß ein Berbermädchen. Es war kein gutes Haus, in das ich gebracht wurde. Die Erste und Rechte des Herrn war unfruchtbar. Ich sollte als Nebenfrau den Sohn und Erben gebären. Das heißt, mein Kind würde eine Stellung über ihr einnehmen, und so hasste sie mich mit Grund. Als ich im achten Monat war, stieß sie mich eine Stiege hinunter. Ich verlor das Kind. Das war alles.«

Ich hatte mit geschlossenen Augen zugehört, und das üble Schicksal, dem ich glaubte entkommen zu sein, baute sich vor meinem inneren Auge auf – Nebenfrau im Harem … eine Erste und Rechte, die einen hasst …

»Und dann?«, fragte ich in die Stille hinein.

»Dann wurde ich verstoßen. Das ist so Sitte. Wir bekamen auch nicht das ausgemachte Geld, Haydee und ich, denn ich hatte ja den Vertrag nicht erfüllt.

Als geschiedene Frau bist du, wenn du keine Familie hast, so gut wie tot. Idris hätte mich gern weiterverkauft, in einen anderen Harem. Ich sah ja ganz gut aus.« Sie lächelte kurz, es war mehr eine Grimasse. »Aber ich wollte nicht. Die Hölle in dieser ersten ›Ehe‹ hatte mir gereicht. Monsieur Idris hat etwas gegen widerspenstige Frauen. So streute er überall aus, dass ich schon vor der Verbindung schwanger gewesen sei. Petite madame, damit war ich schon eine ›schlechte Frau‹, bevor ich dies hier anfing. Ich hatte gar keine Wahl. Mich umbringen wollte ich nicht – verhungern auch nicht.« Sie sah mich an, ihre Augen brannten. »Allah schenke dir und deinem Kind Gesundheit.«

»Ich kann das alles nicht verstehen!«, sagte ich, und ich war wütend – wütend vor Angst. »Das ist ein barbarisches Land mit barbarischen Bräuchen, wo man Frauen behandelt, als wären sie keine Menschen, und andere als Sklaven hält!«

Und da erwiderte Aischa ruhig: »Aber aus irgendeinem Grund bist du doch auch fortgegangen von da, wo du vorher gelebt hast.«

Ihre Antwort traf mich wie ein Schlag ins Gesicht. Was maßte ich mir an! Während in Berlin Menschen verhaftet und verschleppt wurden, während Krieg halb Europa verbrannte, während Frankreich seine »nichtarischen« Bürger an den deutschen Feind auslieferte, redete ich hier von den Fehlern anderer. Ich schämte mich, meine Kleine. Schämte mich und war verzweifelt.

»Verzeih mir, bitte!«, sagte ich mit hängendem Kopf. »Du und deine Mutter, ihr seid so gut zu mir …«

Aischa seufzte. Sie griff meine Hände. »Du musst eine Weile hierbleiben, petite madame!«, sagte sie eindringlich.

»Hier in diesem Zimmer?« Panisch sah ich mich um in dieser winzigen Zelle, in der Aischa ihre »Arbeit« verrichtete. »Aber«, stammelte ich, »du brauchst doch – du brauchst doch den Platz hier?« Eigentlich wollte ich nur fort, nur woandershin …

Sie schüttelte den Kopf. »Ich behelfe mich. Spreche mit anderen Frauen wegen des Zimmers. Bitte, sei vernünftig! Lass dich nicht draußen sehen. Wir finden eine Lösung. Zunächst einmal schicke ich dir Jussuf. Er hilft.«

Jussuf! Wie hatte ich nur so lange nicht an ihn denken können!

»Wie geht es ihm?«, fragte ich beklommen.

Aischa lächelte kurz. »Er wird's überstehen«, sagte sie, beugte sich zu mir und küsste mich auf die Wangen. Der strenge, süßliche Geruch ihres Parfüms nahm mir die Luft.

Dann war sie draußen und ich saß allein auf dem Bett, allein mit dir, mein Mädchen, und lauschte dem Summen der Fliegen, die um die Deckenlampe kreisten.

23

Ich hatte mir ja gedacht, dass er nicht ungeschoren davonkommen würde aus diesem Zimmer mit der Galerie über den Färberbottichen. Nun, als er zu mir kam in das beängstigend enge Zimmerchen, um mir die Tasche mit meinen Siebensachen zu bringen – zur Vorsicht war sie in einem der großen Minzkörbe Haydees verborgen, den er durch den halben Basar geschleppt hatte –, und sich hereinmanövrierte, Korb, Burnus, Kapuze, hatte ich das alles verdrängt und war einfach nur froh, dass er da war, er hatte mich gerettet und ich musste hier nicht mehr allein sein, und ich schlang meine Arme um ihn.

Da schrie er auf und ließ dabei den Korb fallen, und ich fuhr zurück.

Er sah schlimm aus, meine Kleine, viel, viel schlimmer, als ich heute Abend mit meiner dicken Nase aussehen werde. Wirklich zum Erschrecken. Sein Mund war an der Ecke aufgerissen und blutig. Und sein rechtes Auge hatte er schräg mit einem Stück schwarzen Stoffes verbunden, irgend so einem Fetzen, wie abgetrennt von einem alten Kleidungsstück. Die Wange war blau und geschwollen.

»Gütiger Himmel!«, sagte ich und konnte gar nicht richtig atmen. »Was ist mit deinem Auge?«

»Nicht so arg, Madame!«, sagte er und probierte ein schiefes Lächeln. »Wird schon gut werden.«

»Zeig es mir!« Ich zwang mich, das zu sagen. Schließlich war es meine Schuld. Ich hatte nach Hilfe geschrien. Hatte seine Hilfe gleichsam herbeibefohlen. Er war nicht der, der einem Befehl nicht gehorchte.

Es sah sehr übel aus. Zugeschwollen das Augenlid, und das Stück Weiß, das noch zu sehen war, wie marmoriert mit roten Adern. Gott steh mir bei, er wird doch nicht meinethalben das Augenlicht verlieren …?

»Jussuf, es tut mir so leid!«

»Das ist allein meine Schuld, Madame«, sagte er und band sich hastig den Fetzen wieder über das Auge. »Ich sollte mich nicht einmischen in die Angelegenheiten der Herrschaften.«

»Was redest du da? Du hast mich gerettet! Wenn du dich nicht eingemischt hättest, wäre ich jetzt – ach, wer weiß, wo.«

Er sah mich ernst an. »Besser, Sie gehen in Madame Haydees Dorf!«, sagte er leise. »Hier sind Sie nicht sicher.«

Ich zuckte die Achseln. »Ich könnte in so einem schwarzen Überwurf ausgehen, und niemand wird mich erkennen. Marrakesch ist groß. Wer soll mich suchen?«, sagte ich wider besseres Wissen. Schließlich hatte mich Aischa auch schon gewarnt. Aber vielleicht wollte ich nur, dass er mir zustimmte.

»Sie kennen diese Leute nicht«, erwiderte er hingegen unruhig. »Monsieur Idris hat einen Misserfolg gehabt. Er hat sein Gesicht verloren gegenüber dem Auftraggeber. Er wird nicht lockerlassen. Madame, gehen Sie nicht aus!«

»Aber ich muss einkaufen, muss mir Essen besorgen. Ich kann doch nicht hier in diesem Zimmer hocken …«

»Nein, nein! Ich gehe für Sie einkaufen. Ich bin Ihr Diener!«, sagte er.

»Du bist Madame Haydees Diener!«, korrigierte ich ihn, und er: »Madame Haydee ist auch fort aus Marrakesch. Ich bin ohne Herrin. Monsieur Oubou, der Hausbesitzer, hat mich nicht neu vermietet.«

Sie war auch fort? Langsam dämmerte mir das Ausmaß

dessen, was ich da heraufbeschworen hatte durch meine Unternehmung. Offenbar war sie in Gefahr geraten durch meine Flucht. Schließlich hatte sie, wenn auch unwillig, dies »Geschäft« vermittelt. Man würde versuchen, mich über sie zu finden!

»Ich brauche dich nicht!«, widersprach ich dennoch trotzig. »Komme allein zurecht. Mit einem Schleier bin ich doch unkenntlich!«

»Aber Madame kann doch die Sprache nicht!«

Einen kurzen dummen Moment wollte ich sagen, dass man in jedem Caféhaus Französisch versteht. Aber als Muslimin konnte ich schließlich in kein Caféhaus gehen. So willigte ich schließlich ein, dass er mir »diente«, das heißt, Einkäufe für mich machte.

Ich wartete ungeduldig auf seine Wiederkehr. Er hatte mir gefehlt, ja, und außerdem fühlte ich mich wie die Maus in der Falle in diesem scheußlichen kleinen Raum. Ich brauchte Gesellschaft.

Er kam wieder mit Fladenbrot, Gurken, hartem Käse, einem Krug voll Trinkwasser – und mit all den Früchten, nach denen ich mich jetzt so sehne, meine Kleine, und die dir bestimmt auch bald wieder guttun werden: Zitronen und Apfelsinen, gedörrten Feigen und Zuckerdatteln und bunt gefleckten Äpfeln, und natürlich machte er sich sogleich daran, mir einen Minztee zu brauen.

Ich hockte auf diesem scheußlichen Bett und sah ihm zu.

»Erzähle!«, sagte ich. »Was ist geschehen, nachdem ich da weggelaufen bin?«

»Oh Madame!« Er hob beschwörend die Hände. »Sie waren weg, aber man hatte ja mich.« Er senkte den Kopf. »Es war nicht schön, aber irgendwann ließen sie mich laufen. Ich bin es gewohnt, hin und wieder geschlagen zu werden.«

Alles in mir empörte sich dagegen, dass er sein Schicksal einfach so hinnahm. »Ich könnte aus der Haut fahren, wenn ich dich so reden höre!«, sagte ich, und er sah mich wieder einmal so erschrocken an, als wäre ich diejenige, die ihm etwas antun wollte.

»Bitte! Setz dich zu mir und trink diesen Tee mit mir und iss mit mir zusammen. Hier sieht und hört uns keiner. Hier musst du nicht den Haratin spielen! Sei so gut!«

Als ich ihn schließlich so weit hatte, dass er neben mir saß, bewegte er sich mit kleinen, abgezirkelten Gesten, hielt sich gerade, als hätte er einen Stock zwischen den Schulterblättern, wagte kaum, am Tee zu nippen, rührte das Essen nicht an.

»Greif doch endlich zu!«, sagte ich ungeduldig und packte ihn an der Schulter, und wieder schrie er auf. Da begriff ich auf meine eigenen Sorgen fixierte Person endlich, dass er Schmerzen hatte.

»Was ist mit deiner Schulter?«, fragte ich.

»Der Arm … war draußen«, sagte er mit verzerrtem Lächeln, »aber es ist schon wieder gut. Bisschen blau.«

»Und bisschen blau!« Mir fiel das Fläschchen mit dem duftenden Öl ein, das mir die Badefrau für meinen Bauch gegeben hatte.

»Ich habe hier etwas, das lindert«, sagte ich und nahm die kleine Phiole vom Bord. »Komm, zieh deinen Burnus aus. Ich reibe dich ganz sanft damit ein.«

Sein gesundes Auge starrte mich rund und entsetzt an. »Wie denn, Madame, Sie wollen …«

»Ja, ich will«, sagte ich energisch und hatte für den Moment die Nase voll von marokkanischen Bräuchen und Missbräuchen und Vorurteilen. »Los, mach schon!«

Natürlich, er gehorchte. Streifte das Kleidungsstück bis zur Taille herunter. Nun trug er eine Art Trikot oder Leibchen, tief ausgeschnitten an Hals und Armen. Die Schulter sah schlimm aus. Aber was mich viel mehr erschreckte, das war das Geflecht von Narben, weißen gleichmäßigen Striemen, die sich durch die dunkle Haut des Nackens und der Oberarme zogen. Das Fläschchen mit dem Öl fiel mir fast aus der Hand. Peitschennarben? Ich wollte so etwas einfach nicht glauben.

»Was ist das?«, fragte ich mit zitternder Stimme.

Er antwortete nicht.

»Wer hat dich so zugerichtet? Haydee?«

»Madame Haydee niemals! Madame Haydee schlägt mich nicht!«

»Sondern wer?«

»Ich bin ja erzogen worden«, sagte er entschuldigend. »Früher. Es ist den Herrschaften nicht immer alles recht, wissen Sie …«

Mir waren die Tränen in die Augen geschossen. Ich konnte nicht mehr. Das Salböl war vergessen. Ich verbarg mein Gesicht in den Händen, warf mich aufs Bett und weinte.

Irgendwann spürte ich eine Berührung. Ein zaghaftes Streicheln an meinen Armen. »Madame, oh Madame! Nicht weinen. Nicht um meinetwillen weinen.«

»Woher weißt du denn, dass ich deinetwegen weine?«, brachte ich unter Schluchzen hervor.

»Wenn es gut ist, zu weinen – gleich, weswegen –, so tun Sie es nur.«

»Weinst du nie?«

»Oh doch, Madame. Ich weine viel.«

Es geschah irgendwie. Ich nahm die Hände von meinen Augen fort und sah sein von der Prügelei entstelltes Gesicht ganz dicht vor mir, die Augenbinde, die Verfärbung des Jochbeins, aber darunter den sanft geschwungenen Mund, den hauchzarten Flaum auf der Oberlippe. Plötzlich hatte ich meine Arme um seinen Hals gelegt und zog ihn zu mir herunter, um ihn zu küssen.

Er hielt still, so still, als fürchte er, einen Traum zu vertreiben. Die langen seidigen Wimpern seines gesunden Auges zitterten, als ich meine Lippen von den seinen löste.

»Das geht nicht, Madame«, flüsterte er. Sein Mund stand offen, er atmete nun hastig. »Das ist doch verboten.«

»Für mich nicht. Ich bin traurig, du bist es auch. Warum sollten wir uns nicht trösten?«

»Niemand«, murmelte er, »hat mich geküsst, seit ich meine Mutter verloren habe.«

Er senkte den Kopf scheu gegen meine Schulter.

»Wie alt bist du, Jussuf?«

»Ich weiß nicht genau. Fünfzehn vielleicht?«

Mein Gott. Ein Kind. Aber ich selbst – war ich denn so viel älter? Nur war ich eben ein Kind mit einem Kind …

Dann lagen wir nebeneinander auf dem Bett Aischas, zwei, die einander Trost spenden wollten. Sonst geschah nichts, außer einem Streicheln, einem Spüren der fremden Haut, der fremden Wärme.

Irgendwann war ich eingeschlafen. Und du auch, meine Kleine.

Als ich erwachte, war er fort.

24

Es ist hell, und die Augen meines Kindes sehen mich an. Klare Augen, ohne den schrecklichen Glanz des Fiebers. Ich habe länger geschlafen als Alouette. Sie liegt ganz still neben mir, und ihre Finger halten eine meiner Haarsträhnen fest, aber so hauchzart, dass ich davon nicht erwacht bin.

»Bonjour, petit chaton!«, sage ich leise. »Wie geht es dir heute Morgen?«

»Ich weiß nicht, Maman. Alles dreht sich, alles geht auf und ab. Und mein Bauch ist ganz hohl. Bin ich krank?«

»Du warst sehr krank, mein Herz. Aber nun wirst du schnell wieder gesund. Verprichst du mir, schnell gesund zu werden?«

Sie nickt. Dann streckt sie ihre Hand aus – wie erbarmungswürdig mager das Ärmchen ist! – und berührt sanft meine Nase. »Warum siehst du so aus?«

Nein, ihr Schreck hält sich in Grenzen und eine dicke Nase ist ja auch nicht so schlimm wie ein zugeschwollenes Auge. Außerdem hat sie mich sicher schon eine Weile im Schlaf beobachtet und sich daran gewöhnt.

Ich wähle die erstbeste Ausrede: »Ich habe mich an der Tür gestoßen.«

»Arme Maman.« Am liebsten würde ich sie an mich reißen, sie mit Küssen ersticken, meinen Glückstränen freien Lauf lassen. Mein kleines Mädchen!

Sie ist so geschwächt! Zerbrechlich wie ein rohes Ei, hat Le-

blanc gesagt. Ich werde mich zurückhalten, vorsichtig mit ihr umgehen … Aufgestützt auf den Arm, neben ihr liegend, betrachte ich dies Gesicht, das sich so verändert hat in der Zeit der Krankheit. Die Nase wirkt zu groß, die zarten Knochen der Schläfe scheinen ganz dicht unter der Haut zu liegen, die Wangen sind eingefallen. Nur die Augen, diese gelbbraunen Augen, deren Farbe und Schnitt sie wohl von mir geerbt hat – die schauen jetzt wieder mit einer gewissen Neugier in die Welt, sind nicht mehr Fieberspiegel.

»Ich stehe jetzt auf«, sage ich, »und koche dir – einen Tee. Und einen Haferschleim.«

»Ja«, sagt sie, und dann fallen ihr erst einmal wieder die Augen zu.

Während ich in der Küche hantiere, zittern mir die Hände so sehr, dass ich eine Weile brauche, bis ich den Gasherd angezündet habe, und eine Tasse geht auch zu Bruch.

Alouette! Mein Gott, was hätte ich bloß mit meinem bisschen Leben anfangen sollen, wenn du – wenn du es nicht geschafft hättest?

Aber es ist noch ein weiter Weg, bis sie wirklich genesen ist und bis wir hier fortkönnen, das ist mir klar. Als ich mit dem Essen komme, muss ich sie wecken, und dann trage ich sie auf die Toilette, und während ich sie wasche, schläft sie schon wieder ein.

Und zum wiederholten Mal, seit uns diese Krankheit heimgesucht hat, denke ich an Alouettes Vater, den Mann, der mir zur Flucht aus Europa verholfen hat, an unsere seltsame und eigentlich so unmögliche Liebe in den Zeiten des Kriegs. Das abgemagerte Gesichtchen meiner Tochter scheint mir jetzt auf eine Weise, die ich nicht näher erklären kann, die Züge des ehemaligen Fremdenlegionärs widerzuspiegeln – vielleicht, weil das kindlich Liebliche, das anmutig Weiche daraus verschwunden ist, weil diese Nase nun kein Näschen mehr ist und dieser Mund kein Mündchen. Ja, wie auch immer. Alouette sieht Gabriel ähnlich. Ist es deswegen, dass ich so oft das Gefühl habe, er wäre da?

Auch damals, als ich in diesem winzigen Zimmer schmachtete und vor Ungeduld fast verging, war plötzlich Gabriel Talbaut schmerzlich wieder gegenwärtig, er, dessen Präsenz ich aus meinen Gedanken verbannt hatte viele Monate lang, während ich wie taub und wie gelähmt in Marseille auf mein Schiff wartete. Erst in diesem hoffnungslosen Marrakesch tauchte er wieder in meinen Träumen auf.

Manchmal fuhr ich Auto mit ihm. Wir hatten uns damals bei unserer abenteuerlichen Odyssee durch das von den Nazis besetzte Frankreich einmal das Auto eines hohen Tiers der französischen Armee »ausgeliehen«, und ohne dass ich jemals vorher hinter dem Steuer eines Wagens gesessen hatte, musste ich fahren, weil er unterdessen einen Insassen mit der Waffe in Schach hielt.

Was da mehr einem Albtraum glich, wurde nun im wirklichen Traum zu einer wunderschönen, beglückenden Angelegenheit. Es war wie Fliegen – und er war bei mir, neben mir, legte den Arm um mich. Natürlich gab es keine Gefahr und keinen dritten Passagier …

Mag sein, dass die körperliche Nähe eines jungen Manns, dass Jussufs scheue Zärtlichkeit auf diesem schmalen Bett auch jene Erinnerungen wieder geweckt hatten, die nicht im Kopf, sondern im Leib wohnen.

»Die Post geht immer«, hatte ich damals in Strasbourg kurz vor der deutschen Besetzung gesagt, als ich meinem Vater einen von Wut und Hass diktierten Brief in die Schweiz geschrieben hatte – einen Brief, der mich beinah ins Verderben gestürzt hätte, denn mein Vater setzte daraufhin alles daran, mich aufzuspüren und zurückzuholen.

Und nun hatte ich vor einer Woche wieder einen Brief geschrieben, einen unvernünftigen Brief, und wartete mit ebenfalls unvernünftiger Ungeduld auf eine Antwort.

Denn wie sollte das gehen? Ich hatte zwar ein bisschen das Zeitgefühl verloren in meinem Versteck – aber dass nach dieser kurzen Zeit noch keine Post aus Europa für mich eintreffen konnte, das wusste ich wohl.

Und dann verfiel ich auf die Idee, einen zweiten Brief zu schreiben …

Briefpapier und Schreibzeug waren in dieser meiner engen Zelle natürlich nicht vorhanden, von Briefmarken einmal ganz zu schweigen. Es dauerte eine Weile, bis mir Jussuf besorgte, was ich brauchte.

Heute schäme ich mich für diesen Brief. Er war nichts weiter als ein einziges Gejammer und hörte sich etwa so an: »Mir geht es so schlecht, wie geht es dir? Das schreibt man sich eigentlich nicht, oder? Ach, wäre ich doch nie hierhergefahren!

Ich sitze seit Tagen in einem winzigen Raum, nicht viel größer als der Hühnerstall auf Chenonceaux, falls es denn da einen gibt, höre auf das Gesumm der Fliegen und starre die Decke an, und mein einziger Trost ist das, was du mir gegeben hast – das Kind in meinem Bauch. Die armen, aber hilfreichen Leute, die sich um mich kümmern, sagen, dass ich mich in Gefahr begebe, wenn ich hinausgehe. Ich habe mich selbst in diese unmögliche Lage gebracht, weil ich mich ein bisschen zu sehr auf meine hochmütige europäische Nase verlassen hatte. Alles, was ich hier bisher versucht habe, ist fehlgeschlagen.

Liebster Gauner, wie sehr ich dich vermisse. Deinen Atem auf mir, sogar den Geruch deines Herzmittels … Versuch zu überleben! Vielleicht sehen wir uns wieder, und ich bringe dir dein Kind, und wir können über das Vergangene lachen und vielleicht sogar entdecken, dass wir uns noch lieben.

Die Zeit schleppt sich hin wie ein alter Karrengaul. Ich wollte, er würde zwischendurch einen kleinen Galopp einlegen, damit ich schneller zum Ziel komme, welches auch immer das sein mag. Zunächst nur, das Kind zur Welt zu bringen in Ruhe und Sicherheit. Adieu.«

Ich gab Jussuf den Brief mit – den Brief an einen Toten.

Ob ihn wohl die Schlossherrin von Chenonceaux, wo Gabriel sich zuletzt aufhielt, aufgemacht, gelesen und mit verächtlichem Lachen weggeworfen hat? Noch heute könnte ich schamrot werden, wenn ich daran denke …

Beinah jeden Tag bestürmten mich Aischa und Jussuf, die Stadt zu verlassen. Ich sträubte mich mit Händen und Füßen und hatte dafür eine ganze Handvoll von Gründen. Ich hatte einfach panische Angst, dich, meine Kleine, ohne medizinische Hilfe und in einem gottverlassenen Nest zur Welt zu bringen. Angst, dass uns beiden etwas zustoßen könnte. Über die Alternative dachte ich nicht nach. Jedenfalls schien mir die Stadt einfach mehr Möglichkeiten zu bieten. Auch wartete ich auf Post – und auf mein Geld, das irgendwann auf der Banc du Maroc sein würde; denn was ich noch in meinem Brustbeutel hatte war verschwindend wenig, und schon bald würde ich mich wohl von Teigkringeln und Tee ernähren müssen, wenn ich nicht meinen Rettern auf der Tasche liegen wollte.

Die Zeit schien stillzustehen. Und nur, wenn ich lag und, die Hände auf den Bauch gepresst, deinem Wachsen und Reifen in mir lauschte, deine Bewegungen spürte – dann *geschah* etwas. Alles andere war wie ein verzweifeltes Auf-der-Stelle-Treten.

Wie und wo sich Aischa behalf, wie sie ihren Lebensunterhalt verdiente – ich wusste es nicht, wollte es nicht wissen.

Zwischen Scham und Schuldgefühl hin und her gerissen, kam ich mir scheintot vor in dieser Höhle, starrte vor mich hin, und meine schlechte Stimmung schien auf Aischa und Jussuf abzufärben, denn sie waren scheu und bedrückt, wenn sie zu mir kamen – was für eine Last hatten sie sich aufgebürdet mit mir!

Einmal brachte Aischa eine Wasserpfeife mit, eine Nargileh. »Es beruhigt die Seele!«, sagte sie, während sie die Zurüstungen traf, das duftende Kraut einlegte, anrauchte und mir den Schlauch herüberreichte.

Aber meine Seele war aufs Höchste beunruhigt – denn die liebkosende Geste zwischen Sidonie und mir war nun wieder da, jenes Berühren ihrer Zigarette mit den Lippen, nach dem ich kein Bedürfnis mehr gehabt hatte, seit ich das süßliche Parfüm der Zigaretten von Monsieur Idris geschmeckt hatte, und mir fiel mein Traum wieder ein, als mir Sidonie die Haare kämmte, und dann war es Aischa.

So sah ich meine »Wirtin« an mit weit aufgerissenen Augen. »Ich mag nicht!«, sagte ich kurz und schob den Pfeifenschlauch so heftig zurück, dass das Mundstück zu Boden fiel.

Aischa blickte mich traurig an. »Ich verstehe. Mein Mund ist dir zuwider.«

Ja. Auch das. Ihr Mund war mir zuwider, der Mund, der berührte und berührt wurde – Männer, Kunden, Freier. Aber das ging natürlich nicht. Stumm bückte ich mich und nahm die Pfeife wieder auf. »Ich dachte, es schadet vielleicht dem Kind!«

Sie schüttelte den Kopf. »Nichts Schädliches.«

Es war warm und kühl zugleich in meinem Mund und schmeckte nach Orange und Zimt, nach Anis und Apfel, und ja, es tat mir gut, und dir wohl auch, denn nach kurzem spürte ich ein kleines Knie an meiner Seite …

25

Jussuf kam seltener. Er hatte mir eines Tages erzählt, dass er fürchte, man verfolge ihn. Nun, ich kannte ja seine Ängstlichkeit. Ich glaubte ihm kein Wort davon. Überhaupt empfand ich mein Gefängnis immer mehr als Absurdität – ich war mir sicher, dass sich niemand mehr für mich interessierte.

Und dann hielt ich es nicht mehr aus. Ich würde es einfach ausprobieren. Musste ohnehin zur Bank, zur Post …

Meine beiden Wächter und Beschützer sahen mich so betrübt an, als ich es ihnen eröffnete, als hätte ich ihnen erklärt, ich wolle auf ein leckes Schiff gehen und damit den Ozean überqueren.

»Madame! Es ist gefährlich!«

»Gefährlich hin oder her – wie soll es denn mit mir hier weitergehen?«

Die beiden wichen meinem Blick aus.

»Habt ihr überhaupt einen Plan?«, drang ich weiter ins sie.

»Ich hoffe, meine Mutter meldet sich«, erwiderte Aischa leise.

Also doch das Dorf!

»Gefährlich oder nicht, ich sehe, ihr habt auch keine Vorstellung. So, wie ich jetzt lebe, werde ich wahnsinnig. Ich muss hier raus.«

Schließlich fügten sie sich.

Aischa malte mir mit Henna Muster auf die Hände, innen und außen, und umrandete mir die Augen dick mit Antimonstift, damit ich einer Araberin ähnlicher sei, dann hüllte sie mich von Kopf bis Fuß in schwarze Tücher. Das war gut für unterwegs; aber vor dem Bankschalter und auf der Post würde ich ohnehin mein Gesicht vorzeigen müssen.

Vielleicht wäre mein Vorhaben ja sogar geglückt – wenn nicht Jussuf darauf bestanden hätte, mich zumindest aus der Ferne zu begleiten.

»Das verstehe ich jetzt nicht!«, sagte ich irritiert. »Hast du mir nicht gesagt, man ist vielleicht hinter dir her? Da lenkst du sie doch geradezu zu mir hin – wenn dein Verdacht denn stimmen sollte!«

»Ich bleibe ja auf Entfernung!«, sagte er beschwörend. »Madame, ich kann Sie doch nicht allein lassen … Sie finden doch auch den Weg zum großen Platz gar nicht allein!«

Damit hatte er Recht. Und da ich nicht daran glaubte, dass man ihn beobachtete, stimmte ich schließlich zu.

Es regnete an dem Tag. Zum zweiten Mal, seit ich in Marrakesch war.

War bei meiner Ankunft nur Platzregen niedergegangen, so goss es nun in Strömen. Der Regen war über der Stadt wie eine strafende Hand, allgegenwärtig, unerbittlich. Die Kleidung klebte an meinem Körper – eine triefnasse, schwarz verhüllte Gestalt, so wand ich mich durch das Labyrinth der Gassen, folgte der Spur des Haratin, der vor mir herging und an den Wegkreuzungen wartete, zwischen den pfeilgerade niedersausenden Schnüren des Wassers.

Meine Schuhe hatten sich im Nu mit einer schwarzgelben Schlammkruste überzogen. Man konnte nicht allzu weit sehen. Die Djemâa al-Fna war wie ausgestorben. Ein paar Bettler und streunende Hunde hatten Schutz unter den Balkons und Altanen gesucht. Wer – so meinte ich – sollte sich da wohl auf die Lauer legen, um irgendeine Frau abzufangen?

Die Banc du Maroc erwies sich als Reinfall. Der schnurrbärtige Beamte, der argwöhnisch meinen verwirrenden Aufzug musterte und mindestens dreimal mein Gesicht unterm gelüpften Schleier mit dem Foto im Pass verglich, zuckte mit den Achseln. »Je regrette, Madame. Noch keine Zahlung für Sie eingetroffen. Fragen Sie in einer Woche wieder nach …«

Mir war zum Heulen zumute. Wie sollte ich die Hilfe der armen Leute weiter in Anspruch nehmen, wenn ich nicht einmal in der Lage war, ihre Auslagen zu ersetzen – von Plänen für die Zukunft einmal ganz abgesehen.

Jussuf lungerte besorgt an der Tür. »Nicht mehr zur Post!«, flehte er. »Vielleicht kein guter Tag heute für Madame.«

Das fehlte noch!, dachte ich. Wo ich nun schon einmal unterwegs bin. Dieser grässliche Regen geht ja vielleicht nieder, um mich zu schützen und meine Verfolger, wenn es sie denn gibt, fernzhalten. Und meine Gier nach einem Brief aus Frankreich war so unglaublich groß …

Im Postamt war es ziemlich voll. Briefsteller saßen an allen Ecken und Enden mit untergeschlagenen Beinen auf der Erde, das Klemmbrett über den Knien, und ließen sich von Männern oder Frauen irgendwelche Texte diktieren; wieder andere lasen den hingebungsvoll lauschenden Leuten die Post vor, die sie bekommen hatten. In einem Land, in dem ein großer Teil der Bevölkerung weder lesen noch schreiben kann, gibt es für die Gebildeten ganz andere Berufschancen!

Ich musste mich einreihen in eine Schlange; alles dauerte und dauerte, jeder Einzelne, der an den Schalter trat, schien endlose Geschichten zu erzählen, ließ sich beraten, fragte, diskutierte. Was kann am Kauf von ein paar Briefmarken so schwierig sein?, dachte ich voller Ungeduld.

Und du, mein Herz, teiltest meine Unruhe, fandest es überhaupt nicht gut, dass ich hier herumstehen musste, und protestiertest mit heftigen Tritten. Ich stöhnte leise und stützte mein Kreuz mit beiden Händen ab. Niemand schien mich zu beachten.

Endlich, nach einer halben Ewigkeit, war ich zum Schalter vorgerückt, schlug wieder meinen Schleier zurück, zog meinen Ausweis aus dem Brustbeutel und fragte nach Post für Gabrielle Talbaut.

Der dicke Mann hinterm Glas musterte mich und das Foto ausgiebig, erhob sich dann und watschelte wortlos nach hinten. Meinen Pass behielt er in der Hand. Durch die halb offene Tür sah ich ihn mit einem anderen reden, auf mich weisen und gestikulieren.

Dann kam er wieder. »Ein bisschen Geduld, Madame. Die Posteingänge vom letzten Schiff aus Frankreich sind noch nicht vollständig sortiert. Wenn Sie bitte warten wollen!«

Ein Schiff aus Frankreich? Posteingänge? Vielleicht war das Glück ja mit mir!

Er öffnete ein Holztürchen ein paar Schritte neben seinem Schalter und ließ mich durch, geleitete mich nach drinnen. Ich warf einen Blick zurück in das Büro. An der Tür stand Jussuf und machte mir irgendwelche Zeichen.

In einem Flur ohne Fenster, von dem viele Türen abgingen, stand eine Bank, auf die ich komplimentiert wurde. Mein Pass war jetzt in der Hand eines zweiten Beamten, der ihn einem dritten zeigte. Irgendwo schrillten Telefone. Durch die geöffneten Türen sah ich eifrig beschäftigte Telefonisten, Kurbeln drehend, Stöpsel steckend, das Mikrofon vorm Mund.

In der stickigen Luft wurde mir übel. Ich versuchte, tief und langsam durchzuatmen. Lange würde ich das nicht mehr aushalten.

Ein vierter Beamter kam auf mich zu, mein Pass war nun in seine Hand gewandert. »Madame Talbaut? Noch einen kleinen Moment. Wir haben Ihren Namen im Posteingang.«

Er verschwand, redete lautstark Arabisch auf jemanden ein.

Mein Herz klopfte wie wild. Ich saß da und trommelte mit den Fingern auf das Holz der Bank, auf der ich saß. Wenn ich den Hals reckte, konnte ich sehen, dass da hinten jemand zwischen Briefbündeln herumkramte. Was für eine Wirtschaft! Es konnte doch unmöglich so lange dauern!

Ich stand auf, tat ein paar Schritte auf den Sortierraum zu. »Monsieur? Könnten Sie mir inzwischen wohl meinen Ausweis zurückgeben?«

»Selbstverständlich, Madame! Gleich, Madame!« Er war die Liebenswürdigkeit in Person. »Der Amtsvorsteher persönlich gibt Ihnen Ihren Pass und Ihre Briefe.«

Ich zitterte. Ein strenger Herr in eng anliegender Uniform mit viel Gold am Kragen, das straff gekämmte Haar glänzend von Pomade, empfing mich in einem kleinen stickigen Amtszimmer. Er sah weder mich noch meinen Ausweis an, schob ihn mir nur wortlos über den Tisch, außerdem zwei Briefe! Ein schmales Kuvert in silbrigem Weiß. Frankreich. Schloss Chenonceaux! Dort, wo sich Gabriel aufhielt. Aber es war nicht seine Schrift. Und als Absender firmierte die Schlossherrin, Nadine Dupin. Was hatte das zu bedeuten?

Das zweite Kuvert, Bütten handgeschöpft, kam aus der Schweiz. Mit Entsetzen entdeckte ich als Absender den Namen Hartwig Moebius. Mir brach der Schweiß aus. Mein Vater hatte mich aufgespürt. Wie auch immer.

Plötzlich spürte ich, dass sich der Raum um mich drehte. Es war alles zu viel für mich. Ich wankte und griff nach der Tischkante, dann wurde es schwarz vor meinen Augen.

26

Als ich wieder zu mir kam, saß ich erneut auf der harten Holzbank im Flur, und Jussuf kniete vor mir und rieb mir die Hände. Mein Pass und die beiden Briefe lagen neben mir.

»Ich denke, du sollst dich nicht mit mir zeigen«, murmelte ich, und er sagte: »Ich hatte solche Sorgen, als Sie nicht wiederkamen … Es geht Ihnen schlecht?!«

»Es geht mir schon wieder besser«, erwiderte ich. »Bitte hilf mir! Als Erstes muss ich – muss ich dieses Postfach auflösen. Es ist etwas Schreckliches passiert, etwas, das nicht hätte passieren dürfen.«

»Ja«, sagte er eilfertig. »Gut. Ich helfe Ihnen. Gleich. Können Sie wieder aufstehen?«

»Ich kann aufstehen und vor allem kann ich wegrennen, wenn man hinter mir her ist, das weißt du ja«, erwiderte ich mit einem Versuch zu scherzen. »Und du musst mir nicht helfen. Ich schaffe das schon.«

Gehorsam wie immer blieb er zurück, als ich in den Schalterraum hinüberging, mich ohne Rücksicht auf die Wartenden vordrängte zu dem dicken Beamten und die Löschung meines Postfachs vornahm.

Endlose Formulare. Umständliche Nachfragen. Wieso dauerte nur alles so lange?

Inzwischen musste ich mehr als eine Stunde auf diesem unseligen Postamt zugebracht haben. Die beiden Briefe schienen in meiner Tasche unter dem schwarzen Umhang zu brennen. Wie hatte mein Vater mich gefunden und streckte nun seinen langen Arm aus übers Mittelmeer – und warum schrieb diese Frau und nicht Gabriel?

Als ich endlich wieder hinaustrat in den strömenden Regen, vergaß ich alle Vorsicht. Ich würde, ungeachtet dieser Verkleidung, ins Café de France gehen und endlich diese Umschläge öffnen.

Aber dazu kam es nicht.

Ich hörte von irgendwoher Jussufs schrillen Schrei, ein tremolierendes »Nein!«. Dann warf man mir von hinten etwas über den Kopf, ich atmete stechenden Geruch ein und wurde zum zweiten Mal an diesem Tag bewusstlos.

Mein Kind isst! Mein Kind behält die kräftige Hühnerbrühe mit Reis bei sich, den geriebenen Apfel. Meine Tochter lächelt, hält meine Hände und erklärt, ihr sei immer noch so schwindlig. Und sie sei so matt.

»Kommt die Frau mit den gelben Haaren heute auch wieder?«, fragt sie.

Ich nicke.

»Ich mag die Frau mit den gelben Haaren nicht leiden!«, erklärt Alouette. Ich auch nicht, würde ich am liebsten sagen.

»Aber sie hilft uns beiden sehr. Sie versteht etwas vom Gesundwerden«, erwidere ich stattdessen. »Sie ermöglicht es mir, loszugehen und gute Sachen zum Essen für dich zu besorgen. Sag mir, was du möchtest. Ich werde versuchen, es zu bekommen.« Und natürlich sagt sie: »Datteln. Mandeln. Auch frische Feigen.«

»Orangen?«, schlage ich vor.

»Orangen gehen auch«, sagt sie matt. »Aber besser wäre, du würdest nicht gehen. Die Frau versteht nicht, was ich sage.«

Ich muss lächeln. »Sie kann kein Französisch.«

»Aber ich habe nicht französisch mit ihr geredet.«

»Was denn?«

»Tamazight«, erwidert sie. »Warum lachst du?«

Tamazight ist die Berbersprache, mit der Alouette aufgewachsen ist im Hohen Atlas. Eine Sprache, die noch nicht einmal verschriftlicht ist. »Tamazight kann sie noch weniger als Französisch«, sage ich. »Red einfach nicht mit ihr. Wenn du was willst, kannst du es ja auch anzeigen.«

Sie nickt. Unser Gespräch hat sie erschöpft. Auf ihrer Stirn sind feine Schweißperlen. Kommt das Fieber wieder? Besorgt fühle ich ihren Puls. Schwach, aber gleichmäßig.

»Ich werde mich beeilen und schnell zurückkommen!«, verspreche ich.

»Erzählst du mir dann weiter die Geschichten?«

»Was für Geschichten, petit chaton?«

»Die von dir und mir. Die von Marrakesch.«

Ich sehe sie verwundert an. Aber habe ich denn jemals laut

erzählt? Nicht immer nur in ihre Fieberträume hineingedacht, hineingeflüstert? Wie dem auch sei …

»Du wirst alles erfahren!«, versichere ich ihr. »Im Schlaf und im Wachen.«

Sie lächelt, dreht den Kopf zur Seite. Und ist wieder eingeschlafen.

Was Schwester Annemarie verspricht, das hält sie auch. Während sie sich in der Küche ihren Bohnenkaffee aufbrüht, legt sie mir eine Zeitung unter die Nase. »Das habe ich aufgehoben, weil es uns Deutschen so aus der Seele spricht.«

Ich werfe einen kurzen Blick darauf. Die Zeitung heißt »Der Tagesspiegel« und das, was Schwester Annemarie so »aus der Seele spricht«, ist ein Leserbrief. Es geht, das sehe ich auf den ersten Blick, um die Flüchtlingslager, die – wie ich jetzt weiß – Unrra-Lager. Damit ich ja die richtigen Stellen lese, sind ein paar Absätze mit Rotstift unterstrichen.

»Unsere jüdischen Mitbürger scheinen ganz vergessen zu haben, dass außer ihnen noch Zehntausende deutscher Menschen in Flüchtlingslagern leben, die alles verloren haben und sich nur eine Decke und etwas Lebensmittel gerettet haben und dass Tausende von Bombengeschädigten noch heute kein Bett, keinen Stuhl, keinen Spind haben«, lese ich da. »Es wäre unseren jüdischen Mitbürgern zu empfehlen, sich dieser Menschen zu erinnern und sich bescheiden in die Volksgemeinschaft einzufügen.« Ich glaube meinen Augen nicht zu trauen. Volksgemeinschaft? Ist dies Wort immer noch im Gebrauch? Und dann geht es weiter: »… und sich nicht einzubilden, dass ausgerechnet ihnen, weil sie unter den Hitlerverbrechern mit dem gelben Stern laufen mussten, eine besondere Vergünstigung gewährt werden muss …«

Weiterzulesen, ist mir die Lust vergangen. Ich merke, dass ich rot angelaufen bin vor Zorn. Knalle das Blatt auf den Küchentisch und starre die Frau an, die in aller Seelenruhe ihr Strickzeug auspackt. Am liebsten würde ich sie gleich rausschmeißen, so wie sie geht und steht. Aber ich brauche sie. Zumindest noch heute. Morgen werde ich Leblanc bitten, mir eine andere Pflegerin zu besorgen. Mit dieser Person kann ich nicht die gleiche Luft atmen.

Da ist noch ein zweites Zeitungsblatt. Ich werfe nur kurz einen Blick darauf, sehe Worte wie »fremde Ostjuden« und »DPs = Deutschlands Parasiten«, »... nutzen die Großzügigkeit der alliierten Behörden aus, um sich zum Schaden der deutschen Bevölkerung die Taschen zu füllen« – und den lauernden, schadenfrohen Blick der Schwester.

Was ist mit diesen Menschen los? Haben sie überhaupt nichts begriffen? Sind sie nicht in der Lage, zu begreifen, dass sie – schuldig sind?

Am liebsten hätte ich losgebrüllt. Nehme mich Alouettes wegen zusammen. »Wenn meine Tochter aufwacht, können Sie ihr das ja vorlesen!«, sage ich betont freundlich. »Es wird bestimmt ein großer Erfolg. Sie versteht nämlich kein Wort Deutsch.«

Diesmal habe ich ein »Transportmittel« dabei: den kleineren meiner Schweizer Koffer aus Vulkanfiber mit den metallbeschlagenen Ecken. Was zur Folge hat, dass ich auf dem Eichborndamm doppelt so oft angesprochen werde wie bei den beiden vorigen Malen. Man vermutet natürlich, dass ich darin zumindest das Familiensilber zu Markte trage ...

Inzwischen grüßt mich schon dieser und jener, und Jankel

mit dem Hinkebein erbietet sich sofort eilfertig, mich zu seinem Freund Attila zu führen und mit dem richtigen Klopfzeichen zu bewirken, dass mir geöffnet wird. »Wir ändern Code jeden Tag!«, sagt er wichtig.

Der rothaarige Hüne leitet mich wieder in den Kreis der drei Heizsonnen an den kleinen Tisch und sagt gleich mit geschäftsmäßiger Ruhe: »Man hat Sie ausgeraubt, junge Frau, mit ihrem Netz? Hab ich fast befürchtet. Alle nehmen alles von allen, ist so. Sie sind zu wenig vorsichtig. Hm. Das Gleiche wie gestern?«

Ich bejahe, und er zieht sich wieder warm an und verschwindet im Dunkeln, nicht ohne mir vorher die Tasse aus dem Samowar gefüllt zu haben.

»Wie geht es Kind?«, fragt er dann, während er mir meinen Koffer vollpackt.

»Besser«, sage ich. »Es bekommt langsam wieder Appetit.«

Er lächelt. »Noch Tee?«

Ich schüttele den Kopf und bezahle meine Ware. Er knurrt und brummt vor sich hin. »Ist etwas nicht in Ordnung?«, frage ich.

»Wie man nimmt. Für mich zwar günstig, Sie kommen öfter. Aber für Sie schlecht. So macht man nicht Geschäfte. Junge Frau wie Sie ist zu gute Beute.« Er erhebt sich entschlossen. »Ich bringe Sie heute nach Haus.«

Ich wage nicht zu widersprechen. Zu Pelzmütze und Mantel kommen nun noch ein dicker Schal und Lederhandschuhe. Er schaltet das Stromaggregat aus und tritt mit mir vor die Tür. In seiner Hand wirkt mein Koffer wie ein Ding aus der Puppenstube.

Die Blicke unterwegs auf der Straße und in der Bahn sind

nun anders. Während man mich unverhohlen hämisch oder missgünstig gemustert hat, wirft man dem riesigen Rotbart nur verstohlene Blicke zu und sieht hastig weg, wenn er einen dieser Blicke auffängt.

Auf dem Nachhauseweg reden wir kein Wort miteinander. Ich trippele neben ihm her; auf einen Schritt von ihm gehen zweieinhalb von mir. Natürlich folgt uns keiner.

Vor der Haustür will ich ihm den Koffer abnehmen und mich bedanken, aber er schüttelt den Kopf. »Bis nach oben.«

»Ich glaube, die Krankenschwester, die meine Tochter betreut, ist nicht unbedingt nach Ihrem Geschmack.«

»Wieso?«, fragt er.

»Sie hat etwas überlebte Vorstellungen von dem, was sie für deutsch hält.«

»Ach«, sagt er. Und wiederholt fest: »Bis nach oben.«

Dass er zwei Stufen auf einmal nimmt, habe ich erwartet.

Schwester Annemarie hat sich gerade ihren Bohnenkaffee aufgebrüht. Aus dem grünlichen Wollknäuel von gestern ist unter ihren tüchtigen Händen nun bereits ein großes Stück des Vorderteils eines anderen Pullovers geworden, mit einem komplizierten Zopfmuster.

Als sie Attila sieht, springt sie auf und starrt ihn mit weit aufgerissenen Augen an.

Mein Begleiter knurrt etwas Unverständliches. Er wirkt mürrisch.

»Passen Sie auf, dass Sie keine Masche verlieren!«, sage ich freundlich.

Alouette schläft.

Dass er die Waren auch noch auspacken will, ist eine eindeutige Bosheit, das ist mir klar. Er will, dass dieser Person das

Wasser im Mund zusammenläuft. Er trägt den Koffer zum Küchentisch und will gerade die immer noch ausgebreiteten Zeitungen mit dem Unterarm runterfegen, als sein Blick auf die rot unterstrichenen Stellen fällt.

»Was ist das?« Seine Stimme hört sich an wie ferner Donner überm Wald.

»Das hat sie mir mitgebracht!«, erwidere ich und zeige mit dem Kinn zu Annemarie. »Weil es ihr als Deutscher aus dem Herzen gesprochen ist.«

Attila sagt kein Wort. Er packt die Frau einfach am Arm, öffnet die Wohnungstür und schiebt sie nach draußen. Es ist eine ganz kleine, ganz unaufwändige Bewegung. Dann greift er ihren Mantel vom Haken, nimmt die Medizintasche und hebt das Strickzeug von der Erde auf. Macht die Tür noch einmal auf und wirft alles hinterher.

Ich höre sie auf dem Flur zetern. »Nachspiel!«, verstehe ich, und: »... bei Doktor Leblanc beschweren.«

Der große Mann sieht mich an. »Hab ich jetzt gemacht was Falsches?«

Ich schüttele den Kopf. »Ich bin bloß froh, dass Sie sie nicht die Treppe hinuntergeworfen haben!«, sage ich leise, und eine Erinnerung blitzt mir durch den Kopf.

Er zuckt die Achseln. »Wozu Gewalt?«, fragt er gleichmütig und packt weiter aus.

Dann wirft er einen Blick durch die geöffnete Zimmertür auf meine schlafende Tochter. »Scheenes Kind«, murmelt er.

»Wollen Sie einen Kaffee?«

»Trinke nur Tee.«

»Ja.« Wir stehen einander gegenüber.

»Sie müssen bei Kind bleiben«, sagt er eindringlich. »Keine

Njanja. Wissen Sie was? Ich muss für drei Tage über Land, Ware holen. Danach komme ich vorbei, bringe, was Sie brauchen. Ich weiß ja. Gut?«

Ich nicke wie betäubt. Erst als er draußen ist, merke ich, dass ich nicht ein einziges Dankeschön herausgebracht habe.

Was ist das für ein seltsames Gefühl – einen Beschützer zu haben …

Kurz entschlossen trinke ich Schwester Annemaries schönen schwarzen Kaffee aus. Auch vom Kaffeekochen versteht sie eindeutig viel. Die Zeitungsartikel knülle ich zusammen und stecke sie in den Kasten mit Feuerholz und Kohle vor dem Ofen.

Dann gehe ich zu meiner Tochter, um weiterhin mein Versprechen einzulösen.

27

Als ich aus meiner zweiten Betäubung dieses Tages erwachte – mit stechenden Kopfschmerzen, einem pelzigen Geschmack im Mund und brennenden Augen –, lag ich in einem breiten Bett unter einem Himmel mit violetten Quasten an den Seiten. Die Laken und Decken fühlten sich glatt und seidig an. Es war reiner Damast, mit eingewebten Blumenornamenten.

Ich richtete mich auf. Am Leib trug ich eine Art Nachthemd aus weich fließendem, lavendelblauem Stoff. Meine Kleidung war fort, sowohl der schwarze Umhang als auch die europäischen Sachen, die ich darunter getragen hatte. Fort war auch mein Brustbeutel mit den Papieren. Und fort die beiden Briefe.

Ich fing an zu schreien.

Erfolgreich. Ganz schnell öffnete sich eine Tapetentür, und zwei junge Frauen in schwarzen hochgeschlossenen Kleidern und dunklen Kopftüchern kamen herein und redeten mit beschwörenden Gesten auf mich ein. Sie redeten auf Arabisch, also schrie ich weiter, und die eine ging hinaus und kam mit einer dritten Frau zurück, etwas älter, mit strengem Blick unter dichten Brauen, die missbilligend auf die beiden Kleinen einsprach und dann in gebrochenem Französisch verlangte, ich solle mich beruhigen.

»Ich denke nicht dran!«, schrie ich. »Man hat mich betäubt und hierherverschleppt, gegen meinen Willen. Ich verlange meine Sachen zurück! Ich verlange, freigelassen zu werden! Das ist Menschenraub!«

Ich war außer mir. Die drei steckten die Köpfe zusammen und tuschelten. Dann erklärte mir die Ältere, ich solle einen Moment Geduld aufbringen. Man werde den Herrn benachrichtigen.

»Was für einen Herrn? Und außerdem, soll ich diesen Herrn so im Nachthemd empfangen?«

Die verwunderten Blicke der Nummer drei gaben mir zu verstehen, dass das Ding wohl nicht als Nachthemd, sondern als eine Art Hauskleid angesehen wurde.

»Bitte, beruhigen! Nicht mehr laut sein! Gleich, gleich! Wollen einen Tee?«

»Gar nichts will ich. Weg will ich!«, tobte ich.

Die Frauen entflohen unter beschwichtigendem Gemurmel im Rückwärtsgang durch die Tapetentür.

Ich wartete, sah mich dabei um. Der Raum war in orientalischer Üppigkeit ausgestattet, überall Vorhänge, Polster, mobile Tischchen mit hölzernen Beinen und Metallplatten, wie du sie auch aus Anefgou kennst, meine Kleine. Ich erhob mich, zog einen Fenstervorhang beiseite und sah in einen üppig grünen Garten – allerdings blickte ich dabei durch ein schmiedeeisernes Gitter.

Kein Zweifel, ich war gefangen.

Ich setzte mich wieder aufs Bett, legte die Hände auf meinen runden Bauch und fragte dich, wie es dir ging. Du schliefst. Schliefst ganz unberührt von meiner Aufregung und hoffentlich auch nicht beschädigt von dem, womit man mich betäubt hatte da vor dieser Post.

Also hatte Monsieur Idris nicht aufgegeben. Von einer Frau hereingelegt worden zu sein – das musste zu sehr an seiner Ehre genagt haben. Ich dachte mir, dass er sich wohl nicht viel Hoffnung gemacht hatte, mich aufzuspüren. Leute in den üblichen Anlaufstellen einer Ausländerin – Bank und Post – zu bestechen, ihn zu benachrichtigen, das war eigentlich eine Routinesache. Und dann hatte es wirklich geklappt. Die halbe Stunde oder länger, die ich angestanden hatte und dann mit der vermeintlichen Suche nach meinen Briefen hingehalten wurde, hatte vollauf genügt, ihn zu benachrichtigen und zu mobilisieren.

Monsieur Idris hatte, wenn auch mit Verspätung, doch noch liefern können. Aber an wen? Und wohin? Wo befand ich mich hier? War ich überhaupt noch in Marrakesch oder irgendwo auf dem Land, in einer jener Villen, die man vom Vorplatz der Koutoubia-Moschee aus irgendwo da draußen weiß schimmernd inmitten von majestätischen Palmengärten sehen konnte?

Meine Grübeleien wurden unterbrochen. Die Tapetentür bewegte sich, wieder die Ältere mit den dichten Brauen.

»Der Herr!«

Ich sprang auf, den Kopf im Nacken, die Arme in die Hüften gestemmt. Wappnete mich mit allem Zorn und aller Empörung, die in mir waren. Ich würde diesem orientalischen Pascha seine Rolle nicht leicht machen!

Die Schwarzgekleidete bückte sich bis zu den Knien. Und ich erwartete, wie sollte es anders sein, so etwas wie einen Abguss von Monsieur Idris, in wallendem Burnus und einem Fes auf dem Kopf …

Ein leises arabisches Kommando, und die Frau war draußen. Auf mich zu kam ein großer, gertenschlanker Mann im untadelig geschnittenen Maßanzug mit Weste, der große Brillant an der Krawattennadel blitzte. Eine feingliedrige Hand griff nach meiner verkrampften Faust, löste sie mühelos von meiner Hüfte und führte sie an seine Lippen.

Ein schmales Gesicht, eisgraue Schläfen, der Schnurrbart à la Menjou, die kühn gebogene Nase und ein Paar nachtschwarze, sanftmütige Augen – so sah er aus, »der Herr«, der Gebieter des Hauses.

Und eine freundliche Stimme sagte in untadeligem Französisch: »Madame Gabrielle, wie sehr freue ich mich, dass es nun nach einer kleinen Verzögerung doch noch zu unserer Vereinbarung gekommen ist! Seien Sie herzlich willkommen in diesem meinem bescheidenen Haus. Sie bedeuten für mich ein großes Glück.«

Ich stand vor Mohammed Sidhi Abd al-Aziz al-Chakif, jenem Mann, der nach islamischem Recht mein Ehemann war. – Aber das wusste ich da noch nicht. – Ich versuchte meine Gedanken zu sammeln. Dass ich bei diesem Mann mit Geschrei und Ausbrüchen nicht weiterkommen würde, das war mir klar. Da würde er höchstens mit höflichem Befremden reagieren.

»Monsieur!«, sagte ich – während ich sanft, aber bestimmt zu einem Taburett geführt und genötigt wurde, darauf Platz zu nehmen –, »hier liegt ein Missverständnis vor. Ich bin nicht freiwillig hier.«

Er zog die Augenbrauen hoch. »Das verstehe ich nicht!«, erwiderte er höflich. »Soweit ich weiß, hat der Beauftragte alles verbindlich mit Ihnen abgesprochen. Madame, ich beglückwünsche Sie zu Ihrer Entscheidung. Es wird Ihnen hier an nichts mangeln, und alles wird Sie zufriedenstellen. Ich möchte hinzufügen: Niemand wird Sie von Ihrem Sohn trennen, wenn Sie es nicht wünschen. Sie sind seine Mutter, und ich respektiere die Gefühle einer Mutter. Es liegt ganz bei Ihnen, ob und wann Sie sich von ihm trennen wollen oder ob Sie es vorziehen, weiter hier im Haus zu bleiben und seine Schritte zu begleiten, mit allen Rechten einer Nebenfrau.«

»Nebenfrau?«, wiederholte ich. Das alles war ein bisschen zu viel für mich.

Mohammed al-Chakif ging nicht weiter darauf ein. Mit einer eleganten Wendung wechselte er das Thema. »Wenn es Ihnen wieder besser geht, würde ich Sie gern meiner Gattin vorstellen. Fatin wartet schon mit Ungeduld auf Sie.«

In meinem Kopf drehte sich alles. »Das ist ein Missverständnis!«, stammelte ich. »Man hat mich betäubt und mit Gewalt hierherverschleppt. Entschuldigen Sie, aber es gibt keine Einigung zwischen diesem Idris und mir. Ich habe abgelehnt. Bitte geben Sie mir meine Sachen zurück, vor allem meinen Pass und die Briefe, die ich von der Post abgeholt habe. Ich habe sie noch nicht gelesen, und sie sind wichtig für mich.«

Er musterte mich aufmerksam. »Fühlen Sie sich unwohl?«, fragte er mitfühlend. »Schwangere Frauen brauchen besondere Fürsorge. Ich werde sogleich nach meinem Leibarzt schicken.«

»Einen Arzt könnte ich wirklich gut gebrauchen, ich fühle mich in der Tat nicht wohl – aber das kommt von dem Zeug, mit dem man mich betäubt hat! Monsieur, bitte! Geben Sie mir zurück, was mir gehört, und lassen Sie mich gehen!«

Er lächelte. »Wenn ich mir die Bemerkung erlauben darf, Madame: Ihre Kleidung war ziemlich unbrauchbar geworden und außerdem völlig durchnässt. Wir werden sie an die Armen verschenken. Hier wird es Ihnen an nichts mangeln, ganz gleich, ob Sie europäischen oder orientalischen Stil bevorzugen. Ihr Pass ist sicher aufbewahrt, im Safe meines Büros. Es wäre ja wenig sinnvoll, ein so wichtiges Dokument in Ihrem Nachtschränkchen zu deponieren, nicht wahr? Sollte unser Kontrakt auf Ihren Wunsch hin ablaufen, bekommen Sie alles zurück.«

»Es gibt keinen Kontrakt!«, warf ich ein. Er schien mich gar nicht zu hören.

»Und Ihre Post lasse ich Ihnen selbstverständlich zukommen. Nachrichten aus der Heimat! Ich verstehe, dass das wichtig ist für Sie.«

»Monsieur!«, sagte ich und gab mir Mühe, meiner Stimme Festigkeit zu verleihen, »Sie können mich hier nicht gegen meinen Willen festhalten. Ich bin Französin, und Sie wollen doch nicht, dass es zu diplomatischen Verwicklungen kommt, nicht wahr?«

Seine Augen waren weiterhin groß und freundlich auf mich gerichtet. »Sie verkennen die Situation, Madame«, erwiderte er sanft, während er aus seiner Brusttasche ein Etui mit eingelegtem Bernstein hervorzog und sich eine jener süßlich riechenden bunten Zigaretten anzündete. »Ich weiß, Sie rauchen, aber im Interesse Ihrer Gesundheit würde ich es vorziehen, wenn Sie es im Moment unterlassen«, bemerkte er beiläufig. »Im Übrigen kann ich Ihnen versichern, dass man Sie in ein Haus gebracht hat, in dem eine gewisse exterritoriale Freiheit herrscht. Das heißt, diplomatische oder polizeiliche Interventionen braucht hier niemand zu fürchten. Noch dazu, wenn es sich um eine meiner Frauen handelt.«

»Eine Ihrer Frauen? Was für eine Frau meinen Sie?«

Er blies den Rauch aus, der parfümierte Geruch kitzelte meine Nase. »Sie sind nach islamischem Recht für die Dauer dieses Kontrakts meine Nebenfrau«, erklärte er ruhig. »Monsieur Idris hat Ihnen das doch bestimmt gesagt, als er stellvertretend für mich die Zeremonie vollzogen hat.«

»Dieser Schurke hat mir gar nichts erklären können, denn ich war bewusstlos!« Nun schrie ich doch. »Von einer Zeremonie weiß ich nichts, überhaupt nichts – und was soll das für ein Kontrakt sein?«

»Das kann ich nicht glauben«, sagte er mit gerunzelter Stirn, »dass mich ein von mir Beauftragter derart hintergeht.« Seine Augen, diese wunderschönen dunklen Augen, waren klar und ohne einen Funken von Spott. Die personifizierte Ehrlichkeit.

Ich ballte die Fäuste. Am liebsten hätte ich mich auf ihn gestürzt. Er ließ mich nicht aus den Augen. Drückte seine Zigarette aus (einfach so auf dem metallenen Tisch) und erhob sich. »Madame, ich habe volles Verständnis. Es ist die Aufregung. Seien Sie unbesorgt. Alles wird voll und ganz nach Ihren Wünschen verlaufen. Ich schicke Ihnen zunächst den Arzt, dann lasse ich Ihnen Ihre Post zustellen. Und gegen Abend wäre meine Frau, wie schon gesagt, sehr erfreut, Sie kennenzulernen.«

Er verneigte sich, war draußen, und unüberhörbar knirschte ein Schlüssel im Schloss.

Ich hockte da wie gelähmt, zu keiner weiteren Entgegnung fähig. Ein Tier in der Falle.

28

Der Arzt, ein junger Mann, der zum europäischen Anzug den roten Fes auf dem Kopf trug, horchte mich ab, betastete meinen Leib (durch die Kleidung), befand alles für gut und gab mir ein sanftes Beruhigungsmittel. Auf meine drängenden Fragen ging er mit keiner Silbe ein, schüttelte nur verlegen lächelnd den Kopf.

Die beiden jungen Dienerinnen machten sich währenddessen im Zimmer zu schaffen, entfernten die Zigarettenreste meines »Gatten«, lüfteten, schüttelten das Bett auf – wie es schien, durfte ich nicht mit einem männlichen Wesen allein gelassen werden.

Und dann brachte mir die Ältere auf einem ovalen schwarzen Lacktablett die beiden Briefe.

Es war gut, dass ich ein Beruhigungsmittel erhalten hatte. Meine Hände zitterten. Ich nahm das Tablett und setzte mich aufs Bett. Betrachtete zunächst die Umschläge. Das Erste, was mir auffiel, war, dass beide Kuverts geöffnet waren. Man hatte auch gar keinen Versuch unternommen, es zu verbergen. Sie waren mit einem Messer oder Brieföffner geschlitzt worden – ein deutliches Zeichen, dass es für mich keinen privaten Bereich geben konnte in diesem Haus.

Eine ganze Weile hockte ich so da und wusste nicht, welchen der beiden Briefe ich zuerst lesen sollte. Beide kamen von Personen, die mir nicht wohl gesonnen waren. Die Dupin, Schlossherrin von Chenonceaux, bei der Gabriel untergekommen war, nachdem er seinen eigenen französischen Pass für mich »umfrisiert« hatte, um mir das Entkommen zu ermöglichen, war eine unsympathische, geldgierige und nur auf ihren Vorteil bedachte Person, eine Kollaborateurin mit den deutschen Besatzern, und ich war außerdem eifersüchtig auf sie. Und mein Vater, der Verräter an seiner jüdischen Frau Sidonie, der mich haben wollte, um mich nach seinen Vorstellungen zurechtzukneten – ihn fürchtete ich, und der Brief bewies, wie sehr mit Recht. Mein Vater hatte trotz aller Vorsichtsmaßnahmen meinen Aufenthalt hier herausbekommen … Wie war ihm das nur gelungen?

Schließlich griff ich mir zunächst den Umschlag aus Frankreich, in der Hoffnung, etwas über Gabriel zu erfahren.

Ich las:

Mademoiselle,

Ihr – übrigens höchst unvorsichtiger – Brief hat keinen Adressaten erreichen können. Als Herrin von Schloss Che nonceaux habe ich mir die Freiheit genommen, das Kuvert zu öffnen.

Ich weiß nicht, was Sie unter Loyalität verstehen. Ich jedenfalls habe mich veranlasst gesehen, Ihren Aufenthaltsort an Ihren Herrn Vater weiterzuleiten. Schließlich sind Sie eine vom Erziehungsberechtigten gesuchte Person.

Ich ließ das Blatt sinken. Dieser Schlange verdankte ich also den Brief meines Vaters! Was für eine perfide Person! Rache dafür, dass ich die Geliebte Gabriels war und nicht mehr sie? Ich verstand sie nicht. Und dann, ja, dann las ich weiter.

Ich bedaure, Ihnen mitteilen zu müssen, dass ein gemeinsamer Bekannter von uns einem Herzversagen erlegen ist. Da ich Ihrem Brief entnehme, dass Sie offenbar von ihm in anderen Umständen sind, spreche ich Ihnen mein Beileid aus und hoffe, dass sich Ihre Lage durch baldigen Kontakt mit Ihrem Vater zum Besten wandeln wird.

Nadine Dupin.

Auf diese grausame Weise, mein Kind, meine Kleine, mein liebes Herz, erfuhr ich vom Tod deines Vaters.

Ich starrte auf das Stück Papier in meiner Hand. … *dass ein gemeinsamer Bekannter von uns einem Herzversagen erlegen ist.*

Gabriel war tot. Ich glaube, in diesem Moment empfand ich weder Trauer noch Schmerz.

Ich war einzig erfüllt von dem Gefühl, dass nun auch die letzte Brücke zur Vergangenheit abgebrochen war. Die vage Hoffnung, dass ich ihn nach dem Krieg – wann immer das sein mochte – heil und gesund wiedersehen würde, dass ich dich vielleicht in seine Arme legen könnte, dass es so etwas wie eine Zukunft gab für uns – die war nun auch dahin. Das Kind in meinem Leib, du, mein Schatz, du würdest als halbe Waise aufwachsen.

Und so, mit trockenen Augen, betäubt wie nach einem Schlag, streckte ich die Hand nach dem zweiten Brief aus – schon wissend, dass mich Hartwig Moebius durch Nadine Dupin gefunden hatte.

Rita, las ich, *pflichtbewusste Personen haben mir deinen Aufenthaltsort mitgeteilt.*

Ich werde alles daransetzen, dich so bald als möglich nach Europa zurückholen zu lassen.

Das Malheur mit der Schwangerschaft werden wir diskret und konsequent beseitigen. Ich freue mich darauf, dich in meinem Haus in Zürich als Tochter in die Arme zu schließen, nachdem du in einem der besten Schweizer Internate wieder zu einer zivilisierten und vorzeigbaren jungen Dame gemacht worden bist.

Ich suche schon jetzt nach einer geeigneten Partie, um dich standesgemäß zu verheiraten – allerdings werde ich die von dir in Berlin entwendeten Werte von deiner Mitgift abziehen müssen.

Meine Sorge und meine Liebe um dich halten sich die Waage. Ich bin erst froh, wenn ich meine Rita wiederhabe.

Bis bald, dein Vater.

Meine Kleine, nach dem ersten Brief war ich ohne Plan und ohne Vorsatz gewesen und nur leer und hoffnungslos. Aber dieses infame Schreiben meines Vaters kam gerade recht, um meine Lebensgeister wieder zu erwecken.

Dieser Unmensch, dein Großvater, erklärte er da allen Ernstes, dich umbringen zu wollen? *Diskret und konsequent* wollte er dich, mein zappelndes, strampelndes, herzklopfendes Wesen, aus mir herausreißen und töten lassen?

Oder wollte er dich »nur« fortschaffen auf Nimmerwiedersehen?

Meine erste Reaktion, nämlich die Adresse zu löschen, mein Postfach aufzulösen, war richtig gewesen. Ich musste mich entziehen, mich verstecken. Und plötzlich wurde mir bewusst:

Besser als in diesem Haus konnte ich gar nicht verborgen sein. Hier hatte niemand „diplomatische oder polizeiliche Interventionen" zu fürchten, wie sich mein Gatte ausdrückte. Denn er war in der marokkanischen Hierarchie offenbar ganz weit oben. Niemand würde an mich herankommen, auch nicht mein Vater mit seinen Beziehungen.

Ich war nicht freiwillig hier, ganz gewiss nicht – aber hier warst du, kleines Ding in mir, nicht eine Sache, die zu beseitigen war, sondern ganz im Gegenteil: Du warst das höchste Gut, der Schatz, um dessentwillen auch ich verwahrt wurde, du warst erwünscht, ersehnt und willkommen.

Und auf einmal sah alles ganz anders aus.

Zumindest bis zu deiner Geburt würde ich mich hier arrangieren müssen – was dann geschah, das stand freilich in den Sternen. Es ging nur Schritt für Schritt. Irgendetwas würde sich ergeben. Es war ja bis jetzt immer weitergegangen.

Gegen Abend ließ ich mich ohne Widerstand von den jungen Frauen baden – das Haus hatte selbstredend einen eigenen Hamam –, schminken, frisieren und in ein weit fallendes Gebilde aus bunt bedrucktem Musselin kleiden, das den gewölbten Bauch richtig zur Geltung brachte. Es gab Seidenstrümpfe und flache, bequeme Schuhe aus goldglänzendem weichem Leder. Dann wurde mir Aischas Henna von den Händen entfernt, die Nägel manikürt, mit farblosem Lack überzogen. Kein Schmuck. Alles gleichzeitig gediegen und dezent.

Ich saß oder stand so still und steif wie eine Puppe und ließ alles mit mir geschehen. Nicht, dass ich auf die Begegnung mit der Hausherrin neugierig gewesen wäre. Ich wusste jetzt nur eines: Ich wollte und musste mich arrangieren.

Wenn wir nicht diese wundersamen zwei Stunden am Tag hätten, in denen sich plötzlich die Glühbirne erhellt wie ein aufgehender Stern – ich wüsste gar nicht, wie spät es ist. Dabei vergesse ich, dass die einzige Uhr, die es hier in dieser Wohnung gibt, längst wieder tickt an der Wand in der Küche. Ich hatte sie während Alouettes Krankheit nicht mehr aufgezogen, aber die perfekte Annemarie hat sie natürlich gestellt und in Gang gesetzt. Für mich, die ich ein halbes Jahrzehnt in den Bergen des Atlas mit keinem anderen Zeitmesser auskommen musste als mit Sonnenaufgang und -untergang, ist eine Uhr ein der Gewöhnung bedürftiger Gegenstand.

Jetzt ist es gerade künstlich hell, und es klingelt an der Wohnungstür. Es ist nicht der Klingelcode von Leblanc oder der Schwester (hätte ja sein können, sie kommt zurück, weil sie was vergessen hat …). Alouette schreckt hoch und fragt: »Was ist, Maman?«

»Ich gehe nachsehen!«, sage ich und stelle mit einem Blick in die Küche fest, dass es erst Viertel vor neun ist. Trotzdem. Niemand hat hier etwas von mir zu wollen. Mein Herz klopft hart.

Ich bin in Berlin und es klingelt. Auf Zehenspitzen schleiche ich in den Flur, und gerade da macht es »klapp«. Durch den Briefschlitz ist etwas eingeworfen worden.

Zwei Briefe.

Ich will nicht. Ich will mich nicht an zwei Briefe erinnern und dann zwei Briefe vorfinden. So etwas finde ich abgeschmackt und beängstigend, obwohl es natürlich nur ein Zufall sein kann. Doch davon abgesehen: Hier soll mir niemand Briefe schicken. Hier will ich geborgen und unerkannt sein mit meinem Kind. Ich habe einen dummen Fehler gemacht, als ich diese Wohnungsinhaber einließ – und Schwester Annemarie war zwar notwendig, aber ein Fehler war ihr Kommen andererseits auch.

Zögernd bücke ich mich und hebe die Umschläge auf.

Der eine – graues Papier von schlechter Qualität, mit ungelenker Hand beschriftet. Da steht: *Frl. Migutsch bei Colonel Chasseur.* Erleichterung. Also gar nicht an mich gerichtet, sondern an die Sekretärin – oder was auch immer – meines »Vermieters«. Der andere ist mit Schreibmaschine an mich adressiert und bestempelt. Aber auch er ohne Briefmarke. Wer hat sich da die Mühe gemacht, spät am Abend noch Post auszutragen?

Was soll das? Ich lege beide Briefe beiseite. Will mich damit jetzt nicht befassen. Attila würde sie wahrscheinlich gleich ungeöffnet in den Kohlenkasten befördern, hin zu den Zeitungsartikeln.

Alouette ruft nach mir. Sie redet Tamazight. »Maman, mir ist so komisch. Alles kommt immer auf mich zu und beugt sich über mich. Und meine Hände sind ganz groß und dick.«

Ich befühle ihre Stirn und merke mit Entsetzen: Das Fieber ist wieder da!

Nein, ich werde das Thermometer nicht vorholen. Unnötig. Ich weiß, was zu tun ist. Fülle die Schüssel mit kaltem Wasser für die Wadenwickel. Mein Kind wehrt sich gegen die Kälte, bäumt sich auf, versucht sich zu entziehen. Gut so. Das hat sie vorher nicht getan.

Ich streiche ihr das Haar zurück, flüstere sie zur Ruhe.

»Ich habe Durst, Maman. Gib mir kalte Ziegenmilch.«

»Hier habe ich keine Ziegenmilch, petit chaton«, sage ich. Dann fällt mir ein, dass der Saft von Zitrusfrüchten fiebersenkend wirkt. Ich gehe in die Küche und presse Orangen aus, betend, dass er ihr bekommt und ich damit nicht neue Schwierigkeiten heraufbeschwöre. Sie trinkt in kleinen Schlucken, und es scheint alles gut zu gehen. Kein Erbrechen, keine Magenkrämpfe.

»Ist dir besser?«

Sie nickt. »Aber – das nicht.« Ihr Blick auf die Glühbirne.

Schon gut. Ich zünde Kerzen an.

»Und dann …«

Meine Kleidung. Ich weiß schon. Ich ziehe das bunte Berbergewand an und binde mir das Kopftuch um. Alouette lächelt zufrieden. Schläft bald, wenn auch unruhig, und manchmal stöhnt sie leise im Traum.

Da sitze ich nun wieder, bereit, den Faden unseres Lebens weiterzuspinnen.

Und in der Küche liegen diese beiden Briefumschläge. Morgen ist auch ein Tag.

29

Meine drei Begleiterinnen, die strenge Ältere, die ich bei mir als »die Gouvernante« bezeichnete, und die beiden jungen Mädchen, führten mich durch ein Haus, das so prächtig ausgestattet war, als wäre ich in einem orientalischen Märchen angekommen. Innenhöfe mit plätschernden Springbrunnen und üppig rankendem Grün wechselten sich ab mit weiten Hallen, Mosaik an Fußboden und Decken; elegant geschwungene Schriftzüge, die ich nicht entziffern konnte, liefen als Fries um die Wände. Geschnitzte Türen, durchbrochenes Mauerwerk in

Grau und Rosa, so fein wie Spitze, Teppiche, Gobelins. Es war ein Irrgarten von höchster Schönheit und Eleganz, und wenn ich frei und ungezwungen hier entlanggegangen wäre, hätte ich es bestimmt sehr genossen.

Wir waren sicher minutenlang unterwegs. Dann verwandelte sich die Szenerie. Die üppige orientalische Vielfalt blieb zurück.

Schwere Türen mit Messingbeschlägen, rote Samtvorhänge, Teppiche in dezentem Muster. Plötzlich schien das ein europäisches Haus zu sein.

Meine »Gouvernante« kratzte an einer Tür aus Nussbaumholz. Auf ein Zeichen, das ich nicht vernahm, drückte sie devot die Klinke, machte mir mit einer Verbeugung Platz und zog sich mit den beiden anderen zurück.

Ich trat ein.

Es roch durchdringend nach Zigaretten und Räucherwerk. Der kleine Raum war so von Rauchschwaden durchzogen, dass ich zunächst nur Schemen wahrnahm. Als ich näher trat, sah ich beim Schein von einigen Lampen mit Milchglasschirm zwei Leute über einem großen Schachbrett sitzen, und beide pafften, was das Zeug hielt. Einer davon war mein »Gatte« Mohammed al-Chakif, nun in einer eleganten Hausjacke mit gesteppten Nähten. Er erhob sich höflich, ging mir entgegen und küsste mir wieder die Hand. »Schön, dass Sie zu uns gefunden haben, Madame Gabrielle. Das hier ist meine Frau, die sich unendlich freut, Sie kennenzulernen. Fatin, darf ich dir die Mutter deines Sohns vorstellen?«

Es verschlug mir die Sprache. Alles.

Zunächst natürlich diese Formulierung: »die Mutter deines Sohns …« Ich kam mir plötzlich vor wie ins Alte Testament versetzt, wo die Mägde die Kinder »auf dem Schoß der Herrin« gebaren.

Dann diese Frau. Was hatte ich erwartet – falls ich mir denn überhaupt eine Vorstellung gemacht hatte? Irgendjemanden in Schleiern und wallenden Gewändern auf alle Fälle, etwas Ältliches, etwas Geducktes? Auf keinen Fall diese schlanke große Frau Anfang vierzig im klassischen Seidenkleid mit weich fallenden Rüschen, das kurz geschnittene Haar nach neuster europäischer Mode gescheitelt, eine weiße Strähne im rabenschwarzen »Bubikopf«.

Während ich vor ihr kurz den Kopf neigte – denn obwohl sie sich nach Mohammeds Worten so »unendlich freute«, mich kennenzulernen, war sie zwar aufgestanden, machte aber keine Anstalten, mir die Hand hinzustrecken –, musterte ich, was sie an Schmuck an Hals und Ohren, an Armen und Fingern trug. Ich verstand etwas von Schmuck, ich hatte mich immer für edle Steine interessiert und eins meiner Lieblingsjuwelen, einen Amethyst, die »Malve«, auf der Flucht durch Frankreich nur in äußerster Bedrängnis weggegeben. Diese Kollektion von Perlen und hochkarätigen Saphiren hier war ein Vermögen wert. Hatte sie den Schmuck angelegt, um mir zu imponieren, oder lief sie jeden Tag so herum?

»Enchantée, Madame«, sagte sie. Eine Stimme, klirrend wie zerstoßenes Eis. Und während ich auf dem Taburett Platz nahm, das mir Mohammed al-Chakif so höflich zurechtrückte, traf mich aus ihren nachtschwarzen Augen ein Blick – nein, es war kein Hass. Es war einfach nur abgrundtiefe Verachtung.

Ich war die Frau, die ihr Kind verkaufte. Und sie war die, die keines bekam. –

Ich erhielt Tee und Kekse. Man fragte höflich nach meinem

Befinden. Ob mir Marrakesch gefalle. Ich antwortete genauso höflich und unverbindlich. Dann zündete sich die Hausherrin die nächste Zigarette an und fragte: »Spielen wir weiter, mein Lieber?«

Die Audienz war beendet. Mohammed al-Chakif geleitete mich zur Tür und versprach, jeden Tag nach mir zu sehen und meine Wünsche zu erfüllen. Die beiden Briefe wurden mit keiner Silbe erwähnt, weder an diesem Tag noch irgendwann später. Dass sie aber zu meiner Verwandlung von einer aufsässigen Gefangenen in eine Person, die sich in ihr Schicksal fügte, entscheidend beigetragen hatten – nun, das dürfte wohl außer Frage stehen …

Und so, mein Mädchen, begann denn mein, unser Leben im Haus des Mohammed al-Chakif. Das Leben im goldenen Käfig.

Zweimal in der Woche sah der Arzt nach mir. Nach seinen Anweisungen wurde der Speiseplan zusammengestellt – ich wurde vorzüglich, abwechslungsreich und gesund ernährt. Große Spaziergänge in dem ausgedehnten Gartengelände waren nicht nur gestattet, sondern wurden angeordnet; natürlich immer in Begleitung meiner drei Wächterinnen. So wandelte ich (das heißt, zunehmend watschelte ich, denn du wurdest schnell groß) unter Palmen und allzeit blühendem Hibiskus auf sandbestreuten Wegen daher und lauschte wie eine Prinzessin im Harem dem Gesang von Vögeln, die wie ich im Käfig gehalten wurden.

Von einer bestimmten Marmorbank neben einem Rhododendronbeet hatte ich einen besonders schönen Blick auf die schneebedeckten Hänge des Hohen Atlas. Dort saß ich gern, starrte in die Ferne und malte mir aus, wie es mir wohl gehen würde, wenn ich dorthin geflohen wäre. Und ich dachte an Aischa und Haydee und natürlich an Jussuf.

Wie versprochen, kam Mohammed al-Chakif einmal am Tag zu mir. Manchmal nur für ein paar Minuten. Manchmal setzte er sich zu mir und plauderte eine halbe Stunde über Gott und die Welt, fragte mich nach Europa und nach meiner Meinung zu »Monsieur Hitler und seinem verrückten Krieg«, oder manchmal zu einem Film, der aus Hollywood gekommen war, oder zu neuen Automarken. Die Themen waren beliebig. Niemals fragte er nach meiner Vergangenheit. Er war ein kluger, informierter und zivilisierter Mann. Ich muss gestehen, dass ich die Gespräche mit ihm genoss – schon deshalb, weil er außer dem Arzt der einzige Mensch war, mit dem ich überhaupt reden konnte. Denn alles ringsum sprach nur Arabisch, von Madame einmal abgesehen. Aber die sah ich vorerst nicht wieder.

Gleich zu Beginn meiner Gefangenschaft, oder wie immer man das nennen soll, hatte ich um Lektüre gebeten. Die Frauen brachten mir ganze Stapel Bücher, übrigens sowohl in Französisch als auch in Deutsch, was ein weiteres Zeichen dafür war, dass man den Brief aus Zürich gründlich gelesen hatte. Nur die Auswahl ließ zu wünschen übrig. Es kam mir vor, als habe man irgendwo ein Antiquariat geplündert, das sich ausschließlich auf philosophische Themen spezialisiert hatte. Traktate und Abhandlungen, Doktorarbeiten über die Rolle des Weltgeists bei Hegel, über die Stoa im alten Athen und über die Entwicklung der Mystik seit Jakob Böhme brachten mich schier zur Verzweiflung. Eine Tageszeitung gab es nicht. Der Hausherr verweigerte sie mir mit der Begründung, es gäbe ohnehin nur tendenziöse Blätter – was immer er damit auch meinen mochte. Es quälte mich, dass ich mit niemandem außer meinem »Gebieter« ein Wort wechseln konnte. Ich glaube, selbst wenn ich perfekt Arabisch gesprochen hätte und nicht bloß die paar Brocken, die ich beherrschte – auch dann hätten meine Bewacherinnen nicht mit mir geredet. Es war ihnen bestimmt nicht erlaubt.

Ich wusste immer noch nicht, wo ich mich genau befand. Dass wir Marrakesch nicht verlassen hatten, war mir nun klar anhand der Bergsilhouette und zahllosen Minarette, die wie Nadelspitzen hier und da und rundum aufragten, als wollten sie mich zusätzlich bewachen.

Eines Nachmittags, als ich meinen täglichen verordneten Spaziergang durch die Gärten machte, überraschte uns einer der Regengüsse, die um diese Jahreszeit hier so häufig unvermittelt einsetzten, und meine Mädchen hatten keinen Schirm dabei. Sie nötigten mich mit dringenden Gesten, ins Haus zu gehen, aber ich hatte keine Lust und schüttelte eigensinnig den Kopf. So liefen sie schließlich los, etwas zu meinem Schutz zu holen.

Sie waren kaum außer Sicht, da wich ich vom gewohnten Spazierweg ab und schlug mich in die Büsche.

Es war ein berauschendes Gefühl, tun zu können, was ich wollte, auf diese kindische Weise Verstecken zu spielen – denn natürlich konnte ich nicht entfliehen und es wäre zudem wider alle Vernunft gewesen. Aber in diesem Moment fühlte ich mich so frei und ungebunden wie ein Kind, das die Eltern einen Nachmittag allein zu Haus lassen. Man hat alle Gelegenheit der Welt, etwas zu tun oder etwas zu lassen. Man ist auf eine aufrührerische Weise glücklich.

Mein Kleid blieb an Weißdorn und Stechpalme hängen,

meine Schuhe versanken in mulchiger Gartenerde. Ich war fröhlich. Und du, mein Herz, die du die ganze Zeit über mucksmäuschenstill gewesen warst und dich so wenig wie möglich gerührt hattest, um erst einmal abzuwarten, was ich dir zumutete – du hüpftest freudig in mir und mit mir.

Ich lief weiter. Und die vollkommene Gartenlandschaft war nun ungezähmter Wildnis gewichen. Hier standen im silbrigen Regen die Gerätschaften der Gärtner, Schubkarren, Harken und Hacken, Körbe und ein Behältnis mit Scheren. Unter einem Schuppendach lag unordentlich aufgehäuftes Holz.

Von ganz weit weg hörte ich die Rufe der Frauen. Ich lachte in mich hinein. Ich war entkommen.

Dann war da der Zaun. Fest gefügt aus soliden Planken, oben palisadenartig zugespitzt.

Ich lehnte mich mit ausgebreiteten Armen und mit meinem ganzen Körper dagegen, schmiegte meine Wange an das raue Holz. – Ich will doch gar nicht fort! Will doch bleiben!, sagte ich mir.

Ach, wie sehr ich eigentlich fliehen wollte.

Hinter dem Lattenzaun knurrte es dumpf. Ich fuhr erschrocken zurück. Es war ganz nah, unmittelbar vor mir. Dann fand ich ein Astloch, und ich hielt mein Auge daran.

Eine feuchte Schnauze, gefletschte Zähne. Heißer Atem.

Ich ging ein Stück weiter am Zaun entlang, und das Geknurr folgte mir. Und dann war da eine größere Öffnung, eine Art Schießscharte, und ich konnte hindurchblicken. Und siehe da: Was sich da so über mich aufregte, das kannte ich. Das hatte sich schon einmal über mich aufgeregt.

Es war der Hund des Gärtners im ehemaligen Gründstein-Anwesen.

Nun wusste ich, wo ich war. Mohammed al-Chakifs Wohnpalast befand sich in der Ville Nouvelle, oder, wie er sicher sagen würde, im Ghéliz. Und er war der direkte Nachbar jener Leute gewesen, die nun außer Landes gegangen waren.

Ob er sie gekannt hatte, seine jüdischen Mitbürger?

Nein, ich würde ihn nicht fragen. Denn bei all seiner Skepsis gegenüber »Monsieur Hitler« – vielleicht würde es ihn denn doch zu Überlegungen über mich anregen. Und ich war mir nicht sicher, wie er es finden würde, wenn er erführe, dass mein Kind, dass du zu einem Viertel jüdisches Blut in den Adern haben würdest.

Ich fühlte mich an diesem Zaun auf einmal so verlassen, so verzweifelt wie nie zuvor. Nun, nachdem diese abgeschottete Insel, dies komfortable Gefängnis, auf einmal wieder seinen Platz in der Topografie der Stadt einnahm, nun fühlte ich mich doppelt weggesperrt, doppelt allein.

Als mich die beiden Mädchen schließlich entdeckten – nach dem, wie aufgeregt sie sich gebärdeten, erwarteten sie bestimmt große Scherereien, falls sie mich auf diesem abgesperrten Gelände auch nur aus den Augen verloren! –, fanden sie mich hingehockt an diesem Zaun, und ich hatte die Hände vors Gesicht geschlagen und heulte wie ein Schlosshund.

Sie hatten natürlich davon berichtet.

Denn als Mohammed al-Chakif an diesem Tag erschien im Duft seiner parfümierten Zigaretten, las ich in seinen Augen das erste Mal so etwas wie Besorgnis. Wahrscheinlich glaubte er, zu viel Gemütsbewegung meinerseits könnte seinem ungeborenen »Sohn« schaden.

»Madame«, sagte er, nachdem er mich einmal wieder auf eines jener niedrigen Sitzmöbel genötigt hatte, von denen ich so schwer aufstehen konnte, »Madame, es ist mir zu Ohren gekommen, dass Ihr Gemüt nicht ausgeglichen ist. Ich werde unseren Arzt anweisen, Ihnen ein Medikament zu verabreichen, das Ihnen helfen wird, die durch Ihren Zustand bedingten Stimmungsschwankungen zu überwinden.«

Nein, er würde mich natürlich nicht fragen, warum ich im Garten so verzweifelt gewesen war – schließlich wusste er es ja. Seine Taktik des Verschweigens und Verleugnens würde er nicht aufgeben, und wie immer würde er seine Interpretation an die Stelle der Wahrheit setzen.

Und auch ich war nicht bereit, ihm noch irgendetwas zu sagen, was er ohnehin nur elegant überhören würde. Stattdessen sagte ich: »Meine Stimmungen sind eigentlich sehr ausgeglichen, Monsieur. Danke für Ihre Besorgnis. Mir geht es gut. Was mich heute für einen kurzen Moment aus der Fassung gebracht hat, ist die Tatsache, dass ich nur mit Ihnen und dem Doktor sprechen kann. Den ganzen Tag für sich zu sein – auch Missverständnissen in Dingen des Alltäglichen ausgesetzt –, das ist schwer für mich. Die Lektüre allein wiegt das nicht auf.« (Natürlich hütete ich mich zu sagen, dass mich die Traktätchen und Abhandlungen anödeten. Alles, was Monsieur für mich bestimmte, war wohl getan!)

Er sah mich nachdenklich an. Offenbar kam ihm plausibel vor, was ich da vorbrachte.

»Ihr Diener spricht ja wohl Französisch?«, fragte er unvermittelt.

»Was für ein Diener?«, entgegnete ich verwirrt.

»Nun, der junge Haratin, der bei Ihnen war, als ich Sie – als wir Sie fanden und Sie zustimmten, hierherzukommen.« (Beinah hätte er preisgegeben, dass er um die realen Vorgänge, dass er um meine Entführung wusste.) »Da Sie nie nach ihm fragten, nahm ich an, Sie seien mit der Gesellschaft der Frauen allein zufrieden.«

»Meinen Sie Jussuf? Jussuf ist hier?«

Das war ungeheuerlich. Wie lange war ich schon in diesem Haus? Zwei Wochen oder mehr? Und sie hatten Jussuf einfach »mitgefangen« und hielten ihn hier fest wie mich, ohne mir ein Wort davon zu sagen?

»Mag sein, dass er Jussuf heißt«, entgegnete mein »Gatte« gleichmütig. »Idris brachte ihn mit, und im Haus hatte man das Gefühl, dass er herrenlos sei – Sie brauchen ihn ja nicht wirklich. Er soll sich übrigens sehr wohlfühlen bei Arbeiten in der Küche.«

Ich starrte ihn an, und er begegnete ruhig meinem Blick, ohne zu blinzeln. Diese Augen waren ohne Falschheit, es waren freundliche dunkle Spiegel. Mohammed al-Chakif war die Ehrlichkeit in Person.

»Ja, hat ihn denn niemand gefragt?«, stammelte ich.

Jetzt sah er ernsthaft verwundert aus. »Wieso sollte man ihn fragen? Er ist Haratin.«

Ich gab es auf, gegen dieses Netz von Unwahrheiten und Heuchelei anzukämpfen.

»Wenn es sich einrichten lässt, wäre mir seine Gegenwart sicherlich eine Bereicherung«, sagte ich vorsichtig. »Ich wäre Ihnen dankbar, Monsieur.«

Und so trug es sich denn zu, meine Kleine, dass mein Verzweiflungsausbruch im Regen da am Ende des Gartens mir das Glück bescherte, wieder einen Freund zur Gesellschaft zu haben – wenn es denn ein Glück ist, dass man gemeinsam traurig sein kann.

Wir hielten uns bei unserem Wiedersehen zurück, bis wir allein waren. Dann sanken wir uns in die Arme und weinten.

»Jussuf! Niemand hatte mir gesagt, dass du hier bist! Wie ist das denn nur geschehen?«

»Ach, Madame! Als man Sie gegriffen und betäubt hat in diesem Posthaus, da habe ich geschrien. Ich versuchte die Leute ringsum aufmerksam zu machen. Es waren ja so viele da! Ich glaube, die Entführer waren erschrocken. Und so hat man mich dann ganz schnell mundtot gemacht. Sie hatten wohl Furcht, dass ich etwas unternehmen würde, wenn Sie weggeholt worden waren. Da haben sie mich vorsichtshalber gleich mitgenommen.« Er lächelte entschuldigend. »Erst wusste ich ja gar nicht, wo ich war und dass Sie sich so in der Nähe aufhielten. Erst nach und nach habe ich es herausbekommen. Die Dienerschaft hier im Haus ist sehr – sehr verschlossen.«

Ich nickte grimmig. »Das kann ich mir vorstellen. Hier herrscht ein strenges Regiment. Und ich glaube, ich hätte dich nicht wieder gesehen, wenn der Hausherr nicht so sehr überzeugt wäre von deiner – deiner Unwichtigkeit.«

»Aber ich bin unwichtig«, erklärte er mir einmal mehr mit großem Erstaunen, dass ich es immer noch nicht begriffen hatte, und ich lachte, immer noch Tränen in den Augen. »Für mich, Jussuf, bist du im Augenblick der wichtigste Mensch auf der ganzen Welt – von dem Baby in meinem Bauch einmal abgesehen.«

Und wir umarmten uns erneut.

30

Erst am Morgen, als Alouettes Temperatur plötzlich unter die normale Marke abstürzt und ich meine Tochter in aller Eile nunmehr in warme Tücher hülle, bis sie denn einschläft, fasse ich mir ein Herz und öffne den grauen, behördlich wirkenden Umschlag, der gestern durch den Briefschlitz dieser Wohnung geflattert ist. Ich habe mich nicht geirrt, es gibt Ärger.

Auf einer Schreibmaschine, deren Typen mal bessere Tage gesehen haben, in Buchstaben, die auf und nieder hüpfen, als wären sie Tropfen, dic auf ciner heißen Herdplatte tanzen, teilt mir ein Gesundheitsamt mit, dass pflichtbewusste Bürger einen Typhusfall in einem von französischen Militärangehörigen requirierten Quartier gemeldet hätten. Da das Quartier inmitten einer von Deutschen bewohnten Siedlung liege, unterstehe der Vorgang dem Berliner Gesundheitswesen. Innerhalb von drei Tagen werde sich ein Amtsarzt einfinden, um den Fall aufzunehmen und zum Schutz der Zivilbevölkerung die notwendigen Quarantänemaßnahmen zu verhängen.

Quarantäne? Vierzig Tage eingesperrt in dieser scheußlichen Wohnung, eingesperrt auch mein Mädchen, das nun, auf dem Weg zur Genesung, wohl bald Veränderung, Luft, Licht, Grün brauchen würde?

Ich starre auf das Blatt mit der unleserlichen Unterschrift und den amtlichen Stempeln und bin so in meine Grübeleien vertieft, dass ich beinah Doktor Leblancs Klingelzeichen überhört hätte.

Er erwidert meinen Gruß nur knapp und geht zum Krankenbett, tut, was er immer tut, wäscht sich die Hände, verliert kein Wort über Alouettes Zustand und sagt dann: »Warum haben Sie Schwester Annemarie verärgert?«

»Umgekehrt«, entgegne ich. »Sie hat *mich* verärgert. Hat mich mit Zeitungsausschnitten über das leidende deutsche Volk und über die Leute, die früher den gelben Stern trugen und sich heute darauf etwas einbildeten, traktiert. Das muss ich mir nicht bieten lassen.«

Er schweigt, trocknet sich die Hände an dem Handtuch ab, das er immer bei sich führt. (Bloß keine fremden Keime!) Dann sagt er: »Sie sind, wie sie sind, man wird sie so schnell nicht umfrisieren können, Madame. Annemarie ist eine tüchtige Kraft. Ich weiß nicht, wen ich Ihnen jetzt schicken soll. Nicht jeder hat die Courage, sich mit Typhuspatienten abzugeben.«

»Ist vielleicht bald nicht mehr nötig.« Ich schiebe ihm das Amtspapier hin. Leblanc liest, und langsam steigt ihm die Röte den Nacken hoch. »Das ist eine Anmaßung sondergleichen«, sagt er wütend. »Die von uns requirierten Wohnungen unterstehen der Oberhoheit der französischen Kommandantur! Was geht das den deutschen Amtsarzt an?«

»Aber so ganz sicher sind Sie nicht, wie?«, frage ich, denn ich merke, dass er irgendwie fahrig wirkt. »Schließlich wohnen in diesem Haus auf zwei Etagen Deutsche …«

Er antwortet nicht. Ich habe wohl Recht.

»Ich habe keinen Krankenhausplatz frei für Ihr Kind, Madame«, sagt er gequält.

»Selbst wenn – sie darf nicht ins Krankenhaus. Ich will und muss bei Alouette sein, das haben Sie doch selbst gesagt, Monsieur le Docteur!«

Er nickt, sieht vor sich hin. Dann überzieht ein kleines Lächeln sein Gesicht. »Sie sind ja wohl wirklich das Beste für das Kind. Sie haben mit Ihrer Rosskur an der Kleinen wirklich Wunder gewirkt. Bloß wir sollten das keinen wissen lassen – es ist nicht zur Nachahmung empfohlen.«

»Aber gestern kam das Fieber wieder.«

»Das kann geschehen. Darum muss sie unter Kontrolle bleiben. Ich hatte Angst wegen einer Lungenentzündung; betten Sie sie deshalb oft in eine andere Lage, bringen Sie sie zum Sitzen, tragen Sie sie herum – und frische Luft!«

»Und was mache ich, wenn der Amtsarzt vor der Tür steht? Soll ich sagen, er hat sich in der Adresse geirrt?«

Leblanc schüttelt unmutig den Kopf. »Sie wissen sehr wohl, dass er mit der Polizei wiederkommen kann«, sagt er mürrisch. »Übrigens – wer hat Sie denunziert?«

»Schwester Annemarie?«

»Wohl kaum. Bis gestern Abend hatte sie ja noch eine attraktive Einnahmequelle an Ihnen. Da hätte sie sich doch ins eigene Fleisch geschnitten. Der Brief wurde schon vorher geschrieben.«

»Dann weiß ich es auch nicht«, erwidere ich und denke an die Wohnungsinhaber und die Leute, die nachts da draußen unterm Fenster standen und hinaufblickten.

Der Arzt geht zur Tür. »Ich will sehen, was ich machen kann«, verspricht er, »aber im Augenblick fällt mir keine gute Lösung ein.«

»Schöne Aussichten!«, sage ich resigniert. »Ach übrigens, da ist noch ein Brief ins Haus geflattert, für meine Vormieterin.«

»Liebe Madame Talbaut«, sagt er, »ich bin ein viel beschäftigter Arzt und nicht der Postbote. Lassen Sie das Ding einfach liegen, bis sich der Colonel meldet, dessen Quartier das ist. Der wird sie zu finden wissen.« Er grinst.

Als er weg ist, nehme ich den zweiten Umschlag in die Hand, um ihn wegzuräumen.

Da entdecke ich, dass er offen ist. Die Klappe ist nicht einmal eingeschlagen.

Ich ziehe das Blatt heraus, das darin liegt. Ein Zettel wie aus einem Schulheft herausgerissen, kariertes Rechenpapier. Darauf mit Rotstift quer geschrieben steht: *Besatzerhure, verschwinde!*

Nun bin ich mir nicht mehr so sicher, ob das nicht doch mir gegolten hat. Mir oder jeder anderen Frau, die hier wohnen würde.

Ich zerknülle das Blatt in der Faust.

Die einen wollen uns vierzig Tage hier festnageln, die andern wollen uns vor die Tür setzen …

Was soll ich bloß tun? Würde Leblanc eine Lösung finden? Und sonst?

Irgendwie fällt mir Attila ein, und ich wünschte mir, er wäre so etwas wie ein Erzengel, ein rotbärtiger Wächter mit einem Flammenschwert, der vor unserer Tür steht und alle abwehrt, die uns Böses wollen.

In Marrakesch war meine Situation zumindest eindeutig. Ich war eingesperrt – mit meiner erzwungenen Zustimmung. Und es würden bestimmt mehr als vierzig Tage werden – das dachte ich jedenfalls damals, als mein »Gatte« mir in einer großzügigen Laune Jussuf gab, gleichsam als ein Spielzeug, um mir die Langeweile zu vertreiben.

Es war ein großer Trost, fast so etwas wie ein Stück Zuhause, ihn um mich zu haben. Übrigens, bei aller Vertrautheit zwischen uns – ich konnte Jussuf nicht davon abbringen, mich weiter Madame zu nennen und mich mit Sie anzureden.

Mein nobler Kerker wurde mir nun leichter, weil ich mit jemandem reden konnte. Ich konnte an seiner Schulter meinen Kummer über den Tod Gabriels ausweinen und ihm von deinem Vater erzählen; ich weiß nicht, wie er es in seine Welt übersetzte, dass dieser Mann ein Krieger in fremden Diensten gewesen war und dann so schwer verwundet wurde, dass er seinen Beruf nicht mehr ausüben konnte. Gut verstand er, dass eine Volksgruppe eine andere verfolgte und hetzte und dass man davonlaufen musste. Jussuf war sehr fürs Davonlaufen, und immer, wenn ich ihm erzählte, wie wir unseren Verfolgern in Frankreich ein Schnippchen geschlagen hatten, strahlten seine Augen. Nur leider hatte er selbst bisher keine Möglichkeit gehabt zu entkommen. –

Er wusste von dem, was draußen vorging, genauso wenig wie ich; die Gespräche in der Küche und im Dienstbotentrakt drehten sich nicht um Monsieur Hitler oder die Politik des Sultans. Man interessierte sich für die Preise von Schafskäse und Hammelfleisch auf dem Markt, welches neue französische Parfüm sich Madame Fatin zugelegt hatte oder ob der Herr zufrieden gewesen war mit dem Anzug, den man nur ausgebürstet, nicht gereinigt hatte.

Er hatte keine Ahnung, wo sich Haydee aufhielt – er nahm an, in ihrem Dorf –, und machte sich Sorgen darum, welche Sorgen sich Aischa um uns machen würde.

Wir redeten. Aber es war trostreich, zu reden. Und wir berührten uns, zärtlich und geschwisterlich, und waren für eine kurze Zeit fast glücklich.

Für die Frauen, die mich bewachten, war Jussuf Luft. Sie schienen ihn zu übersehen, wenn er im Raum war, ließen es sich aber gefallen, dass er zwischen ihnen und mir als Dolmetscher fungierte. Es war so absurd, dass ich mir manchmal nur mit Mühe das Lachen verbeißen konnte, wenn er, die Beine gekreuzt und den Kopf gesenkt, aus seiner Ecke heraus meine Wünsche oder Fragen artikulierte und die Antworten an mich weiterleitete, als wäre er eine körperlose Stimme.

Wenn mein »Ehemann« erschien, war Jussuf verschwunden, und Mohammed al-Chakif fragte nie nach ihm. Trotzdem war ich sicher, dass er von der Vertrautheit zwischen dem Haratin und mir erfuhr, dass ihm jedes Miteinander zugetragen wurde.

Ich denke mir, dass er wahrscheinlich zufrieden war, mich beschäftigt zu wissen. Eine missmutige, gelangweilte oder depressive werdende Mutter hätte ja vielleicht schlechten Einfluss auf die Entwicklung des Kindes gehabt.

Die Tage in meinem goldenen Käfig vergingen wie Wassertropfen, einer glich dem anderen. Ich hatte vorher gar nicht gewusst, dass leben so einförmig sein kann, wenn man nicht selbst bestimmen darf, was man tut.

Eines Tages dann brachten die Frauen am späten Nachmittag, zu einer Zeit, als ich mich sonst immer ungestört von diesen Bewacherinnen fühlen konnte, mit großer Geschäftigkeit Arme voll Kleidungsstücke herbei, beleuchteten den Spiegel der Frisierkommode mit Lampen, die Scheinwerfern glichen, und forderten mich auf, Platz zu nehmen.

»Was soll das bedeuten?«, fragte ich den in der Ecke sitzenden Jussuf und erhielt die Antwort: »Man bereitet Sie vor, den Herrn und die Herrin auf eine Gesellschaft zu begleiten.«

»Ganz etwas Neues!«, sagte ich. »Seit wann bin ich denn in diesem Haus gesellschaftsfähig?«

(Natürlich übersetzte er das nicht, und ich glaube, er hatte es auch nicht verstanden.)

»Wohin soll es denn gehen?«

Das wussten meine Frauenzimmer nicht oder gaben vor, es nicht zu wissen. Voller Ungeduld ließ ich die umständlichen Prozeduren am Putztisch über mich ergehen.

Man schminkte mich, als wenn mir ein Bühnenauftritt bevorstünde, umrandete mir die Augen dick mit schwarzem Antimonstift und träufelte mir irgendetwas ein, was den Blick geradezu unnatürlich glänzend machte. Ich erkannte mich selbst kaum wieder.

Dann zwängte man mich in bunt geblümten Atlas, und was mir an der Maskerade auffiel, war, dass man dir, meine Kleine, beziehungsweise meinem Bauch große Beachtung schenkte, denn das kunterbunte Gewand war so geschnitten, dass es kurz unter der Brust von einem Gürtel gehalten wurde und sich dann über einem einfarbigen seidenen Untergewand öffnete.

Nachdem meine »Gouvernante« mich noch ausgiebig mit Gold behängt hatte, wurde mir klar, wieso man an meinem Gesicht so al fresco gearbeitet hatte: Das Kunstwerk wurde nämlich mit einem schwarzen Tüllschleier bedeckt; um darunter noch etwas zu erkennen, musste man schon dick auftragen.

Ich selbst gefiel mir überhaupt nicht, aber aus Jussufs Ecke kamen ein bewundernder Seufzer und der gehauchte Ausruf: »Oh Madame, wie schön Sie sind!«

Also entsprach ich wohl den landesüblichen Erwartungen.

Nachdem ich noch mit einem goldbestickten Mantel umhüllt worden war, brachte man mich vor die Haustür und verfrachtete mich in eine Limousine mit abgedunkelten Scheiben; der Chauffeur saß, unzugänglich für mich, hinter einer dicken Glasscheibe, ich sah nur einen roten Fes auf eindrucksvoll kurz gestutztem und pomadisiertem Haar.

Ich war aufgeregt, meine Kleine, und du spürtest es und machtest dich ebenfalls bemerkbar, gabst mir schmerzhaft zu verstehen, dass du, wie immer, einbezogen warst in das, was mit mir passierte.

Das erste Mal verließen wir unseren goldenen Käfig. Ich presste die Nase an die Scheibe, probierte, ob man das Fenster herunterkurbeln könnte – vergeblich. So lehnte ich mich resigniert zurück, versuchte zu genießen, dass ich gefahren wurde, und erinnerte mich an deinen Vater und mich, damals in der Limousine des Generals in Frankreich …

Schließlich hatten wir unser Ziel erreicht. Ein bis an die Zähne bewaffneter Mann in Burnus und Kopftuch öffnete den Wagenschlag.

Das Erste, was ich sah, waren mein »Gatte« und seine Frau, die vor mir ebenfalls einer Limousine entstiegen. Bestimmt wäre auch für mich Platz darin gewesen, aber ich dachte mir, dass Madame Fatin sicher etwas dagegen gehabt hatte, mit einer so minderwertigen Person wie mir eine Autorückbank zu teilen. Es war, als spiele man verkehrte Welt, denn Mohammed al-Chakif, sonst immer untadelig europäisch gekleidet, prangte im weißen Burnus und Araberkopftuch. Madame dagegen trug ein hautenges schwarzes Abendkleid mit Flitterkram an den Ärmeln. Ihr Schmuck blendete. Allerdings hatte sie wie ich Kopf und Gesicht in Tüll gehüllt.

Mein »Gatte« wandte sich mir mit seinem verbindlichsten

Lächeln zu. »Kommen Sie, Gabrielle. Bleiben Sie an unserer Seite. Sie sehen bezaubernd aus.«

»An unserer Seite« bedeutete, wie ich gleich merkte, einen Schritt hinter ihnen, denn links von ihm machte Madame keinen Zentimeter Platz, und rechts hatte er zu grüßen, zu gestikulieren, Hände zu schütteln.

Ich sah mich um. Ein prachtvolles Gebäude in weißem Marmor und ockerfarbenem Stein, Zinnen wie bei einer Burg. Ein Innenhof mit Fußbodenmosaiken, Säulen und Wandelgänge, filigrane Ornamente in Stein, wie Klöppelspitze, plätschernde Springbrunnen, ganze Fächer von leuchtend rot blühendem Hibiskus zwischen den Palmen, riesige bizarre Kakteen.

Und dazwischen schlenderten, genauso papageienbunt und exotisch, Männer und Frauen umher. Nein, Herren und Damen. Abendkleider und Pluderhosen mit goldverziertem Überrock, Fräcke, Burnusse. Jede Menge Uniformen.

Zu meinem großen Entsetzen sah ich neben den operettenhaften Monturen der Marokkaner nicht nur die betressten dunkelblauen Paradeuniformen der Grande Armée Frankreichs, sondern auch das arrogante Feldgrau der Soldaten der Deutschen Wehrmacht.

Mir brach der Schweiß aus. Mit Mühe unterdrückte ich den Instinkt, so schnell wie möglich fortzulaufen und mich in der hintersten Ecke zu verstecken.

Du, meine Kleine, gabst mir einen scharfen Tritt, und es war, als wenn du mich ermahnt hättest: »Nimm dich zusammen, Maman!«

Ich tippte Mohammed al-Chakif auf die Schulter, und er wandte sich halb zu mir um. »Monsieur, bitte, wo sind wir hier?«, flüsterte ich.

Er wies mit dem Kinn nach vorne. »Beim Landesherrn«, murmelte er, ohne die Lippen zu bewegen.

Dann ging er auf einen fetten Mann in Uniform zu, der mit Orden und Schärpen ausstaffiert war wie ein Pfingstochse, und – tatsächlich, er beugte vor dem Kerl das Knie und küsste ihm die Hand.

Der Landesherr? Ich hatte doch das Porträt des Sultans in der Zeitung gesehen! So sah der nicht aus! Dieser kraftstrotzende Berg von einem Mann mit den wulstigen blutroten Lippen im ungepflegten Bartgestrüpp und den verschlagenen Äuglein wirkte auf mich wie ein Fleischer, den man in eine Uniform gezwängt hatte.

Und dann dämmerte mir, wer das sein musste: der allmächtige Thami al-Glaoui, der Kriegsherr, der Mann aus den Bergen, jener, der sich in diesem Teil Marokkos die Herrschaft anmaßte.

Nach der Art, wie er al-Chakif vertraulich den Arm um die Schulter legte, mussten die beiden sehr intim sein.

Fatin und ich standen beide da und wurden nicht beachtet. Die Herren unterhielten sich auf Arabisch. Diener in Turban und gestickter Weste näherten sich uns und boten uns Getränke an. Ich nahm einen Granatapfelsaft. Fatin auch. Ich beobachtete, wie sie gekonnt mit einer Hand den Schleier lüftete, um zu trinken, und tat es ihr nach. Meine Blicke hielten Ausschau nach den Deutschen. Denen wollte ich keinesfalls zu nahekommen! Mir war übel.

Es war ein ganz normaler Empfang, irgendeine gesellschaftliche Verpflichtung – warum ich allerdings dazugebeten worden war, das sollte ich gleich erfahren.

Das Gespräch wechselte ins Französische. Der mächtige

Mann redete mit der unbekümmerten Lautstärke von Menschen, die sich nicht um ihre Umwelt scheren. »Wie ich höre, haben Sie und Madame sich entschlossen, Eltern zu werden!«, dröhnte er. »Ich begrüße das wirklich. Auch die Wahl, die Sie getroffen haben, lieber Mohammed, kann ich nur gutheißen. Marokko muss sich dem Neuen öffnen. Und die Ideen von Monsieur Hitler sind ja nicht gar so verkehrt. Zuchtwahl, nicht wahr? Je weiter nördlich, desto kräftiger und unverfälschter ist die Erbmasse. Unsere Wilden und Halbwilden, die Berber und Haratin, taugen ja nur zum Dienen. Sie haben sich für eine Französin entschieden?«

»Schweizerin wohl eher, wie ich jetzt weiß«, hörte ich meinen »Gatten« sagen. »Der Vater soll ein Germane sein.«

»Lobenswert, lobenswert!«

»Darf ich mir erlauben, Ihnen das Gefäß vorzustellen?« Mohammed al-Chakif streckte seine Hand nach hinten aus, wohl in der Erwartung, ich würde die meine hineinlegen. Aber ich stand wie angewurzelt und lauschte dem Wort nach, das er da eben benutzt hatte. »Poignée« hatte er gesagt. Gefäß. Eindeutig Gefäß. Ich war das Gefäß für das Kind des Hauses Abd al-Aziz al-Chakif.

Da ich mich nicht rührte, wedelte er mit den Fingern und bekam schließlich ein Stück meiner Kleidung zu fassen und zog mich nach vorn vor al-Glaoui.

Ich wurde begutachtet wie ein Stück Schlachtvieh auf dem Markt. »Charmant!«, hörte ich den Gewalthaber sagen. Und dann legte sich eine große, dunkel behaarte Hand mit klobigem Siegelring auf meinen Bauch. Auf dich.

Damals, Alouette, wusste ich nicht das, was ich heute über Thami al-Glaoui weiß. Dass dieser Warlord aus den Bergen, selbst von Berbern abstammend, erst andere Berberstämme niedergemacht und dann mit Unterstützung der Franzosen den Sultan zumindest im Norden entmachtet hatte, dass er ein Mörder ohne Gewissen und Skrupel war und Hunderte nur zu seinem Vergnügen selbst abgeschlachtet hatte, dass ihm jeder Verrat und jede Schandtat recht waren, wenn er nur Macht gewinnen konnte.

Ich fühlte nur, ich durfte nicht zulassen, dass diese ekelhafte Hand uns beide berührte.

In meiner Rechten hielt ich noch immer das halb ausgetrunkene Glas mit dem Granatapfelsaft. Ich drehte es um und ließ den blutroten Saft sehr gemächlich über den litzenverzierten Uniformärmel laufen, hörte, wie Mohammed al-Chakif scharf die Luft einzog und Madame Fatin einen schwachen erschreckten Laut von sich gab, und dann zog sich die Hand zurück, und der Mann brüllte: »Was ist denn das für eine Scheußlichkeit?«

»Das ist Granatapfelsaft«, sagte ich und fühlte mich so gut wie lange nicht mehr, obwohl ich ihm das Zeug natürlich lieber ins Gesicht geschüttet hätte. »Ich bitte um Verzeihung, Monsieur. Eine kleine Unpässlichkeit, wie sie bei Schwangeren hin und wieder vorkommt. Mir ist schwindlig. Ich würde gern zurückgebracht werden.«

Unter eisigem Schweigen winkte al-Glaoui einen Diener herbei. Mohammed al-Chakif erteilte einige gemurmelte Befehle. Dann wurde ich von jemandem nach draußen zu der Limousine eskortiert, mitten durch die murmelnde, schiefe Blicke werfende Menge, die sich geflissentlich Mühe gab, den Vorfall überhaupt nicht bemerkt zu haben.

Danach kam mein »Gatte« eine halbe Woche nicht zu mir,

und Jussuf, dem ich die Geschichte erzählte, sah mich an, als sei ich wahnsinnig geworden.

»Er hätte dich hinrichten lassen können!«, sagte er mit weit aufgerissenen Augen.

Ich zuckte die Achseln. »Warum soll er seinen Günstling um den Sohn bringen? Übrigens, er hat mich ›Gefäß‹ genannt, mein Herr und Ehemann. Ich bin das Gefäß für das Kind.«

Jussuf legte unschuldig den Kopf schief. »Ich glaube, Madame, das ist die gängige Bezeichnung in so einem Fall.«

Einmal wieder hätte ich ihn am liebsten gerüttelt und geschüttelt.

31

»Granatapfelsaft. Ich möchte gern Granatapfelsaft trinken, Maman«, sagt Alouette. Wie kommt sie auf Granatapfelsaft, gerade jetzt? Manchmal denke ich, sie und ich, wir hängen noch zusammen mit der Nabelschnur, die nie durchschnitten wurde.

»Ich kann dir eine Limonade aus Orangen und Zitronen machen«, erwidere ich.

»Ich habe solche Lust auf Granatapfelsaft!«

Ich seufze. Der Mann in seinem elektrisch beheizten Schuppen bringt zwar vieles zustande, aber dass er mir Granatäpfel beschaffen kann, hier im herbstlichen Berlin, das wage ich denn doch zu bezweifeln.

Alouette sitzt, gestützt von einem Kissenberg, aufrecht im Bett.

Vorhin hat sie gehustet, und ich lausche angespannt ihren

Atemzügen. Ist auch alles in Ordnung? Kein Rasseln oder Pfeifen? Die Anmerkung des Doktors, dass vielleicht die Gefahr einer Lungenentzündung besteht, hat mich in große Angst versetzt.

»Tut dir etwas weh?«, frage ich besorgt und lege ihr die Hände auf Brust und Rücken.

Sie schüttelt den Kopf. »Nichts tut mir weh«, erklärt sie matt. »Wenn ich Granatapfelsaft hätte, dann würde es mir sehr gut gehen.« Sie lächelt, ihr kleines, von der Krankheit gezeichnetes Gesicht kommt mir fast fremd vor.

»Es muss auch ohne Granatapfelsaft gehen«, erkläre ich. »Ich bringe dir Obst und …«

»Ach nein, lass nur. Ich bin müde. Erzählst du mir was, wenn ich schlafe?«

»Wie immer«, sage ich und unterdrücke einen Seufzer. Sie ist so apathisch. Andererseits – was will ich denn? Sie ist gewaschen und sauber, sie hat vorhin ein paar Bissen von einem weich gekochten Ei gegessen und einige Löffelchen Reisschleim in Brühe, und sie sitzt aufrecht im Bett …

»Hilfst du mir?«, frage ich flüsternd.

»Wobei?«

»Hilfst du mir, dich gesund zu machen?«

»Ich bin doch schon gesund«, sagt sie und dreht sich zur Seite.

Ich stehe auf und gehe in der Wohnung hin und her, trete ans Fenster, sehe hinaus. Seit ich diesen verfluchten Brief mit den Stempeln gekriegt habe, komme ich nicht mehr zur Ruhe, horche auf jedes Geräusch im Treppenhaus, auf jeden Schritt
von der Straße her.

»Maman?«

Ja, ich komme. Manchmal ist es gut, sich in die Vergangenheit zu flüchten, sich zu erinnern, was du, mein Mädchen, für eine Kämpferin gewesen bist, um die Zuversicht nicht zu verlieren, dass du es auch jetzt durchstehen wirst.

Auf einmal, nachdem zuerst alles so quälend langsam gewesen war, rannte die Zeit. Du wuchsest in mir heran.

Minute um Minute, Stunde um Stunde, Tag um Tag brachte sie mich dem Moment der Entscheidung näher. Was um Himmels willen sollte ich tun? Alles in mir empörte sich bei dem Gedanken, mit meinem Sohn in einem Harem zu leben, das Dasein, das ich in diesen Wochen geführt hatte, für alle Zeiten fortzusetzen.

Außerdem war mir nach dem Empfang bei dem großen Machthaber eines klar geworden: Nie und nimmer würde Fatin zulassen, dass das Kind bei mir, dem »Gefäß«, aufwuchs! Sie war die Herrin, ihr gehörte der Sohn.

Ich verfluchte die Stunde, da ich mich in diese Lage hineinmanövriert hatte. Aber hatte ich denn eine Wahl gehabt? Wie ein Tier, das von den Treibern auf die Waffen der Jäger zugehetzt wird, wand ich mich, drehte mich hin und her, sah keinen Ausweg.

Einmal erwog ich, zum Zaun des Gründstein-Anwesens zu laufen, ihn mit Jussufs Hilfe zu überklettern und bei den Franzosen, die dort wohnten, um Schutz zu bitten. Aber das war natürlich aberwitziger Unsinn. Selbst wenn es mir gelungen wäre – diese Familie war selbst nur zugewandert. Warum wohl

sollten sie sich darauf einlassen, es mit einem der mächtigsten Männer Marrakeschs aufzunehmen? Sie konnten nur den Kürzeren ziehen.

Nachts lag ich wach, quälende Sorgen und verzweifelte Gedanken lasteten so schwer wie Blei auf mir. Neben mir schlief Jussuf den Schlaf eines unschuldigen Kindes. Sein dunkles Gesicht mit den sanft geschwungenen Lippen und den Bögen der gesenkten Wimpern war voller Friede und Hingabe und vermehrte noch meine Unruhe.

Ich malte mir aus, dass so mein kleiner Sohn neben mir liegen und schlafen würde – und plötzlich würde ich aufwachen und man hätte ihn mir weggenommen, gemäß der »Vereinbarung« …

Es gab Nächte, in denen mich ein grausiger Traum heimsuchte: Ich war mit deinem Vater, Alouette, unterwegs in den Niederungen des Rheins, mit dem Fahrrad, das wir uns besorgt hatten. Dann kam der deutsche Tiefflieger, und wir warfen uns in den Graben; Gabriel über mir, um mich mit seinem Körper zu decken – jedenfalls wusste ich das. So würde es geschehen, und so war es auch, ich spürte seinen Körper auf dem meinen, aber dann durchdrangen die Schüsse der Bordkanone seinen und meinen Leib und trafen dich, dich, mein Herz, und du krümmtest dich in mir zusammen. Ich wusste, du warst getroffen. Nicht mich hatten die Geschosse durchlöchert, nicht ihn. Dich.

Danach legte ich meinen Arm um Jussuf, der im Schlaf lächelte. Jussuf, mein kleiner Bruder. Mein einziger Trost.

Ich war kurz davor durchzudrehen.

Aber dann hast du, meine Kleine, all meine Nöte in nichts aufgelöst mit einem Schlag. Du warst entschlossen, zur Welt zu kommen, und zwar zwei Monate früher als gedacht. Wahrscheinlich war dir deine Wohnung zu unbequem geworden bei den ständigen Wellen von Traurigkeit und Beklemmung, die ich zu dir hineinschickte. Und du warfst alles über den Haufen, was geplant war.

Kein Gedanke an eine gute Entbindungsklinik. Nicht einmal der Arzt war zur Stelle, als du mir mitten in der Nacht mit höchst energischen Wehen kundtatest, dass du hinauswolltest in die Welt.

Ich weckte Jussuf, der erschrocken loslief, um wiederum meine drei Weiber aus dem Schlaf zu reißen.

Es traf sich, dass die Herrschaften an diesem Abend außer Haus waren, sich eine Oper anschauten, und hinterher noch zu einem Empfang geladen waren, vielleicht ja wieder beim allmächtigen al-Glaoui.

Niemand fühlte sich befugt, einfach so mitten in der Nacht hinauszulaufen und den Doktor zu wecken – das hätte der Hausherr oder die Hausherrin anordnen müssen, und was, wenn alles nur blinder Alarm war?

Und so hockte ich denn, wider alle Planung und Vorsorge, mit angezogenen Beinen gekrümmt auf meinem Bett und brüllte und raufte mir bei den Wehen die Haare. Da waren keine Instrumente und Messgeräte und nichts, was die moderne Medizin für die Europäerinnen bereithält, sondern drei Marokkanerinnen machten die Geburtshelferinnen, wie sie es sicher schon bei ihren Verwandten, ihren Schwestern oder Basen oder Schwägerinnen getan hatten, mit heißem Wasser und vielen Tüchern, zwei stützten mich von hinten und redeten mir in arabischem Singsang zu, und die Dritte, meine »Gouvernante«, wurde zur Hebamme und holte dich aus meinem Leib.

Und du warst, oh Glück über Glück, kein Sohn, sondern ein Mädchen.

Es war ganz schnell gegangen, obgleich mir die Quälerei natürlich ewig vorgekommen war, aber du hattest dich beeilt und mich lieber scharf herangenommen, als die Sache in die Länge zu ziehen, und das war mir nur recht so.

Obwohl du die Zeit so radikal verkürzt hattest, war nichts an dir auszusetzen. Du warst zwar klein und zierlich, aber alles war bestens ausgebildet von den Fingern bis zu den Zehen und dem energischen Näschen, und deine Stimme ließ an Kraft nichts zu wünschen übrig, und ich presste dich an mich und heulte Tränen des Glücks.

Im Gegensatz zu den Frauen des Hauses, die sich nun im Handumdrehen von Geburtshelferinnen in Klageweiber verwandelten. Nein, da wurde nun kein orientalischer Freudentriller angestimmt. Da zog man sich stumm das Kopftuch tiefer ins Gesicht, verrichtete alle nötigen Handreichungen mit abgewandten Augen, und die »Gouvernante« riss sogar zum Zeichen ihrer Trauer den Saum ihres Burnus ein – denn sie war es, die die Unglücksbotschaft zu überbringen hatte.

Madame Fatin sah ich nie wieder.

Ich wusste nicht, wie sie Nachricht aufgenommen hatte – natürlich musste sie nach außen Bestürzung und Unmut über das gescheiterte Familienprojekt zeigen. Aber vielleicht triumphierte sie heimlich, dass ihr nun kein Bastard vor die Nase gesetzt wurde. Ich wusste es nicht, und ich wollte es auch gar nicht wissen, so wenig, wie ich je in Erfahrung gebracht hatte, ob sie oder ihr Mann oder vielleicht beide an ihrer Kinderlosigkeit schuld waren. Und es konnte ja auch durchaus sein, dass Mohammed al-Chakif in absehbarer Zeit das Experiment noch einmal vornehmen würde, mit einer anderen Frau, die er kaufte.

Mein Wochenbett war für mich wie ein Platz im siebenten Himmel. Ich hatte dich neben mir oder im Arm, ich stillte dich und wickelte dich, ich beobachtete das Spiel deiner winzigen Finger, die noch ungezielte Bewegung deiner Augen, die damals noch nicht das merkwürdige Gelbbraun meiner Augen hatten, sondern verschwommen blaugrau waren, das Auf und Zu deines weichen Schnäuzchens, und ich spekulierte, was wohl von Gabriel stammen könnte: Die Nase? Die schmale hohe Stirn? Manchmal heulte ich ein bisschen, weil dein Vater tot war und dich nie zu Gesicht bekommen würde, aber es war eine sanfte Traurigkeit, nicht die tiefe Verzweiflung, die Not, als ich noch nicht wusste, ob du dich entschließen würdest, als Junge zur Welt zu kommen. Wir beide waren im Sinne der »Vereinbarung« unbrauchbar geworden und ich dankte dem Himmel mit jedem Atemzug dafür.

Jussuf begegnete mir nach deiner Geburt mit Scheu und Unsicherheit. Ich war eine verwandelte Person, und er hatte es schwer, damit umzugehen, dass ich mich so freute über dich. Denn ein Sohn wäre zwar einerseits für mich eine Katastrophe gewesen, aber Söhne waren doch in jedem Fall besser, oder?

Ich lachte ihn aus, versuchte, dich kleines Bündel ihm in die Arme zu legen, aber er wich ängstlich zurück. So ein Kind war ihm fremd.

Nach drei Tagen stand ich auf.

Abermals drei Tage später machten meine Dienerinnen, deren Bemühungen um mich und dich sich aufs Allernötigste beschränkt hatten, einmal wieder eine Kleiderpuppe aus mir, schminkten mich und legten mir einen Schleier an.

Ich war aufs Höchste gespannt.

Dann erschien, wie ich schon erwartet hatte, mein »Gatte«,

der sich bisher nicht hatte sehen lassen, in Begleitung zweier schwarz gewandeter Herren, nötigte mich auf einen Sitz und begann irgendetwas auf Arabisch zu diktieren oder zu Protokoll zu geben. Dem Kind schenkte er keinen Blick.

Ich saß geduldig da und spürte vergnügt, wie mir die Milch aus den Brüsten trat und mein schönes Gewand durchnässte.

Schließlich sah er mich an und wiederholte ein paar Worte und meine Frauen im Hintergrund schrien dramatisch auf. Und damit ich auch verstand, was da gerade vor sich ging, sagte er es denn auch noch auf Französisch, während die beiden Herren offenbar bezeugten und besiegelten und unterschrieben: »Ich verstoße dich. Ich verstoße dich. Ich verstoße dich.«

Damit war islamischem Gesetz Genüge getan und ich war nicht mehr die Nebenfrau und das Sohnesgefäß des Stammes Abd al-Aziz al-Chakif. Ich hatte – dem Himmel sei Dank! – versagt.

Nachdem die Amtspersonen und meine Weiber draußen waren, nahm mein Nicht-mehr-Gatte meine Hände in die seinen und sah mich mit den sanften schönen Augen tieftraurig an. »Ich kann gar nicht sagen, wie sehr ich es bedaure, Madame, dass unser gemeinsamer Plan nicht aufgegangen ist. Ich habe Ihre Gesellschaft stets sehr genossen und werde die Stunden, die ich mit Ihnen plaudern durfte, vermissen. Madame Fatin lässt Sie grüßen und wünscht Ihnen alles Gute. Kann ich Ihnen für die Zukunft irgendwie behilflich sein?«

»Ich möchte einfach nur meinen Pass zurückhaben und dann mit meinem Kind gehen«, sagte ich atemlos. Ich hatte das heuchlerische Getue satt.

»Alles ist vorbereitet«, sagte er. »Und nehmen Sie bitte Ihren kleinen Haratin auch mit. Wir haben keine Verwendung für ihn.«

»Gern, Monsieur. Also dann au revoir.«

Er erhob sich und zog noch einmal meine Hände – beide Hände – an die Lippen. »Es tut mir so herzlich leid! Sie waren eine Bereicherung dieses Hauses!« Es klang ganz und gar aufrichtig, und mir war, als wenn in seinen Augen sogar Tränen schimmerten.

Dann kam ein Mann, den ich nie zuvor gesehen hatte, wahrscheinlich so etwas wie ein Prokurist oder Majordomus, der mir meinen Brustbeutel mit den Papieren aushändigte. Außerdem erhielt ich einen knisternden Umschlag und ein längliches Etui aus nachtblauem Samt.

Ausgestattet mit einem Köfferchen voller Babysachen und einer Tasche mit europäischen und arabischen Kleidungsstücken, stand ich an diesem sonnigen Morgen irgendwann auf der Straße, mein Kind im Arm, Jussuf zur Seite, und die hohen Torflügel schlossen sich hinter mir. Die Gärten dieses Paradieses blieben mir für immer verschlossen, und niemand war froher als ich über diese Austreibung.

Da stand ich nun fast genau an der gleichen Stelle wie vor Monaten schon einmal, als ich herumgeirrt und den Hinweisen einer Postkarte mit dem Motiv »Mond über Marrakesch« hinterhergerannt war.

Du begannst zu nörgeln, denn du hattest wahrscheinlich Hunger.

»Kannst du versuchen, für uns eine Kutsche herbeizurufen?«, fragte ich Jussuf. »Wir sollten vielleicht hinfahren und nachschauen, ob Madame Haydee eventuell wieder in Marrakesch ist.«

Jussuf fand die Kutsche, und da ich noch die Landeskleidung trug, einen dunkelhäutigen Diener hatte, der für mich Arabisch reden konnte, und zudem unter meinem Umhang ein Baby schlief, verlief die Fahrt in respektvollem Einvernehmen. Es war anders als beim letzten Mal, da ich als viel begaffte Europäerin zum Gespött durch die Straßen fuhr. *Diese* Fracht beförderte jeder gern – eine junge Frau aus dem vornehmen Viertel, die vielleicht Verwandte besuchen wollte …

Nach der endlosen Zeit in der Stille des Hauses Chakif, den lautlosen Dienstboten in den gepflegten Gärten mit schattiger Kühle prallte jetzt, nachdem das Fuhrwerk die Ghéliz verlassen hatte, die heiße, laute, wilde, bunte, stinkende Welt auf mich, als schlüge man mir gegen die Brust.

Ich klammerte mich mit einer Hand am Kutschenschlag fest und presste dich, mein Schatz, fest an mich, wollte dich vor diesem Rasen und Toben bewahren – aber ich hätte mir meine Sorgen sparen können, denn du schliefst süß und selig in meinem Arm und nichts drang zu dir.

Wie betäubt ließ ich diese Orgie aus Licht und Farben, Gerüchen und Getöse über mich dahinrollen – und Jussuf, das sah ich an seinem geduckten Nacken und dem geblendeten Blinzeln seiner Augen, erging es ähnlich. Wir waren zwei Gefangene, denen man das Tor geöffnet hatte. Nun mussten wir erst wieder Fuß fassen hier draußen.

Auf der Djemâa al-Fna endete unsere Fahrt. Es war heller Mittag. Jussuf, mein bisschen Gepäck in der Hand, ging voraus und bahnte uns beiden einen Weg durch die Menge, geradenwegs hindurch zwischen Rad schlagenden Akrobaten und flötenden Schlangenbeschwörern, zwischen Musikanten mit Pauken und Zinken und hektisch sich bewegenden Bauchtänzern, deren schmuckbehängte Gürtel im Takt klimperten, vorbei an rot gewandeten Wasserverkäufern mit bunten Fransenhüten, behängt mit Messingschalen, und an den mobilen Garküchen, deren Gerüche nach Knoblauch und bratendem Fleisch, nach Gewürzen und Holzkohle uns in die Nase stiegen.

Und dann, wie ein Keulenschlag, traf mich der gellende Ruf des Muezzins vom Minarett der Koutoubia-Moschee (in dem vornehmen Viertel war derlei höchstens wie ein Echo zu uns herübergedrungen), und das erste Mal während dieser Reise in die Freiheit regtest du dich, zucktest zusammen, zogst die Fäuste an den Mund – und schliefst wieder ein.

Benommen, verwirrt und glücklich bog ich schließlich hinter Jussuf in das schattige Gassengewirr ein. Und dann waren wir da; das alte Haus mit dem Innenhof, das Kindergeschrei, die bellenden Hunde, Lachen und Streit all der Frauen auf den Gängen, wo Wäsche trocknete … Das armselige Quartier, in das ich damals voller Angst und Widerwillen eingezogen war, als ich ankam in dieser Stadt, erschien mir nun wie eine Zuflucht, wie ein Zuhause.

Wir wurden erkannt, und unter den Rufen und dem schrillen Geschrei der Frauen, die mit ausgestreckten Armen und flatternden Gewändern auf uns zugelaufen kamen wie große bunt gefärbte Fledermäuse, kletterten wir die wackligen Stiegen hoch.

Es war wie ein Wunder, denn der klappernde Vorhang teilte sich und aus der Tür trat wirklich und leibhaftig Haydee im geblümten Kleid, das Haar unterm Kopftuch …

Ihre Augen wanderten zwischen Jussuf und uns beiden hin und her. Dann riss sie die Arme über den Kopf und begann zu schreien. Zunächst war es wohl ein Schrei der Fassungslosigkeit, aber nun ging er ganz schnell über in den »Freudentriller« der orientalischen Frauen, jenen tief aus den Lungen kommenden, durchdringend schrillen und tremolierenden Jauchzer, der mindestens genauso weit zu hören ist wie der Ruf des Muezzins, und das Haus erbebte alsbald vom Boden bis zum Dach von den Willkommensschreien der Bewohnerinnen.

Sogar der griesgrämige Monsieur Oubou, der Hausbesitzer mit seiner Wasserpfeife, verzog die Lippen zu einem Grinsen und zeigte seine Zahnlücken.

Haydee liefen die Tränen herunter. Sie riss bald Jussuf, bald mich in die Arme und drückte uns an ihre Brust, sie bedeckte dein Gesichtchen, Tochter, mit Küssen, und du verzogst unwillig den Mund und protestiertest gegen eine so stürmische fremde Liebkosung.

»Bébé, bébé!«, schrien die Kinder und umtanzten uns, und die mageren kleinen Hunde beteiligten sich nach Kräften an diesem Begrüßungslärm.

Schließlich zog uns die Minzfrau zu sich herein und verwehrte den anderen mit vielen Gesten und noch mehr Worten den Zutritt; zögernd wichen die Nachbarinnen zurück, die sicher gern ihre Neugier auf der Stelle befriedigt hätten.

Drinnen machte sie sich sofort daran, uns Tee zuzubereiten, wobei sie sich immer wieder mit dem Zipfel des Kopftuchs die Tränen abwischte, und erst als wir schließlich um das niedrige Tischchen hockten, unsere tönernen Schalen vor uns, und ich dich stillte, kam sie endlich zur Ruhe.

»Allah hat unsere Gebete erhört!«, sagte sie leise. »Als ihr beide nicht zu Aischa zurückkehrtet, da wusste sie, dass euch etwas zugestoßen sein musste. Dass dich dieser Idris aufgespürt und Jussuf gleich mit gefangen genommen hatte. Sie ließ mir eine Botschaft zukommen, und ich kehrte nach Marrakesch zurück. Nun war ja ohnehin alles vorbei.

Ich habe diesen Mann aufgesucht und ihn angefleht, mir zu sagen, wo dein Aufenthalt war, petite madame, und ob es dir gut ging. Aber er leugnete alles ab und tat so, als würde er mich überhaupt nicht kennen. Bald darauf war er aus Marrakesch verschwunden. Vielleicht hat man in einer anderen Stadt Dienste benötigt, wie er sie leistet.«

Sie warf einen gerührten Blick auf dich, meine Kleine, die du hingebungsvoll und mit geschlossenen Augen trankst. »Allah ist gnädig. Er hat dir ein Mädchen beschert – so bist du entkommen. Wo seid ihr gewesen die ganze Zeit?«

»In einer Art Palast in der Ville Nouvelle«, entgegnete ich, »gar nicht weit von hier, eingesperrt wie die Haremsmäuse. Ich war für kurze Zeit offenbar verheiratet, war die Nebenfrau eines mächtigen Mannes.«

»Nenn seinen Namen nicht!«, sagte Haydee schnell. »Je weniger wir wissen, desto besser. Jedenfalls bin ich froh, dass es dir an nichts gefehlt hat, dass du nicht so ein übles Los gezogen hast wie …«

Sie brach ab.

»Wie deine Tochter, willst du sagen?«

Sie sah mich groß an.

»Aischa hat es mir erzählt. Ich bedaure sie, Haydee. Was für ein schweres Schicksal habt ihr beiden Frauen.«

Meine Gastgeberin war glühend errötet, sie fuhr sich mit beiden Händen übers Gesicht …

Du, mein kleiner Schatz, warst überm Trinken eingeschlafen. Ich löste dich vorsichtig von meiner Brust. Ein dünner Faden Milch rann dir übers Kinn.

»Wie schön sie ist!«, sagte Haydee. »Allah möge ihr das Los der Frauen in diesem Land ersparen!«

»Dafür werde ich sorgen, verlass dich drauf«, erwiderte ich.

Jussuf hingegen blickte still und stumm in seine Teeschale. Ich streckte den Arm aus und berührte seine Schulter. Er sah auf. Seine Augen waren voller Traurigkeit. Ich begriff: Für ihn war eine Zeit des Glücks zu Ende gegangen.

»Sicher war es schlimm für deinen Diener, dass er mitgefangen wurde«, sagte ich. »Aber er durfte bei mir sein, und ohne seine Hilfe wäre ich manchmal wohl ganz und gar verzweifelt.« Ich lächelte.

»Nichts und gar nichts war schlimm!«, widersprach er heftig. »Ich konnte bei Madame sein und ihr ein bisschen zur Seite stehen, für sie übersetzen – es war eine gute Arbeit.«

Haydee lächelte.

Und dann sprachen wir darüber, wie es weitergehen sollte mit uns beiden. Wo wir bleiben konnten.

32

Ich hantiere gerade in der Zinkbadewanne und wringe die Wäsche aus, als ich einen dumpfen Fall höre. Mit bis zum Ellenbogen nassen Armen stürze ich hinüber und finde mein Kind auf der Türschwelle am Boden liegen, bewusstlos.

Vor Schreck krampft sich mein Magen zusammen, ich stehe
einen Augenblick wie angewurzelt, bevor ich hinlaufe, den leichten kleinen Körper aufhebe und zum Bett zurücktrage;

ihre dünnen Beine baumeln von meinem Arm. Was ist das nun wieder? Was treibt sie plötzlich umher? Fieber hat sie nicht.

Während ich sie zudecke, seufzt sie und schlägt die Augen auf. Lächelt.

»Was ist geschehen, petit chaton?«

»Ich wollte dich überraschen, Maman«, murmelte sie leise. »Wollte dir zeigen, dass ich schon ganz gesund bin. Aber meine Beine – sie können irgendwie nicht laufen. Und dann hat sich alles gedreht und ich bin hingefallen.«

»Du musst noch ein bisschen warten!«, sage ich und spüre, dass es mir heiß die Kehle hochsteigt. Die Tränen brennen hinter meinen Augen. »Wenn du tüchtig isst, dann kannst du auch bald wieder aufstehen. Aber mach es nicht ohne meine Hilfe. Sonst tust du dir noch weh und …«

Ich kann nicht weiterreden.

»Maman, warum weinst du?«, fragt mich meine Tochter kläglich. »Ich wollte nicht böse sein.«

»Ich weine doch gar nicht!«, sage ich und merke, dass mir die Tränen nun übers Gesicht strömen. »Und böse bist du überhaupt nicht.«

Ihre Unterlippe zittert. »Aber wenn du weinst – dann muss ich mitweinen!« Sie schlingt mir die Arme um den Hals. Ihr Haar riecht verschwitzt. Während wir noch so dasitzen, klingelt es – ein abenteuerlicher Morsecode, dass mir nach dem ersten Schrecken klar ist, das kann auf keinen Fall eine Amtsperson sein, die würde den Finger ganz korrekt auf dem Knopf halten.

Etwa schon wieder dieser Attila? Aber er wollte erst morgen kommen … Ich merke, dass ich auf so unangemessene

Ideen komme, wie, mir das Gesicht zu waschen nach dem Tränenausbruch und mir das Haar zu bürsten. Kann mir doch schließlich gleichgültig sein, wie ich aussehe, wenn der Herr über Apfelsinen und belgische Schokolade vor der Tür steht!

Und er ist es denn auch, meint, er sei gerade hier in der Gegend gewesen und wolle schnell mal vorbeischauen. Holt aus seiner Tasche – einer Aktentasche ähnlich der von Jankel – eine Tafel belgische Schokolade und ein braunes Spitztütchen mit Zucker und legt beides auf den Tisch.

»Sind Geschenke, müssen Sie nicht zahlen! Wie geht es scheenes Mädchen?«

»Viel besser«, sage ich und er schaut mir forschend ins Gesicht.

»Und warum Tränen?«

Zum Glück enthebt mich Alouette einer Antwort, indem sie ruft: »Maman, wer ist da?«

Ich habe die Tür zu ihrem Raum angelehnt.

»Oh!«, sagt Attila und reißt die blauen Augen auf. »Kind ist wach? Kann ich Guten Tag sagen?«

Ich zögere für einen Moment. Will nicht, dass sie einen Schreck bekommt.

Wird sie diesen rotbärtigen Riesen mit der Pelzmütze nicht für einen Dschinn, einen bösen Geist aus dem Märchen, halten? In Anefgou waren die Menschen klein, dunkelhaarig und dunkeläugig, nur wir beide, Alouette und ich, hatten eine andere Augenfarbe. (»Die mit den Ziegenaugen« haben sie uns genannt und es nicht böse gemeint.) Inzwischen hat sie erfahren, dass die Leute zum Teil größer sind, dass es Blonde und Mittelbraune und Rotblonde gibt, doch so einen Mann hat sie bestimmt noch nie gesehen.

Aber Attila hat wohl keine Lust, erst auf meine Antwort zu warten.

Er steht auf und stapft zur Tür, klopft an und ist drin – und ich schnell hinterher, damit kein Malheur passiert.

Doch meine Sorge ist unnötig.

Aufmerksam und ernst mustert meine Tochter den Fremden von Kopf bis Fuß.

Attila grinst, tippt mit dem Finger an den Rand seiner Pelzmütze und sagt: »Guten Tag, scheenes Fräulein.«

Und Alouette erwidert höflich: »Guten Tag, mein Herr.« Das gehört zu ihrem aus höchstens zehn Brocken bestehenden Repertoire in Deutsch. Dann dreht sie den Kopf zu mir und fragt auf Französisch: »Was ist das für ein Mann? Warum hat er so viele Haare im Gesicht? Und warum hat er sie mit Henna gefärbt?«

Ich muss lachen. »Sie meint, Ihr Bart sei gefärbt!«, erkläre ich. »Sie hat in Marokko noch keinen Rotbart gesehen.«

»Sagen Sie ihr, Gott der Herr gibt den Menschen unterschiedliche Gestalt, und wen er besonders bestrafen will, dem macht er die Haare rot!«

Ich dolmetsche bei diesem merkwürdigen Hin und Her.

Alouette: »Und warum schneidet er sich die Haare dann nicht weg aus dem Gesicht?«

Attila: »Weil es dem Allmächtigen nicht wohlgefällig ist, wenn man herumpfuscht an seiner Schöpfung und es besser machen will als er.«

Alouette: »Meint er Allah mit dem Allmächtigen?«

Ich: »Nein, ich glaube, er meint den Gott der Juden.«

Alouette: »Frag ihn, ob dieser Gott der Juden anders ist als Allah.«

Attila, grinsend: »Hab den anderen noch nicht kennengelernt.« Dann sieht er mich an: »Sie sind doch jüdisch, junge Frau, nicht wahr?«

Es klingt verunsichert. Offenbar ist er immer davon ausgegangen. »Nur zur Hälfte«, erwidere ich, »aber die hat ausgereicht, mich unglücklich zu machen«, und er: »Wem sagen Sie das!« Und plötzlich bricht er in schallendes Gelächter aus.

»Worüber lacht ihr?«, fragt Alouette.

»Über nichts!«, sage ich. Ich schüttele ihr das Kopfkissen auf und ziehe die Decke höher. »Die Besuchszeit ist vorüber. Du musst jetzt wieder schlafen. Und wenn du aufwachst, gibt es eine Tasse heiße Schokolade. Er hat welche mitgebracht.«

Schokolade hat mein Wüstenkind in der Schweiz kennengelernt und ist ganz versessen darauf. Sie sieht Attila groß an und sagt einen zweiten Satz aus ihrem deutschen Repertoire, nämlich: »Vielen Dank, mein Herr.« Dann dreht sie sich gehorsam zur Seite.

Sie ist erschöpft.

Und nun sitzen wir uns in der Küche gegenüber, jeder auf einer Schmalseite des Tisches, und wissen beide nicht, was wir uns sagen sollen.

Schließlich fasse ich mir ein Herz. Wer, wenn nicht dieser mit allen Wassern gewaschene Schmuggler und Kenner der Verhältnisse, könnte mir einen nützlichen Rat geben? Ich hole das amtliche Schreiben vor und erkläre ihm, was darin steht, denn er begreift das Bürodeutsch nicht.

»Sie wollen dich und dein Kind hier einsperren für vierzig Tage?«, sagt er schließlich mit gerunzelter Stirn und ist unvermittelt zum Du übergegangen. »Nun gut, ich kann versorgen dich und die Kleine.«

»Nein, Attila, darum geht es nicht! Ganz im Gegenteil! Ich will raus hier, will bald mit Alouette an die frische Luft – und außerdem halte ich es nicht aus, eingesperrt zu sein! Das ist mir schon einmal passiert …«

»Mir auch«, sagt er trocken.

Ich muss schlucken. Wie er damit umgeht …

Er scheint mein Erschrecken nicht zu bemerken, fährt ruhig fort: »Ich überlege. Eins weiß ich, junge Frau: Wer nicht ist zu bestechen, ist deutscher Beamter. Aber vielleicht ich finde andere Möglichkeit. Du willst hier raus, habe ich verstanden richtig?«

Ich nicke eifrig. »Aber ich will nicht, dass man mir meine Tochter in ein Krankenhaus steckt, wo ich nicht bei ihr sein kann. Ich muss mit ihr reden, muss ihr helfen, damit sie bald richtig gesund wird!«

Attila macht eine raumgreifende Armbewegung. »Verstehe. Andere kleine Wohnung.« Er sieht mich forschend an, legt den Kopf zur Seite. »Unrra-Quartier?«, sagt er fragend. »Familie im Nachbarhaus hat gerade bekommen Ausreise in the States. Kleine Wohnung ist leer.«

»Geht denn so etwas?«

Er zuckt die Achseln. »Wir werden sehen. Anders als bei deutsche Beamte bei Verwaltung … da kann Wunder wirken schönes Schmuckstück oder so.«

»Damit könnte ich vielleicht dienen!«, sage ich. Ich stehe auf und hole aus dem Zimmer, in dem mein Kind nun wieder friedlich schläft, ein Ding, das ich seit langer Zeit aufbewahre.

Vielleicht hätte ich es später einmal Alouette geschenkt, aber nun – nein, man kann nicht sagen, dass ich daran hänge.

Attila öffnet vorsichtig mit seinen großen Händen das abgeschabte Etui aus dunkelblauem Samt und starrt auf den Gegenstand darin: »Du willst nicht ernsthaft dich trennen von diese Juwels. Die Steine – das hat mindestens drei Karat.«

»Dreieinhalb«, erwidere ich mechanisch. Ich verstehe was von dem Zeug. Schließlich stamme ich aus reichem Hause.

»Und die Fassung … du willst dich trennen davon?«

Ich zucke die Achseln.

Er klappt das Etui zu und schiebt es in eine seiner Manteltaschen. »Viel zu schade für den Zweck«, sagt er. »Ich nehme in Kommission für dich und gebe anderes Teil hin.« Er steht auf.

In der ganzen Zeit hat er sich nicht von Mantel und Pelzmütze getrennt, offenbar ist es ihm hier nicht warm genug. Ja, Heizstrahler hab ich nicht.

»Ich gebe mir Mühe«, sagt er. »Was wünscht sich scheenes Kind besonders? Ich besorge für dich.«

»Etwas, was ihr hier wirklich keiner besorgen kann«, sage ich lächelnd. »Granatapfelsaft.«

»Hm. Granatapfelsaft?« Er runzelt die Stirn. »Granatapfelsaft ist wirklich schwer.« An der Tür dreht er sich um: »Wie heißt du denn eigentlich, junge Frau? Ich brauche Namen für Unrra.«

Nur nichts komplizieren und erklären! Ich entschließe mich für die französische Variante.

»Gabrielle ist sehr scheener Name!«, sagt er gewichtig.

Dann, auf einmal, hat er mich in seine Arme gezogen, mein Kopf ist in Höhe seines Herzens, ich fühl es schlagen. Ich sträube mich nicht, halte ganz still. Wir stehen so beieinander und hören uns gegenseitig beim Atmen zu.

Dann geht er.

Ich bleibe einen Moment so stehen, als hätte ich Angst, einen Zauber aufzulösen.

Danach stürze ich mich auf die belgische Schokolade und muss mir Mühe geben, mich zu bremsen, dass noch genug für Alouettes Getränk übrig bleibt – essen darf sie die Riegel ohnehin noch nicht.

Eines war klar, meine Kleine: Marrakesch war und blieb ein heißes Pflaster für mich. Das Interesse des Hauses al-Chakif an mir war freilich erloschen und ich war wohl auch, so hoffte ich, lange genug von der Bildfläche verschwunden. Aber mein Vater war hartnäckig, und wer weiß, was er sich noch ausdenken würde.

Das Abschiedsgeschenk meines ehemaligen Mannes zeugte von seiner Weltfremdheit – oder steckte dahinter eine letzte Abschiedsbosheit von Madame Fatin? Ich fand in dem Umschlag eine Geldsumme, die man vielleicht für einen guten Jagdhund hingeblättert hätte, mehr nicht. Was mir freilich die Sprache verschlug, war der Inhalt des Samtetuis. Es enthielt dieses Kollier aus wasserklar geschliffenen Saphiren und geheimnisvoll leuchtenden Opalen, jeder Stein – wie gesagt – bestimmt zu dreieinhalb Karat.

Wo in aller Welt sollte ich dies Ding anlegen? Erwartete man, dass ich vielleicht weiterhin freiwillig zu Empfängen bei Pascha al-Glaoui gehen würde? Ich konnte gar nichts damit anfangen, denn der Versuch, das Ding zu verkaufen, würde Aufsehen erregen, und nicht zu knapp. Ich kannte die Zunft der Juweliere. Irgendwer hatte diesen Schmuck ja auch angefertigt, und er wusste bestimmt, wer ihn einst bestellte. Und wenn ich eines nicht wollte, dann war es solche Aufmerksamkeit. Also verschwand das Etui in den Tiefen meiner Reisetasche.

Ich war gezwungen, Marrakesch zu verlassen, das stand fest. Und es blieb gar nichts anderes übrig: Jetzt musste es das Dorf im Atlasgebirge sein, die Heimat Haydees und Aischas, gegen das ich mich so gesträubt hatte – zumal die Banc du Maroc immer noch nichts von meinem Geld gesehen haben wollte. Vielleicht steckte mein Vater dahinter …

Die Dirhems, die ich von Mohammed al-Chakif erhalten hatte, waren zwar nach europäischen Begriffen nur eine schäbige Abfindung, aber für die Berber da oben im Gebirge bedeuteten sie vielleicht einen Esel oder ein paar Schafe mehr. Man konnte sich gewissermaßen »einkaufen«, so meinte jedenfalls Haydee. Es gab keine andere Lösung, und jetzt, da ich dich hatte, meine Kleine, war eine wunderbare Ruhe über mich gekommen. Ich hatte das Gefühl, alles würde gut werden.

Gemeinsam mit Haydee besah ich mir die Kleiderspende. Sie zeugte von wenig praktischer Vernunft, genau wie das Schmuckgeschenk. Da gab es einige Schneiderkostüme und eine Abendrobe und ein »kleines Schwarzes« – ich vermutete, aus Madame Fatins Kleiderschrank aussortiert, denn alles war für eine lange dünne Person zugeschnitten, und ich bin ja eher klein und war, zumindest in den Wochen nach der Schwangerschaft, auch nicht unbedingt eine Bohnenstange. Ich verschenkte die Sachen an die Frauen des Hauses, die sich mit Küssen und Umarmungen bei mir bedankten und mir samt meinem Baby Allahs Segen bis ins hohe Alter wünschten.

Die marokkanischen Gewänder, falls sie nicht allzu pompös waren, beschloss ich mitzunehmen, denn warum sollte ich anders herumlaufen als die Dörflerinnen meiner Umgebung. Den Rest – bunte Kopftücher, bestickte Westen, seidige Pluderhosen in grellen Farben, mit Pailletten besetzte Gürtel – verteilte ich ebenfalls im Haus. Sie waren wohl eher für eine Bauchtänzerin bestimmt, aber erregten hier viel Entzücken.

Und dann traf ich zum letzten Mal Aischa.

Bis zu den Augen schwarz verhüllt, kam sie nachts zu ihrer Mutter, und die beiden Frauen umarmten sich scheu.

Vor der geflochtenen Wiege, die an Stricken von der Decke hing – die Leihgabe einer Mitbewohnerin –, stand sie und betrachtete das Kind, stumm, ohne eine Regung.

»Allah hat dich mit Segen überschüttet, petite madame«, sagte sie schließlich, und ihre Stimme klang gepresst. »Wir glaubten dich schon verloren – aber nun hat sich alles zum Guten gewendet. Ich habe jeden Tag für dich gebetet.«

Ich ergriff ihre bunt bemalte Hand. »Vielleicht kommt das Glück auch noch zu dir!«, sagte ich. »Vielleicht musst du nicht immer das tun, was du tust.«

Sie lächelte bitter. »Ja, wenn ich nicht mehr dazu tauge, kann ich noch betteln.«

»Wenn ich nur wüsste, wie ich dir danken kann! Du und Haydee, ihr habt so viel für mich getan.«

»Wir haben es eigentlich für uns getan«, entgegnete sie. »Wollten vermeiden, dass es einer anderen so ergeht wie mir. Aber du bist nicht von hier, du hast andere Kräfte. Du kannst dich wehren.«

»Was habe ich schon getan? Ich hatte Glück im Unglück.«

Sie schüttelte den Kopf. »Glück im Unglück kommt nur zu denen, die stark sind im Herzen. So bist du gerettet, aber ich bin verloren.«

Ich wollte etwas erwidern, aber ihre Mutter führte sie hinaus. Auf der Treppe hörte ich sie bitterlich schluchzen.

Ich schlief schlecht diese Nacht, meine Kleine.

33

Haydee hatte sich nach einer Karawane umgesehen, die nach Südosten aufbrechen sollte, und schließlich von Mohammed al-Chakifs Geld einen Eselskarren für uns angemietet, mit dem wir in ihr Dorf reisen konnten. Zwei oder drei Tage würden wir unterwegs sein, wenn es keine Zwischenfälle gab, hieß es. Was für Zwischenfälle das sein mochten, darüber hatte ich keine Lust mir den Kopf zu zerbrechen. Gefahren konnte es nicht geben, meinte ich. Ich hatte ja dich. Und vielleicht hat diese Zuversicht uns ja auch beschützt auf der Reise, durch ein Gebiet, in dem es von Wegelagerern geradezu wimmeln sollte.

Ich wusste nicht, dass mir noch ein weiterer Abschied bevorstehen würde …

Im Morgengrauen brachen wir auf zum Stadttor Bab Rhemat, wo sich die Reisenden versammelten.

Unter einer Karawane hatte ich mir immer eine Kette hoch mit Waren beladener Kamele vorgestellt, geleitet von einem Mann in lang wallendem Burnus, Turban auf dem Kopf. Aber Kamele kamen in unserer Reisegesellschaft überhaupt nicht vor, dafür jede Menge Esel und Maulesel, die meisten angespannt vor einem Gefährt, auch ein klappriger Lastwagen, mit dem eine Familie offenbar einen Umzug machte, denn außer den Kindern, den Möbeln, den Ackergeräten und großen Ballen mit Heu befand sich darauf eine mit vielen Stricken angebundene Ziege. Magere Hunde wieselten zwischen den Rädern der Karren herum. Vier verwegen aussehende junge Männer mit großen Schnauzbärten und altmodischen Gewehren, die Patronengürtel über der Brust gekreuzt, bildeten den Geleitschutz, man musste sie gleich zu Beginn der Reise entlohnen.

Im Frühlicht, das die roten Mauern der Stadt erglühen ließ, fanden wir unseren Karren, den wir uns noch mit zwei anderen, tief verschleierten Frauen teilten, einen gummibereiften Bauernwagen, ausgepolstert mit Laub und Heu. Auch ich hatte mich verhüllt für diese Reise und Haydee hatte mir die Hände mit Henna bemalt. Niemand sollte mir die Europäerin ansehen. Unter meinem Umhang lagst du, mein Schatz, an mir festgezurrt mit Tüchern nach hiesigem Brauch, den Bauch an meine Brust geschmiegt, die Beine gespreizt wie ein Frosch, und schliefest.

Jussuf lud meine alte Leinentasche und den Koffer mit den Wickeltüchern und Windeln ins Gefährt. Dann baute er sich vor mir auf. Er kreuzte die Arme über der Brust und verneigte sich tief.

»Warum so feierlich?«, fragte ich verdutzt.

Haydee machte sich auf der anderen Seite des Wagens zu schaffen.

»Ich möchte Ihnen danken, Madame!«, sagte er mit tief gebeugtem Kopf. »Sie waren so gut zu mir. Sie haben mich behandelt, als wenn ich genauso wäre wie Sie.«

»Aber was redest du? Du bist genauso wie ich!«, sagte ich verwundert.

»Nur bei Ihnen, Madame. Weil Sie nicht von hier sind, ging das. Als wir beide – so allein und zusammen waren. Ich habe mich gefühlt wie in Allahs Paradies, mit Ihnen gefangen. Und natürlich wollte ich fort, aber nur, weil Sie fortwollten.«

Langsam begann ich zu begreifen. »Heißt das«, fragte ich gedehnt, »dass du mich nicht begleiten wirst?«

Sein Kopf sank noch tiefer. »Ich kann Sie nicht begleiten, Madame. Berber und Haratin, das geht nicht zusammen. Und außerdem – eigentlich gehöre ich ja Monsieur Oubou, dem Besitzer des Hauses, in dem Madame Haydee lebt. Sie hat mich nur ausgeliehen. Sie würde ja Ärger bekommen, wenn ich auf einmal einfach weg wäre.«

Ich sah ihn an – sprachlos.

»Sie haben gedacht, ich komme mit?«, fragte er verzagt.

»Natürlich habe ich das gedacht. Jussuf, ich brauche dich doch!«

Ich wollte ihn anfassen, an mich ziehen, aber er wich aus. »Sie haben mich gebraucht, als Sie allein waren«, sagte er leise. »Jetzt haben Sie Ihr Kind. Wunderschönes Bébé. Ich segne Sie, Madame. Allah sei mit Ihnen.«

Und er drehte sich doch wirklich und wahrhaftig um und ging.

»Haydee!«, schrie ich. Aber Haydee reagierte nicht und hantierte weiter mit dem Gepäck, getrennt von mir durch einen Karren. Natürlich hatte sie es gewusst, dass er in Marrakesch bleiben würde.

Ich lief zu ihr, packte sie an der Schulter. »Was soll das?«, fragte ich zornig. »Warum habt ihr mir verheimlicht, dass Jussuf nicht mitkommen wird?«

Sie sah mich nicht an. »Du hättest doch nur die ganze Zeit versucht, ihn und mich umzustimmen, petite madame, hättest von nichts anderem mehr geredet. Und es kann einfach nicht sein. Du verstehst es nicht, ich weiß. Aber die Berber wollen solche Menschen nicht unter sich dulden. Sie würden ihn wie Aussatz behandeln. Wahrscheinlich müsste er sich auf ihren Feldern halb zu Tode schuften. Hier in der Stadt geht es ihm ja ganz leidlich.«

»Bist du sicher, dass ich zu Leuten will, die andere wie Aussatz behandeln, nur weil sie die falsche Abstammung haben?«, sagte ich mit zusammengebissenen Zähnen.

Haydee seufzte. »Es sind einfache Bauern. Sie tun das, was man ihnen beigebracht hat. Man kann nicht von ihnen erwarten, dass sie alles verstehen und durchschauen. Petite madame, ich bringe dich und dein Kind zu den *Frauen*. Würdest du mit diesem jungen Mann als deinem Freund auftauchen, alles sähe dann anders aus. Du wärst für sie eine andere, keine Schutzbefohlene, begreifst du? Es würde für euch beide nicht gut sein.«

Ich drehte den Kopf und sah mich nach Jussuf um. Er war schon in der Menge verschwunden.

»Mein Gott! Ich habe – ich verdanke ihm so viel. Und eigentlich habe ich ihn doch permanent nur ausgenutzt!« Ich kämpfte mit den Tränen. »In der Zeit im Haus in der Ville Nouvelle – was hätte ich ihn nicht alles lehren können! Warum habe ich nicht daran gedacht, ihm Lesen und Schreiben beizubringen? Warum habe ich nicht … Ich dachte, wir hätten noch so viel Zeit …«

Haydee legte mir den Arm um die Schulter. »Tränen versalzen die Milch!«, sagte sie sanft. »Willst du, dass deine Tochter wund wird? Komm, steig auf den Wagen. Alles ist bereit zum Aufbruch.«

Und so verließen wir beide die Stadt auf einem Eselskarren, gebettet auf Heu und Laub, über uns ein Stück Sackleinwand als Sonnensegel. Durch Täler und Senken und Geröllhalden, inmitten von goldgelbem Staub, der die Augen verklebte, auf kaum erkennbaren Pfaden zogen wir vorwärts mit der Schnelligkeit des Eselstrotts – auch der Lastwagen passte sich stinkend und puffend diesem Tempo an. Irgendwo in diesem Treck wurde gesungen, eine schwermütige Melodie.

Ich hielt mir ein Tuch vor Mund und Nase, um Luft zu bekommen, und lehnte mich an Haydee. Zurück sah ich nicht. Immer deutlicher wuchsen vor uns die faltigen Schluchten des großen Gebirges in die Höhe. Adieu, Marrakesch.

Unten auf der Straße hupt es lang anhaltend – eine Seltenheit in dem von Autos entblößten Berlin. Ich trete ans Fenster.

Da unten steht eine veritable Limousine, so ein alter Sechssitzer, und ihr entsteigt der rothaarige Riese, winkt zu mir herauf und nähert sich zielstrebig der Haustür.

»Maman, was ist?«, fragt Alouette von ihrem Bett aus.

»Ich weiß nicht!«, sage ich verwirrt. »Wir bekommen Besuch.« Ich fahre mir mit beiden Händen übers Haar – nutzlos, es steht mal wieder wie ein Hexenbesen um meinen Kopf – und gehe dann, die Tür zu öffnen.

Attila beugt sich zu mir herunter und küsst mich auf beide Wangen. Er riecht nach Benzin und Schmieröl. »Nun«, dröhnt er fröhlich, »alles gepackt für den Umzug?«

»Wie – was – ich – äh – nein!«, stammele ich. »Wieso geht das so schnell?«

Er zuckt die Achseln. »Dachte, ich muss schneller sein als Arzt!«, sagt er. »Nun aber rasch!«

Das ist ein Überfall! Ich stehe hilflos im Flur und weiß nicht, wo ich anfangen soll.

»Na«, sagt er, »so schwer kann es doch nicht sein. Die paar Kleider, und natürlich alles an Essen.« Er hat meinen Koffer erspäht und beginnt in wahllosem Durcheinander Dinge hineinzuwerfen.

»Nein«, sage ich, »so geht das nicht. Ich bin doch gar nicht vorbereitet! Und Alouette – sie kann das Bett nicht so einfach verlassen.«

Er lässt die Arme sinken und sieht mich streng an. Seine Augen blitzen. »Also, Gabrielle, willst du nun oder nicht?«

»Ja, ich will schon, aber …«

»Wenn sie wären schneller gewesen mit Abhauen und nicht so viel hätten packen wollen«, sagt er grimmig, »meine Eltern vielleicht noch wären am Leben.«

»Maman, was ist?« Alouettes Stimme klingt ängstlich.

Attila stößt die Tür zu ihrem Zimmer auf. »Guten Morgen, scheenes Kind! Wir machen kleine Reise!«

»Reise?« Sie sieht mich fragend an.

»Voyage!«, übersetze ich. »Wir wollen hier nicht mehr wohnen.«

Sie nickt eifrig. Das gefällt ihr.

»Maman, frag ihn, warum er so anders aussieht!«

»Anders?«

Alouette nickt eifrig und fährt mit beiden Händen an ihrem blassen Kinn entlang.

Ich drehe mich zu Attila um. Tatsächlich. Unser Hunnenkönig hat sich das wilde rote Bartgestrüpp stutzen lassen zu einem normalen soliden Vollbart. Und wird jetzt auch noch rot bis unter den Rand seiner Pelzmütze.

»Hab ich für scheenes Mädchen gemacht. Damit sie nicht Angst hat vor mir«, erklärt er und sieht keinen von uns an.

Ich übersetze. Alouette lächelt fröhlich. »Und sein Gott hat nichts dagegen?«

»Nein«, sage ich, »offenbar nicht.«

Er schnieft verlegen. »Der hat sich schon an anderes Aussehen geweent gehabt bei mir«, erwidert er trocken. Und dann, hastig: »Nun aber los! Mach fertig deine Bagage!«

»Gib mir eine halbe Stunde«, sage ich.

Er holt eine dicke Taschenuhr, eine richtige silberne »Zwiebel«, aus der Innentasche seines Mantels hervor. »Zwanzig Minutt!«, sagt er. »Ich mache inzwischen was mit Auto.«

Ja, warum nicht? Ich bin doch schon öfter davongelaufen mit nichts als einer Tasche und einem Koffer.

Ich mache mich an die Arbeit, beantworte dabei die Fragen meines Kindes, das aufgeregt plappert und natürlich wissen will, wohin wir umziehen, ob es da auch schön ist und ob es weit weg ist.

»Es ist auch in Berlin«, sage ich, »aber bestimmt besser. Und du wirst da gesund.« Ich rede nur so daher. Habe keine Ahnung, wie es in den Quartieren der Displaced Persons aussieht.

Dann steht Attila wieder in der Tür, die Uhr in der Hand. »Fertig? Sehr gut.«

»Aber ich muss dem Colonel kündigen und Doktor Leblanc Bescheid sagen und …«

»Später«, unterbricht er mich. »Los jetzt. Du nimmst Koffer, ich nehme Kind.«

»Wie jetzt?«

»Siehst du doch. So.«

Und dann packt er – nicht etwa nur Alouette, sondern Alouette mitsamt ihrem ganzen Bettzeug, einschließlich der Kastenmatratze, hebt das alles vom Holzgestell und trägt es die

Treppe hinunter. Ich folge betäubt und weiß nicht, soll ich hinter mir abschließen oder nicht.

Im Wagen hat er die Sitze irgendwie umgelegt, mein Kind auf seinem Lager wird einfach nach hinten geschoben, wobei er das ganze Paket beim Hineinbugsieren kurz in der Vertikalen hält – Alouette quietscht vor Vergnügen. Meine Koffer verschnürt er auf dem Dach.

»So, Abmarsch!«

Ein Kreis von Gaffern hat sich um uns gebildet. Ich bin froh, einsteigen zu können. Attila fährt sanft wie Seide an und biegt in die Müllerstraße ein.

Ich lehne mich einfach zurück und schließe die Augen.

Der Befreiungsschlag von Attila, dem Hunnenkönig. –

Die ganze Fahrt über singt Alouette vor sich hin, die fremdartigen Melodien aus den Bergen; ihre Stimme klingt so dünn wie das Zwitschern eines Vogels im Dunkeln, bevor es Tag wird.

»Was singt sie da?«, fragt Attila, und ich antworte: »Von den Lämmern. Damit sie im Winter nicht erfrieren, muss ihnen ein schönes dickes Fell wachsen.«

Er lacht. »Ja, das sollten sich wohl alle wachsen lassen! Ich meine, was ist das für Sprache?«

»Tamazight«, erwidere ich, »das spricht man im Hohen Atlas.«

»So was! Ich dachte schon, es ist Hebräisch.« Er wirft mir einen Seitenblick zu. »Ihr lernt nicht Hebräisch? Lernt nicht für Palästina?«

»Was sollen wir denn in Palästina?«

»Und was ihr sollt hier?«, sagt er schnell, und ich weiß keine Antwort.

Dieses Berlin müssen wir verlassen, aber wohin gehen wir? Sicher nicht nach Palästina. An einen Ort, wo Alouette Französisch sprechen kann … Irgendwann muss sie ja auch zur Schule …

Das Quartier in einem der lang gestreckten Häuser einer Wohnsiedlung ist simpel eingerichtet. Betten und ein Spind, Tisch und Stühle, in der Küche das Notwendigste. Man heizt und kocht mit Propangas, die große rote Flasche mit den Schläuchen steht auf dem Flur. Ein Badezimmer ist überm Gang, es teilen sich drei Parteien. Von dem langen Korridor gehen noch eine Reihe von Türen ab, die offenbar zu ähnlichen Wohnungen führen.

Vor den Fenstern gibt es einen Baum! Zwar ist er schon fast völlig entlaubt, aber ich kann mich nicht entsinnen, in dieser Stadt bisher überhaupt einen nennenswerten Baum gesehen zu haben; im ersten Nachkriegswinter haben die frierenden Berliner alles abgeholzt und in ihren Öfen und Herden verfeuert.

Ein Baum ist ein Trost.

Attila befördert meine Tochter auf die gleiche Weise aus dem Auto und ins neue Bett, wie er sie eingeladen hat, und da sie nun auf zwei Matratzen thront, liegt sie erhöht da wie die Prinzessin auf der Erbse.

»Nun, ist zu simpel?«, fragt er, als er mich so stehen sieht, mit hängenden Armen, den Blick nach draußen gerichtet. Ich lächele ihn an. »Überhaupt nicht. Ich kann mich so und so behelfen.«

Und ich denke an all die merkwürdigen Unterkünfte, die ich seit meiner Flucht aus Berlin vor mehr als sechs Jahren schon bewohnt habe, vom Zirkuswagen bis zum Schloss am

Cher, von der winzigen Stube im Färberviertel bis zum komfortablen Raum im Harem mit den seidenen Tapeten und den vergitterten Fenstern – und schließlich über lange Jahre ein Haus, gebaut aus rohem Feldstein und gedeckt mit Holzschindeln.

»Wichtig fürs Leben!« Er nickt.

Ich will ihm gerade danken, als er die Hände hebt. »Ewiger! Hätte ich doch beinah vergessen Präsent zum Einzug!« Und er wühlt in den Taschen seines großen Mantels und befördert schließlich, eingewickelt in gelbes Seidenpapier, eine Frucht zutage.

»Für scheenes Mädchen! Saft musst du selber machen.«

Ich traue kaum meinen Augen. Es ist ein Granatapfel.

»Wo – wo hast du den her?«, frage ich und bin fast atemlos über dies kleine Geschenk, diese liebreiche Geste.

Er grinst in seinen Bart. »Gibt Botanischen Garten!«, sagt er. »In Steglitz. Die Wächter von Garten rauchen auch gern Amicigarettes.«

Ich schüttele den Kopf. »Attila – du bist verrückt. Meschugge.«

»Bisschen schon«, gibt er zu.

Anders als ich reagiert Alouette. Sie sagt zunächst artig auf Deutsch: »Danke, mein Herr!« Dann wendet sie sich an mich und sagt vorwurfsvoll: »Siehst du! Und du hast gemeint, so etwas gibt es hier nicht!«

Ich übersetze, und er bemerkt trocken: »Stimmt. Gibt alles, wenn man will.« Und wenn man Attila, der Hunnenkönig, ist, füge ich in Gedanken hinzu.

»Ich muss Auto wegbringen«, sagt er. »Nur geborgt, du verstehst?«

Ich nicke. »Wie soll ich dir bloß danken?« Mein Herz klopft.

Er dreht den Kopf zur Seite, sieht mich nicht an. »Mir fällt schon was ein«, murmelt er. Dann fügt er hinzu: »Ich muss auf Hamsterfahrt, bin in ein paar Tagen zurück. Du hast noch alles?«

Ich nicke.

»Darf ich besuchen Alouette?«

»Jederzeit.«

Ich warte darauf, dass er mich wieder so in die Arme schließt wie beim letzten Mal, aber er dreht sich ganz schnell um und ist draußen.

Da bin ich nun also angekommen bei den Displaced Persons. Und da gehöre ich ja wohl auch hin.

Ich gehe in die Küche, um meiner Tochter den Granatapfelsaft zuzubereiten.

Displaced. Am falschen Platz. So hatte ich mich damals gefühlt, Töchterchen, als wir beide auf dem rumpelnden Gefährt dahin fuhren, wo nun unsere Heimat sein sollte. Die Karawane bewegte sich häufig im trockenen Bett eines Flusses, auf Geröll und von Rissen und Sprüngen durchzogenem ockerfarbenem Lehm, den ich mit Besorgnis betrachtete. Er sah so aus, als könne er jeden Augenblick auseinanderbrechen wie die Kruste eines Brotes. Vielleicht war noch irgendwo Wasser darunter? Aber Haydee beruhigte mich: »L'oued est passé« – der Fluss ist vorbei. Was wohl heißen sollte, dass hier in diesem Wadi seit Langem kein Wasser mehr floss.

Die meiste Zeit unserer Reise verschlief ich wohl. Jedenfalls kam es mir im Nachhinein so vor, als sei ich immer nur aufgewacht, wenn du dich regtest, um irgendwelche Bedürfnisse anzumelden, stets mit entsprechender Lautstärke. Und dann war es jedes Mal, als hätten wir einen Sprung in eine andere Welt gemacht, so unterschiedlich waren die Landschaften, die wir passierten, jetzt auf einmal. Ich war eingeschlafen auf einer Hochebene voll kahler Olivenbäume, wo ein Esel mit verbundenen Augen das Göpelwerk einer Ölmühle antrieb, immer im Kreis laufend. Ich erwachte, als wir zwischen einem grauen Felsen zur einen und einem steil abfallenden Hang zur anderen Seite dahinfuhren, und blickte erschrocken in den Abgrund. Haydee bemerkte meine Furcht und bot mir stumm, nur mit Gesten an, den Platz zu wechseln. Als ich aufstand, dich fest an mich gepresst, sah ich: Dort unten lag ein See …

Das nächste Mal fuhren wir durch einen Wald, der mich ganz wehmütig stimmte. Es waren Eichen! Eichen wie zu Hause in Deutschland – und das erste Mal gestand ich mir ein, dass ich Heimweh hatte. Nein, nicht nach dem Deutschland, das im Moment die Welt in Furcht und Verderben stürzte. Aber nach den Bäumen, den Gewässern, den Gerüchen, die so ganz anders waren als die hier. Und nach der Stunde zwischen Tag und Nacht, dem Phänomen Dämmerung, das es hier nicht gab.

Du, meine Kleine, bist aufgewachsen in jenem Land, in dem sich die Nacht so blitzschnell auf die Erde herabsenkt wie ein hungriger Falke, der sich auf die Beute stürzt. (Weißt du noch, als wir in Zürich waren, jetzt im Herbst, wo die Tage noch schön und warm waren und die Abendstunden voll von sanftem Licht, und du mich fragtest: »Wird es nie Nacht in diesem Land, Maman?«)

Und ein paar Stunden später erwachte ich von dem Geräusch herabstürzenden Wassers. Gewaltige Wasserfälle mit weiß aufschäumendem Gischt, Regenbögen zwischen Fels und Fall, und das inmitten eines Waldes aus riesigen Zedern – es war wie in Träumen.

An viele Stationen der Reise erinnerte ich mich erst wieder, als wir in diesem Jahr herabstiegen aus unserem Dorf, sorgfältig geleitet und behütet von Männern, die mich in jenem Jahr wohl eher gejagt hätten.

Dann, irgendwann, waren wir auf der Hochebene angelangt; die Luft war klar und kühl, Bauern pflügten das Feld mit Maultieren vor Hakenpflügen aus Holz, große zottige Hunde umschlichen stumm unsere Karawane; die Schafherden, die sie bewachten, weideten an karg bewachsenen Hängen. All das, was für dich das selbstverständliche, das alltägliche Bild des Lebens werden sollte – ich sah es zum ersten Mal, Alouette, und es erschreckte mich. Gewiss mehr, als dich das Flugzeug nach Zürich und dann Europa erschrecken konnten. Denn du hattest ja mich. Und ich hatte zwar dich – ganz fest hielt ich dich –, aber ich war die Beschützerin, nicht die Beschützte.

Hier oben auf dem Hochplateau löste sich unser Reisezug auf. Die wehrhaften Männer des Geleitschutzes (zum Glück hatten wir ihre Dienste nicht in Anspruch nehmen müssen) zogen mit dem größeren Teil weiter, wie es hieß, über den Pass nach Quarzazate, dem Heimatort des schrecklichen al-Glaoui, der die Hand auf meinen Bauch und damit auch auf dich gelegt hatte.

Zwei der Karren und der Lastwagen mit der Familie fuhren weiter auf dem bisherigen Pass, und nach und nach blieben sie alle zurück. Auch die beiden Frauen, die mit uns gereist waren, verabschiedeten sich mit Küssen und Umarmungen. Schließlich blieben außer dem Kutscher nur Haydee und wir beide übrig.

Und dann rumpelte unser Karren über die mit Holzstreben befestigte Straße von Anefgou, hindurch zwischen den mit Erde und Latten gedeckten Bruchsteinhäusern, deren Dächer violett oder bräunlich leuchteten.

Wir waren angekommen, und als Haydee vom Karren stieg und uns beim Absteigen half, da strömten Frauen und Kinder zur Begrüßung herbei, der Freudentriller erklang, man bewarf uns mit Gerstenkörnern und getrockneten Blütenblättern und du gabst mit lauter Stimme zu verstehen, dass du dich als die Hauptperson sahst. Und damit hattest du ja auch Recht.

34

Es ist merkwürdig, aber wenn ich einmal unsere Unterkunft bei den Displaced Persons kurz verlasse – auf den Gängen und Fluren der Häuser begegnet mir nie eine Menschenseele.

Ich gehe zur Verwaltung, die laut Schild im Haus Nummer fünf Sprechstunden abhält. Ich muss uns ja irgendwie anmelden, denke ich. Aber der junge Mann mit dem militärisch kurzen Haarschnitt, der da hinter seiner Schreibmaschine hockt, wirft nur einen kurzen Blick über seine Brillengläser auf meinen Pass.

»Madame Talbaut? Bienvenue chez nous. Monsieur Molnár hat schon alles geregelt.« (Monsieur Molnár dürfte dann wohl Attila sein.) »Hier Ihre Lebensmittel-Bezugscheine. Und hier eine Zusammenstellung unserer Aktivitäten. Ausreiseantrag ist schon gestellt?«

»Noch nicht«, erwidere ich verwirrt. Natürlich, die Unrra-Quartiere sind ja nur Durchgangslager.

»Wir sind Ihnen dann gern behilflich bei der Beschaffung des einen oder anderen Stempels oder beim Weg durch den Paragrafendschungel. Angenehmen Aufenthalt.«

Das war's.

Als ich die »Zusammenstellung der Aktivitäten« betrachte, verstehe ich, warum ich nie jemanden zu Gesicht bekomme. Die Liste weist eine Unzahl von Zirkeln und Arbeitsgemeinschaften auf. Man lernt einen Beruf – vom Bäcker oder Tischler bis zum Metteur –, man besucht einen Kurs: »Modernes Hebräisch in Wort und Schrift«, man geht zu religiösen Veranstaltungen, man gibt eine Zeitung auf Jiddisch heraus, man spielt sogar Theater oder organisiert Ausflüge in die Museen. Alle geben sich heftigstem Aktivismus hin. –

Alouette ist nach wie vor schwach und schläft viel, aber jeden Tag scheint es ihr ein Stückchen besser zu gehen. Freilich hat sie nach dem ersten missglückten Versuch mit dem Aufstehen noch keinen Mut, selbst zu laufen. Ich trage sie auf die Toilette. Wenn ich sie hinstelle, knicken ihr einfach die Beine weg. Sie hat keine Kraft, ihr kleiner Körper hat zu viel Energie verbraucht, die Krankheit zu überwinden.

Mit Doktor Leblanc gibt es Schwierigkeiten. Er ist verärgert. Hat am Tag unseres Umzugs – oder unserer Flucht, wie man will – vor verschlossener Tür gestanden und schon gedacht, wir seien amtsärztlich einkassiert worden. Erst zwei Tage später gelang es mir, das Telefon in der Verwaltung zu benutzen und ihm eine Mitteilung zukommen zu lassen.

»Ich habe mir Sorgen gemacht, Madame!«, sagt er vorwurfsvoll, während er meine Tochter abhört. »Abgesehen davon, dass dieser Umzug eine illegale Aktion ist. Sie gehören nicht zu der Personengruppe, für die solche Plätze bestimmt sind. Sie haben einen regulären französischen Pass, können überallhin ausreisen, sobald Sie wollen und Ihre Tochter wieder transportfähig ist.«

Ich nicke. (Dass ich außerdem einen regulären Schweizer Pass habe, nur auf einen anderen, meinen richtigen Namen, habe ich ihm wohlweislich verschwiegen.)

»Frankreich hat sich bisher sehr loyal Ihnen gegenüber verhalten!«, bemerkt er streng.

»Ja! Aber vielleicht möchte ich ja heiraten und nach Palästina auswandern«, höre ich mich sagen. Wie zum Teufel bin ich auf so eine unsinnige Ausrede gekommen?

Er verharrt, das Stethoskop schwebt über Alouettes vorgebeugtem Rücken in der Luft und Doktor Leblancs Mund steht offen. Ich merke erst jetzt, dass ich ihn offenbar gekränkt habe.

»Ach!«, sagt er dann steif. »Tatsächlich? Nun, herzlichen Glückwunsch. Das ist dann also unsere letzte Begegnung. Sie wissen ja sicher, dass ich hier nicht behandeln darf. Es gibt einen eigenen Arzt für die DPs, einen gebürtigen Polen.«

Nein, das weiß ich nicht. »Aber Doktor! Sie können doch Ihre Patientin jetzt nicht in fremde Hände abgeben!«, entgegne ich ehrlich betroffen. »Nur Sie kennen sie wirklich.«

Er wickelt den Gummischlauch seines Geräts auf, steckt es in die Brusttasche, zieht Alouette das Hemd herunter und bettet sie dann vorsichtig zurück. Lächelt sie an und tätschelt ihr die Hand.

Danach sieht er mich an, mit einem kleinen wissenden Lächeln. Sein Unmut ist verflogen.

»Wer sie wirklich kennt, das sind Sie. Ehrlich gesagt, ich

konnte nur Hilfestellung leisten«, sagt er und seufzt. »Der eigentliche Arzt Ihrer Tochter waren Sie. Und als ich Sie damals aufgefordert habe, ihr mit all Ihrer Kraft, all Ihren Wünschen, Hoffnungen und Erinnerungen zur Seite zu stehen, da war das eigentlich ein letzter verzweifelter Versuch eines Arztes, dessen Kunst am Ende war. Ja, Madame. Ich hatte Ihre Kleine damals aufgegeben, jetzt, da sie über den Berg ist, kann ich es Ihnen ja gestehen. Aber Sie, Sie haben niemals aufgegeben. Sie haben mit der Energie einer Löwenmutter um sie gekämpft. Was haben Sie eigentlich gemacht?«

»Ich habe ihr Geschichten aus meinem Leben erzählt. Still in meinem Kopf. Was ich alles anstellen musste, um sie sicher und heil in diese Welt zu befördern. Da konnte sie mich doch schlecht im Stich lassen, nicht wahr, und das alles zunichtemachen.«

»Geschichten … ja. Mir fallen diese Märchen aus Tausendundeiner Nacht ein. Da gibt es eine Frau, die all diese Nächte um ihr eigenes Leben erzählt. Sie haben um ein anderes Leben erzählt. Die Kraft der Erinnerung!«

»Zum Glück musste ich es nicht tausendundeine Nacht lang tun«, erwidere ich.

Er setzt sich an den Tisch. »Ich mache dann die Abschlussrechnung fertig. Wollen Sie eine Quittung?«

»Nein, danke«, sage ich, während er irgendwelche Zahlen auf einem Rezeptblock auflistet und noch mal einen beachtlichen Packen Schweizer Franken zusammenbekommt.

»Ein paar Stärkungsmittel fürs Herz und allgemeiner Art verschreibe ich noch. Vielleicht müssen Sie dafür einige Apotheken abklappern. Im Armeedepot gibt's keine Medizin für Kinder. Im Übrigen ein dringender Rat: Lassen Sie in Zukunft die Finger von eigenmächtigen medizinischen Behandlungen!«

»Es ist ja gut gegangen.«

»Ja. Einmal.« Er schüttelt mir die Hand. »Bonne chance, Madame. Und viel Glück für die Zukunft in Palästina. Adieu, ma petite, werde schnell gesund!«

»Bien sûr, Monsieur!«, erwidert mein Kind ernsthaft. Als Leblanc draußen ist, fragt sie: »Wann fahren wir nach Palästina, Maman?«

»Gar nicht«, sage ich.

Dass ich die paar Brocken Arabisch, die ich mir inzwischen angeeignet hatte, in diesem Atlasdorf besser nicht verwenden sollte, das wurde mir erst klar, als ich mit »as-salamu aleikum« grüßte und befremdete Blicke erntete. Haydee redete mit den Frauen des Dorfs in einer Sprache, die für mich klang wie melodischer Singsang und in nichts an das Raue und Kehlige erinnerte, das man in Marrakesch hörte.

Ein neuer Schrecken! Ich hatte gedacht, nun in Ruhe weiter Arabisch lernen zu können, stattdessen sprach man hier Tamazight; Arabisch war die Sprache der Unterdrücker für die Bergvölker der Berber, die allerhöchstens in den Amtsstuben über Dolmetscher verwendet wurde.

Ja, ich wusste ja, dass ich fremd war und alles anders sein würde. Aber *so* fremd und *so* anders … Nicht mal mehr arabisch …

Während Haydee einer Frau in farbenprächtigem wollenem Umhang und dunkelblauem Kopftuch offenbar erklärte, was es für eine Bewandtnis mit uns hatte, führten uns andere in eines der Bruchsteinhäuser.

Was von nun an zu unserem Alltag gehören sollte (und was du, meine Kleine, bis zu unserer Abreise ja auch gar nicht anders kanntest), sah ich da zum ersten Mal: die Einrichtung dieser Häuser, die noch nicht so weit von der eines Nomadenzelts entfernt war; die selbst gewebten Teppiche an Wänden und Boden, die Tische, bestehend aus Tablett und faltbaren Beinen, die Sitzkissen, den Lehmofen, die Wasserkannen, den Lattenrost mit den Fellen als Schlafstelle. So würden wir leben.

Vom ersten Moment an umgaben uns die Wärme und die Gastfreundschaft der Frauen von Anefgou, mein Kind, und natürlich verdankten wir das weitgehend dir, dem »Bébé«, das so wundervoll strampelte und so lauthals schrie.

Gleich nach unserer Ankunft konnte ich dich und mich waschen und dich windeln, und noch während ich dich stillte, trugen unsere künftigen Nachbarinnen ein Willkommensmahl für Haydee und mich auf. Jede steuerte bei, was sie gerade hatte: Gerstenbrotfladen, Suppe aus Kichererbsen, Hammelnieren mit grünen Oliven und Kürbis, getrocknete Datteln und Feigen, Mandeln, Buttermilch von Ziegen und natürlich Minztee.

Dass man uns beiden Asyl gewähren würde, das stand niemals infrage. Das gehörte zur Natur dieses Volkes. Dass man uns aber gleich ein Haus gab und mit allem ausstattete, was man hier zum Leben brauchte, das verdankten wir, wie ich bald erfuhr, Haydees Bericht über uns. Wir waren in den Augen unserer Gastgeber von den Arabern, von al-Glaoui Verfolgte!

Damals wusste ich noch nicht, dass in diesem wie in anderen Berberdörfern Hütten leer standen und dass es überall viel mehr Frauen als Männer gab: Das war dem Wüten des Stammes der Glaoua unter ihrem Kriegsherrn Thami al-Glaoui zuzuschreiben, der die Männer entweder in seine Truppen presste oder, wenn sie sich weigerten, einfach erschoss.

Während all der Zeit in den Bergen habe ich nie erlebt, dass man den Namen des abtrünnigen, zu den Machthabern übergelaufenen Berbers al-Glaoui ohne eine Geste gegen den Bösen Blick aussprach oder zum Zeichen der Verachtung und des Abscheus nicht auf den Boden spuckte …

Die alte Itto – du erinnerst dich an die Frau mit den dichten Augenbrauen, die dir immer Mandelmilch zubereitete? – war so etwas wie die Dorfälteste, die Anführerin der Frauen. Ihr Ehemann war übrigens der Einzige dort, der Arabisch verstand. Er saß mit gichtverkrümmten Händen vor der Tür seines Hauses und ließ seine Frau Itto »regieren«. Alle Männer waren entweder steinalt oder unterwegs, um die Herden vor Dieben zu bewachen. Itto bestimmte, uns als Ehrengäste aufzunehmen, und so wurde es die ganze Zeit gehalten, die wir in Anefgou lebten.

In den ersten Tagen oder Wochen – ach, die Zeit war eben kein messbares Ding in Anefgou! – wohnte Haydee mit uns zusammen in unserem Haus. Sie brachte mir bei, wie es hier zuging, was ich zu tun, und natürlich auch, was ich zu lassen hatte. Kein Arabisch sprechen, lieber nur Zeichen machen! Ein Kopftuch tragen (allerdings keinen Gesichtsschleier)! Ehrerbietig zu älteren Frauen sein! Und keinen Mann angucken, immer den Blick senken!

Des Weiteren, wie man Holz sammelt und Feuer macht, wie
 man Wasser holt, wie man webt und näht – alles Künste, die man mich in Europa nicht gelehrt hatte! Und schließlich, wie man dich und mich ernähren sollte – indem man den anderen

Frauen bei der Arbeit auf dem Feld oder im Haus zur Hand geht.

Es gab nichts, rein gar nichts von all dem, was ich konnte oder wusste, womit ich mich hier hätte nützlich machen können. Lediglich, dass ich Französisch sprach, kam dem Dorf während unseres Aufenthalts ein paarmal zugute: einer Amtsperson, die sich bis Anefgou gewagt hatte, etwas erklären, Zeitungen übersetzen, die sich mit einem Handelskarren hierherverirrten und mir schlaflose Nächte bereiteten. Das war schon alles.

Ich musste mein Leben neu erfinden, damit du heranwachsen konntest.

Wenn sie allein war, weinte Haydee viel. Anefgou war ihre Heimat, und sie wusste, dass sie sie bald wieder verlassen musste, um für Aischa da zu sein. Sie sagte mir, dass sie alles an Aischa und ihre glückliche Kindheit hier erinnere. Übrigens hatte sie im Dorf erzählt, dass ihre Tochter in Marrakesch glücklich verheiratet sei. Sie wäre vor Schande gestorben, wenn ihre Nachbarinnen und Freundinnen von einst die Wahrheit erfahren hätten.

Haydee hatte nie ein Hehl daraus gemacht, dass sie wieder fortgehen würde. Aber als es dann so weit war, lag ich ihr fassungslos in den Armen.

»Verlass mich nicht! Bitte verlass mich nicht!«, stammelte ich – wie ein Kind, das von der Mutter allein im Wald zurückgelassen wird.

Sie streichelte mein Gesicht, mein Haar.

»Petite madame – du bist wie eine Tochter für mich gewesen. Aber ich habe noch eine andere Tochter, das weißt du ja. Und die braucht mich. Glaub mir, für uns beide war es ein großes Glück, dir zu helfen, auch wenn wir letztlich machtlos waren, als man dich eingefangen hat. Aber Allah hat ja alles zum Guten gewendet. Du und deine Kleine, ihr werdet glücklich sein hier. Ich weiß es.«

Der Händler, der Haydee mit zurücknahm in die Welt der Araber, verkaufte mir übrigens die Ziege, die ich dem Dorf als »Einstand« schenkte.

Aber es war, als hätte ich dieses Tier mir selbst geschenkt, denn ihnen allen war es nur selbstverständlich, dass du von seiner Milch ernährt wurdest, als ich dich entwöhnte.

Einen halben Tag lang klappere ich Apotheken in Wittenau im französischen Sektor ab, um die Medikamente und Stärkungsmittel zu besorgen, die mir Leblanc aufgeschrieben hat für meine kleine Rekonvaleszentin. Außer einer Flasche Pepsinwein bekomme ich nichts, ernte nur Achselzucken. Mir fällt dabei ein, wie damals Gabriel, Alouettes Vater, durch die Apotheken dieser französischen Stadt gezogen ist, deren Namen ich vergessen habe, um sich seine Herzmedizin zu beschaffen, für die er kein Rezept hatte, und ich denke an seinen Tod und der Geruch dieser schrecklichen Tropfen scheint mir auf einmal in der Nase zu sein. Und dann fällt mir auch noch Sidonie ein, an die ich in all dem Schrecken der Krankheit so lange nicht mehr gedacht habe, und ich bin auf einmal furchtbar traurig und wütend und gehe schnell nach Haus, mit einem unguten Gefühl, denn ich habe meine Kleine zum ersten Mal allein gelassen.

Leider bewahrheitet sich meine Ahnung. Ich finde meine Tochter in Tränen aufgelöst in ihrem Bett, und die roten Flecken auf ihren Wangen müssten mich eigentlich dazu bewegen, das Fieberthermometer wieder vorzuholen, aber ich will nicht.

»Warum warst du so lange fort, Maman? Ich habe gedacht, du kommst nicht wieder!«

(Ich wusste nicht, dass sie auf einmal Angst hat, verlassen zu werden. So etwas gab es nicht in Anefgou – aber freilich, da war sie auch nie allein, war umgeben von Spielgefährtinnen und fürsorglichen Frauen, »Tanten« und »Großmüttern«, wenn ich in den Gärten arbeitete oder Wasser holte oder am anderen Ende des Ortes irgendetwas zu erledigen hatte.)

»Ich habe nach dir gerufen, ganz laut!«, sagt sie anklagend. »Aber du hast mich nicht gehört.«

Ich verspreche ihr, sie nicht mehr allein zu lassen, und wenn ich doch fortmuss, dafür zu sorgen, dass sich jemand um sie kümmert. Sicher lässt sich dergleichen über die Verwaltung regeln.

Wo bleibt Attila? Schließlich hat er uns hierherverschleppt, nun soll er sich gefälligst auch um uns kümmern! Die Schokolade ist auch schon alle! (Denke ich und bin mir dabei bewusst, dass das ganz und gar unsinnig ist, denn letztlich muss er ja seinen weitverzweigten Geschäften nachgehen …)

Den Pepsinwein, den ich Alouette mit dem Löffel einflößen will, lehnt sie ab, indem sie den Kopf zur Seite dreht: »Das riecht eklig!«

Finde ich auch. Kurz entschlossen schütte ich den Inhalt der Flasche in den Ausguss. So, nun habe ich gar nichts. Der Tag ist vergeudet.

»Maman, est-ce que tu me racontes quelque chose?« Erzählst du mir etwas? Irgendwas?

Ich ergreife ihre Hände. Zu meiner großen Erleichterung

sind sie schon nicht mehr so heiß. Es war wohl nur die Aufregung über mein Ausbleiben und kein Fieber.

»Kann ich dir auch etwas vorsingen?«, schlage ich vor, denn sie ist ja wach. Die anderen Geschichten fließen nur von mir zu ihr, wenn sie schläft.

Sie nickt, und ich singe mit rauer und leiser Stimme, was mir gerade in den Sinn kommt, auf Tamazight und Französisch, alles bunt durcheinander. Das Lied von den Schafen im Winter, das sie während der Autofahrt gezirpt hat, und das Lied von dem treuen Hund, der über sieben Berge läuft und seinen Herrn sucht und findet, und »Au clair de la lune« und »Es war einmal ein kleines Schiff«, und dann, als ihr die Augen zufallen, bin ich bei deutschen Liedern angekommen und singe »Weißt du, wie viel Sternlein stehen« und »Zwischen Berg und tiefem, tiefem Tal«, und es macht ja nichts, dass ich mich nicht mehr richtig an den Text erinnere, denn erstens versteht sie ihn ohnehin nicht und zweitens schläft sie nun.

35

Von nun an, mein Herz, war die Zeit nur noch messbar am Kommen und Vergehen der Jahreszeiten und an deinem Heranwachsen.

Der Frühling überschüttete die Hänge des Atlasgebirges mit einem Schwall purpurfarbener und dottergelber Blüten und ließ die Wasser anschwellen, der Sommer folgte heiß und staubig, er trieb den süßlichen Duft der blühenden Ölbäume zu uns herüber und verbannte uns tagsüber ins Innere des

Hauses, der Herbst ließ die Sterne über der Hochebene riesig wie Flammen am Himmel strahlen und der Winter überschüttete uns mit seinen Regenfluten und seiner nächtlichen Kälte, sodass wir uns aneinanderschmiegten unter unseren Wolldecken und Schaffellen und ich dir auf Französisch Märchen und Geschichten erzählte und von deinem Vater redete.

Behütet und beschützt von den Frauen Anefgous wuchsest du heran, in den bunten Kleidern und den gestreiften Umhängen, die man dort webte und nähte, die Füße in den abgelegten Schuhen älterer Kinder.

Ich lernte Tamazight sprechen, unsere Ziege melken, Bohnen und Kichererbsen im Hausgarten anbauen, Wolle spinnen und sogar das Dach unseres Hauses mit Lehm ausbessern. Meine Hände wurden rau und rissig.

Im ersten Sommer beobachteten die Frauen mit Unruhe, wenn die Sonne auf meiner damals so blassen Gesichtshaut diese Sommersprossen hervorrief, die ich, wie du weißt, auch an Armen, Hals und Nacken habe. Sie hielten es für eine Krankheit, fragten besorgt, ob ich Schmerzen hätte, und schenkten mir Heilsalben. Aber als auch dir die kleinen lustigen Flecken auf dem Nasenrücken sprossten, beruhigten sie sich und hielten sie wohl für eine Art Stammesmerkmal.

Sparsam drangen die Nachrichten aus der Welt vor zum Hohen Atlas. Meistens waren es nur Gerüchte, die Händler oder Fuhrleute zur Hochebene mitbrachten, und die Berber in Anefgou waren nicht versessen darauf, zu erfahren, was passierte. Das Wichtigste war, das Geschehen kam nicht bis zu ihnen.

Als zum zweiten Mal Frühling die Weidehänge an den Bergausläufern mit der Glut des blühenden Mohns überschüttete, erfuhr ich aus einer alten Zeitung, dass die Deutschen in Russland einmarschiert waren.

Wie würde es weitergehen mit uns? Was, wenn die Deutschen diesen Krieg gewinnen würden?

Zu dieser Zeit glaubte ich, ich würde hier nicht wieder fortkommen, und es erschien mir nicht einmal schlimm, denn ich hatte ja dich, mein Mädchen. Auf keinen Fall war es schlimmer, als in die Hände meines Vaters zu fallen.

Manchmal, wenn ich zum Fluss ging, um Kräuter zu pflücken, sah ich einen blutjungen Hirten mit den flammend hellen Augen, wie sie bei den Berbern häufiger vorkommen, als man denkt.

Bald wurde mir klar, dass er seine Herde mit Absicht zu der Stelle trieb, die ich am Fluss aufsuchte. Wir begannen uns zu grüßen.

Und dann nahm mich Itto, die Dorfälteste, beiseite. »Manche Dinge sind hier anders als in deiner Welt. Du kannst jetzt wählen«, sagte sie freundlich. »Wir haben Gesetze, petite madame. Du bist eine ledige Frau, wir mögen dich. Wenn du willst, kannst du Driss heiraten. Dann gehörst du ganz zum Dorf. Wenn du aber weiter unter der Obhut der Frauen bleiben willst, dann wird Driss ab morgen auf der anderen Seite des Berges hüten. Überleg es dir.«

Ich saß an deiner Wiege, diesem an Stricken aufgehängten Korb, schaukelte dich in den Schlaf und sah mit großen Augen vor mich hin.

Eine Heirat hier im Dorf – und ich würde ganz und gar unter dem Schutz des Stammes stehen. Niemand würde mich von hier fortholen können. Aber ich würde auch niemals wieder selbst gehen dürfen, wohin ich wollte.

Ich war achtzehn. Und noch hoffte ich auf die Wendung der Dinge.

Am nächsten Tag ging ich zu Itto. »Ich will nicht heiraten«, sagte ich schlicht.

Ich sah den Jungen nie wieder. –

Dass es die Schlacht um Stalingrad gegeben hatte, erfuhr ich erst, als der Krieg fast vorbei war.

Beunruhigter hatte man sich in Anefgou über den Vormarsch der Deutschen in Nordafrika gezeigt – das war ja näher dran!

Ich, zum Glück, war ja für sie keine Deutsche, sondern eine »ar-Rumi«, eine »Römerin«, eine Bezeichnung, die auch für die Franzosen galt – sie war vor zweitausend Jahren geprägt worden für die Menschen, die vom Norden übers Mittelmeer kamen, und hatte sich seitdem nie geändert. Wozu auch.

Die Nachricht vom Kriegende erreichte uns mit einem arabischen Aufkäufer von Schafwolle, der uns auch mit Handelsgütern versorgte; du brauchtest dringend neue feste Schuhe und ich gab ihm den Auftrag, sie uns beim nächsten Besuch – also vielleicht in einem halben Jahr – zu bringen.

»Der große Krieg ist aus! Die Deutschen haben verloren!«, sagte er wichtig. »Ich weiß nicht, wie es weitergeht, ob ich überhaupt noch hierher in die Berge komme. Alles wird anders. Die Reisenden von überallher werden wieder zu uns ins Land strömen, ich werde als Fremdenführer arbeiten – Schafwolle? Wer will dann schon noch Schafwolle! Aber warten wir's ab. Inschallah. So Gott will, bringe ich dir die Schuhe.«

Der große Krieg war also aus. Hätte ich da nicht in fiebrige Unruhe verfallen müssen, beseelt von dem Wunsch, mit dir zusammen irgendwohin zurückzukehren? Aber die Jahre hier oben im Atlas waren nicht spurlos an mir vorübergegangen. Ich war so etwas wie eine Bäuerin geworden, und ich zögerte, mich mit dir in die Unsicherheit zu stürzen, die uns erwarten würde. Ich hatte Angst vor der Welt. Und vor meinem Vater.

Und so hockten wir beide denn tatsächlich in diesem Jahr 1947 noch immer in unserem Dorf, als im Juli dieser gewichtige Trupp aus Europa bei uns auftauchte, der mich und dich zurückholte in die sogenannte »Zivilisation«.

Attila ist zurück! Auf dem Wachstuch des Tisches häufen sich Eier, jedes einzelne in Zeitungspapier eingewickelt, zwei Schokoladetafeln, Bananen, Zitronen, eine große Dose mit Ovomaltine amerikanischer Herkunft, ein riesiger Kanister mit Olivenöl. Daneben sitzt ein weißer Teddybär mit einer blauen Schleife um den Hals.

»Was ist das alles?«, frage ich entgeistert.

»Du nicht musst bezahlen!«, beruhigt er mich. »Sind Geschenke für dich und Kind.«

Ich schüttele den Kopf. »Aber wieso …?«

»Dumme Frage!«, murmelt er und sieht mich nicht an. »Darf ich Alouette Bär geben?«

»Geh nur zu ihr«, sage ich und kann mich nicht zurückhalten, sondern muss eine der Schokoladetafeln anbrechen und mir einen Riegel in den Mund stopfen. Ich höre mein Mädchen da in ihrem Bett vor Entzücken quietschen, und mir wird klar, dass ich überhaupt nicht auf die Idee gekommen bin, sie mit solchen Spielsachen zu versorgen. In Anefgou musste man sich seine Puppe aus Lumpen basteln; hier in Europa habe ich ihr Kreisel und Bälle und ein Springseil gekauft, damit sie ihren Bewegungsdrang ausleben kann – ein Wesen, das gewohnt war, in der freien Luft herumzutoben –, aber ein Kuscheltier? *Ich* kuschelte doch mit ihr …

Ich gehe hinüber zu den beiden. Meine Kleine strahlt. Sie wiegt den Bären im Arm und singt ihm »Schlaf, schlaf, mein kleines Lamm« auf Tamazight vor.

Attila fasst mich am Arm und zieht mich mit sich. »Deine Juwels kann ich verkaufen sehr gut!«, sagt er. »Habe Interessenten bei die Amis. Dauert nur noch paar Tage. Wir handeln noch.« Er sieht mich forschend an. »Alles in Ordnung hier?«

»Nicht ganz«, sage ich und berichte ihm: von Doktor Leblancs Rückzug, von meiner vergeblichen Tour durch die Apotheken und von Alouettes kleinem Fast-Rückfall wegen ihres Alleinseins.

Er runzelt die Stirn. »Wir müssen das regeln. Heute ich habe bisschen Zeit. Ich bleibe bei scheenes Kind, wenn es ist einverstanden, und du besorgst Medizin in amerikanische Sektor. Bessere Versorgung, bessere Apotheken.«

Ja, Alouette will gern mit ihm allein bleiben. Und dankbar ziehe ich ab, um endlich die Rezepte einzulösen. Attila hat Recht. »Bei die Amis« kriege ich wirklich die Dinge, die Leblanc aufgeschrieben hat.

Ich beeile mich zurückzukehren, aber das wäre nicht nötig gewesen. Gelächter empfängt mich – tief und hell. Attila und meine Tochter spielen zusammen mit dem Bären.

»Ihr versteht euch!«, sage ich froh.

Meine Tochter schüttelt empört den Kopf. »Überhaupt nicht! Er kann ja nicht richtig sprechen! Kann außer dem Doktor und dir keiner richtig sprechen?«

Ich übersetze, und Attila sagt: »Sie muss haben einen – wie sagen die Amis – einen Babysitter, der kann Französisch.«

»Aber sie braucht ja nun keinen Babysitter mehr«, erwidere ich. »Ich habe ja jetzt die Medizin bekommen und …«

»Doch, sie braucht«, erklärt er bestimmt. »Kind braucht jemanden, damit Mutter kann ausgehen. Mutter hat auch noch anderes Leben als nur für Kind.«

Und ich sehe, dass er wieder rot wird.

»Ich muss gehen!«, sagt er. »Komme bald wieder.« Er greift sich seinen Mantel, zerrt ihn ungestüm von dem Stuhl, über den er ihn geworfen hat. Einer der großen Hirschhornknöpfe löst sich, kullert durch den Raum. Alouette lacht und klatscht in die Hände.

»Verdammt!«, murrt er. »So kann ich nicht gehen zu Kundschaft. Wie Vagabund.«

»Ich näh ihn wieder an«, sage ich.

Gleichzeitig gehen wir beide auf die Knie, um das abgerissene Ding, das unter den Stuhl gerollt ist, aufzuheben, und stoßen mit den Köpfen gegeneinander. Ich greife mir lachend an die Stirn, aber er lacht nicht, und seine Hand hält meine Hand fest da unterm Stuhl, zwei, drei tiefe Atemzüge lang; ein – aus, ein – aus, ein – aus.

Dann mache ich mich frei und sage: »Ich hol das Nähzeug.«

Er kommt mir hinterher, ich spüre seinen Atem in meinem Haar.

Eine Nadel einzufädeln kann sehr mühsam sein, wenn man unsichere Hände hat.

Es dauert.

Als ich mich endlich umdrehe, Nadel und Faden in der Rechten, den Knopf in der Linken, hat er seinen schweren Mantel schon wieder auf dem Leib.

»Zieh aus!«, kommandiere ich, forscher als mir zumute ist.

Er schüttelt den Kopf. »Bin lebendes Kleiderständer!«, sagt er. Die Pupillen seiner kindlich blauen Augen sind jetzt ganz groß und schwarz.

»Wer sich das Zeug am Leibe flickt – der hat den ganzen Tag kein Glück«, zitiere ich ein Sprichwort, und er bemerkt kategorisch: »Verstehe ich nicht.«

Also beginne ich mit meinem Werk, hantiere an seinem Körper, nähe mehr schlecht als recht den Knopf an die passende Stelle.

Meine Finger sind feucht. Dicht vor mir hebt und senkt sich der große Brustkorb in langsamen Atemzügen. Ich rieche die Wolle des Mantels, das gestärkte Leinen des Hemds, einen Geruch, den niemand sonst an sich hat als nur er. Ein Hauch von Mandelöl vielleicht … Auf einmal wird mir bewusst, dass mir dieser Geruch schon vertraut geworden ist.

Keiner sagt etwas.

Dann habe ich den ganzen langen Faden aufgebraucht – ohne jeden Sinn, ich habe immer wieder die Nadel durch die Löcher des Knopfs gezogen, auch als es schon gar nicht mehr nötig war.

Ich räuspere mich. »So. Fertig«, sage ich unnötigerweise.

Und dann beuge ich mich vor, um das kurze Stück Faden abzubeißen. (Ja, man kann auch eine Schere benutzen.)

Er nimmt meinen Kopf mit einer Hand und presst ihn ganz fest und ganz sanft gegen seine Brust. Wieder, wie bei jener ersten Umarmung, fühle ich den ruhigen, tiefen Schlag seines Herzens.

»Bringt ja doch Glück mit Zeug am Leibe flicken«, sagt er.

Er hat es also doch verstanden.

»Attila …«

»Was macht ihr eigentlich?«, fragt mich Alouette von ihrem Bett aus, und ich erkläre: »Wir nähen zusammen Attilas Mantelknopf an.«

»Ich komme morgen wieder«, sagt er leise und lässt mich los. »Du fragst nach Babysitter, ja?«

Ich höre ihn den Gang entlangprasseln, als gälte es, einen Rekord aufzustellen.

»Du magst ihn auch leiden, ja?«, sagt meine Tochter.

»Ja«, erwidere ich.

Doktor Cohen ist Chefarzt des jüdischen Krankenhauses im Wedding, aber er macht keine Hausbesuche, nicht einmal für Schweizer Franken. Doch einmal in der Woche kommt Doktor Kupferblum aus dem amerikanischen Sektor ins Unrra-Quartier hierher nach Wittenau, um Sprechstunde abzuhalten, und Doktor Kupferblum ist sogar Kinderarzt.

Das erfahre ich von dem jungen Mann in der Verwaltung – ich weiß nicht, ob es derselbe ist wie beim ersten Mal, immerhin hat er auch so kurze Haare und trägt ebenfalls eine Brille und guckt kaum von seiner Schreibmaschine auf.

Also ziehe ich meine Tochter an, wickele sie in Decken und trage sie durch den grauen Herbsttag hinüber zu dem Haus, wo die Sprechstunde stattfindet.

Das Wartezimmer ist leer. Eine deutsche Krankenschwester, die mich in ihrer weißen Schürze mit den akkurat auf dem Rücken gekreuzten Bändern sehr an Annemarie erinnert, nimmt unsere Personalien auf und lässt uns dann in den improvisierten Behandlungsraum.

Doktor Kupferblum ist ein eisgrauer Mann, so um die fünfzig, und das hohlwangige bleiche Gesicht zeugt davon, dass er das gleiche Schicksal erlitten hat wie die meisten hier: Er ist in irgendeinem dieser Lager gewesen. Das erkenne ich inzwischen, auch ohne dass ich erst an seinem Unterarm (er trägt einen kurzärmeligen Kittel) die eintätowierte Nummer suche. Er fragt in geläufigem Deutsch nach unseren Wünschen und Alouette strahlt auf, als er sie in Französisch anspricht.

»Gut«, sagt er schließlich, nachdem er sie untersucht hat. »Für einen gerade überstandenen Typhusfall sogar sehr gut. Herz und Kreislauf scheinen stabil. Was bekommt sie für Medikamente?«

Ich zähle auf, was Doktor Leblanc verschrieben hat, und er nickt zu allem. Dann sieht er zu meiner Tochter herüber und fragt: »Versteht sie Deutsch?«

»Nein«, erwidere ich unbehaglich.

»Sie wissen, dass Ihre Kleine eigentlich auf eine Quarantänestation gehört? Ich könnte das arrangieren, die drei Betten hier in Wittenau sind zurzeit nicht belegt und die Schwester würde …«

»Kommt nicht infrage!« Ich stehe auf. »Um dem zu entgehen, sind wir überhaupt nur hierhergekommen!«

Er zieht die Brauen in die Höhe. »Das verstehe ich nicht. Sie warten nicht auf Ihre Ausreise?«

Ich schüttele den Kopf. »Ein Freund hat uns hergebracht.«

»Muss ein einflussreicher Freund sein!«

»Attila Molnár«, sage ich. »Vielleicht kennen Sie ihn.«

»Aha!«, sagt er gedehnt. »Der junge Mann, der eine so überaus glückliche Hand bei seinen Geschäften hat! Ja, wer kennt den nicht. Sorgt ein bisschen für Unruhe, der Herr Molnár. Eine Reihe von Personen bei der Unrra sind nicht so glücklich über … so sehr tüchtige Geschäftsleute.«

Ich schweige.

Er sieht mich nicht an und ordnet die Blöcke auf seinem Tisch. »Sie pflegen Ihr Kind allein?«

»Ja, Herr Doktor«, sage ich wild, »ich habe sie gesund gemacht. Ich! Dadurch, dass ich bei ihr war. Ich gebe sie nicht her! Wir trennen uns nicht.«

Nun hebt er den Blick. Seine Augen, von verschwommenem Grau, scheinen durch mich hindurchzusehen. »Das verstehe ich«, erwidert er leise, und ich wage nichts zu fragen. Keiner der Menschen hier in Wittenau, der nicht seine Verletzungen mit sich herumschleppt. »Aber Sie können nicht Tag und Nacht um Ihre Tochter sein, ohne selbst krank zu werden. Sie brauchen Hilfe.«

Mir ist, als höre ich das Echo von Attila.

»Keine deutsche Krankenschwester!«, widerspreche ich energisch. »Aber wenn Sie jemanden wüssten, der vielleicht einmal oder zweimal die Woche zu ihr kommt und auch noch mit ihr Französisch spricht – das wäre eine Hilfe.«

Bin ich tatsächlich errötet?

Er nickt. »Das lässt sich einrichten. Ich habe da jemanden im Auge, sie unterrichtet sogar Französisch.« Er lächelt Alouette zu. »Du wirst dich nicht langweilen, ma petite.«

»Oh, mit Maman und mit Attila langweile ich mich nicht«, sagt sie strahlend.

Doktor Kupferblum schmunzelt.

Ich höre seine Schritte auf dem Korridor – wenn Attila es eilig hat, erbeben die Dielen! Und ich bin an der Tür, bevor er überhaupt geklopft hat. Erst da wird mir klar, dass ich auf ihn gewartet habe …

Und offenbar ist ihm auch klar, dass ich warte. Er bleibt an der Tür stehen, ohne mich anzusehen. »Hast du Babysitter?«

Ich nicke. Kriege keinen Ton heraus.

»Sag nichts.« Er schluckt. »Wenn du kommst heute Abend, zu mir in den Schuppen, dann ist es gut. Wenn nicht, ich nehme nicht übel. Bleibe Lieferant und Kommissionär, okay?« Er beißt sich auf die Lippen. »Du sollst wissen, ich wünsche sehr«, sagt er. Dreht sich um und ist weg.

Mir sitzt das Herz im Hals.

»Kommt Attila nicht zu mir?«, ruft Alouette aus ihrem Zimmer.

»Nein, Schatz, er hat es eilig«, sage ich.

Meine Hände zittern, als ich zaghaft an die Tür des Schuppens klopfe – irgendeine wirre Folge von Schlägen; er hat sich auch nie an verabredete Zeichen gehalten, wenn er mich in der alten Wohnung besucht hat.

Und die Tür geht auf, als hätte er schon die ganze Zeit dahintergestanden (so wie ich heute Früh) in seinen Hemdsärmeln und mit seinem Hut auf dem Kopf.

»Nun«, sage ich und muss mich räuspern, »da bin ich also.«

»Da bist du also«, wiederholt er.

Der Raum scheint zu glühen. Statt der drei Heizsonnen, die er sonst in Betrieb hat, sind es diesmal vier, aufgestellt an den vier Ecken eines ... Ich erstarre. Statt des Tischs mit dem Samowar liegt im Zentrum der Hitze eine große Matratze, ein Bett aus aufgetürmten Kissen und Decken.

Der Stromgenerator brummt und summt.

»Ist dir nicht recht so?«, fragt er.

»Oh doch«, murmele ich heiser. »Es ist nur so – direkt.«

»Wie willst du jemanden lieben indirekt?«, sagt er. Er schließt die Tür hinter sich ab und umfasst mich. Seine Arme sind unwiderstehlich. Ich könnte mich nicht herauswinden, selbst wenn ich es wollte. Aber ich will es ja gar nicht.

Er hebt mich hoch, als hätte ich überhaupt kein Gewicht, trägt mich in den Kreis aus glühenden Metallsonnen und beginnt mich ganz langsam auszuziehen. Er ist nicht stürmisch oder ungeduldig. Er lässt mir Zeit. Er ist sanft wie ein Windhauch. Er ist unendlich zärtlich. Und nachher, als es vorbei ist, umschlingt er mich so behutsam mit Armen und Beinen, dass ich mich fühle wie in einem Nest.

Er liegt da, verstrickt mit mir, hat die Augen geschlossen.

Schläft er? Behutsam stütze ich mich auf den Ellenbogen auf und betrachte ihn. Sein Kopf ist voller rötlicher Stoppeln, im Gegensatz zum Bart trägt er das Haupthaar ganz kurz unter den Kopfbedeckungen, mit denen ich ihn vorher nur gekannt habe. Auf dem von starken Muskelsträngen markierten Arm entdecke ich die KZ-Nummer – ich schaue schnell wieder weg. Ich will das nicht sehen. Ich will eigentlich auch die Narben nicht sehen, die er auf dem Körper trägt. (Ich werde ihn fragen, woher sie stammen.)

Mir fällt Gabriel ein – seine Narben waren die von Schussverletzungen aus seiner Zeit bei der Legion. Und ich denke an die Peitschennarben des Haratins Jussuf. Wie es scheint, hat das Schicksal nur Männer für mich vorgesehen, die irgendwann verletzt worden sind.

»Nun«, sagt Attila und schlägt die Augen auf, »fertig mit

Inspektion? Dann bin ich dran.«

»Oh nein!«, entgegne ich erschrocken. »An mir gibt's nichts zu sehen. Ich habe Haare wie ein ungeschorener Pudel und

Sommersprossen bis hinunter zu den – ich meine, bis ins Dekolletee.«

Er hört gar nicht auf mich. Hält mich fest, sanft, aber nachdrücklich. »Ich liebe solches Haar. Ich liebe solche Tupfen. Wie kleiner Panther. Du bist perfekt, junge Frau. Für mich.«

Er beginnt mich zu küssen, erst Stirn und Augen, Wangen, Kinn und Mund.

Dann vergessen wir aufs Neue die Zeit.

36

»Ich muss gehen!«, sage ich erschrocken. »Die Frau, die sich jetzt um Alouette kümmert, hat nur zwei Stunden Zeit. Sie ist heute das erste Mal da. Bestimmt ist mein Mädchen schon seit einer Weile allein!«

Attila hockt neben dem Samowar auf der Erde und füllt Wasser auf. »Sie ist sicher vernünftig. Willst du Tee?«

Ich schüttele den Kopf.

»Was ist mit Babysitter. Ist sie okay?«

»Das weiß ich nicht, Attila. Ich habe sie noch nicht gesehen. Doktor Kupferblum wollte sie gleich nach ihrem Unterricht herüberbringen, aber es gab irgendeine Verzögerung …«

Ich verschweige, dass ich voller Ungeduld einfach das Geld auf den Tisch gelegt habe und abgehauen bin, weil Alouette mir versichert hat, sie würde sich ganz gewiss nicht allein fürchten.

»Unterricht? Was macht sie?«

»Sie unterrichtet die Kinder vom Unrra-Quartier in Französisch, sagt der Doktor.«

»Sollte sie lieber in Hebräisch unterrichten«, murrt er. »Wann bist du wieder bei mir?«

»In drei Tagen ist sie wieder da, diese Frau – aber ich weiß ja noch nicht, ob das gut geht mit ihr und meiner Kleinen.«

»Komm bald!«, sagt er, steht auf, fasst meinen Kopf in die Hände und küsst mich auf die Stirn. »Ich muss sonst sterben vor Sehnsucht nach dir.«

Seine Augen sind ernst und irgendwie schattig.

Ich reiße mich los und laufe über die Straße nach Hause in die Siedlung.

Meine Sorgen erweisen sich Gott sei Dank als unbegründet. Alouette sitzt aufrecht in ihrem Bett und ist so beschäftigt, dass sie mich erst gar nicht wahrnimmt. Sie hat eine Schiefertafel und malt eifrig, mit schief gelegtem Kopf, eine Reihe von Buchstaben darauf. »Sieh mal, ich lerne schreiben!«

»Das ist ja wunderbar!«, sage ich. »Kommst du gut aus mit der Frau?«

»Sie ist so lieb!«, erwidert meine Tochter in einem Tonfall, der mich fast eifersüchtig macht. »Sie erzählt mir etwas und dann fangen wir an zu arbeiten. Bald kann ich selbst Bücher lesen, dann kannst du wegbleiben, solange du willst.«

»Das dauert schon noch ein bisschen.« Ich schnuppere, halte die Nase in die Luft.

Ich kenne diesen besonderen Geruch. Den Geruch von Zigaretten einer gewissen Marke.

»Sag einmal, diese Frau – sie hat doch hier nicht etwa geraucht?«, frage ich beunruhigt.

Alouette macht runde Augen, schüttelt den Kopf. »Wo denkst du hin, Maman? Aber sie hat das so an sich. Sie riecht eben so.«

Und dann fällt mir ein, dass Jankel mir von einer Französischlehrerin erzählt hat, die unbedingt nur »Juno« haben möchte. Das muss sie also sein.

Ich mache das Fenster auf. Will den Geruch nicht haben. Um nichts in der Welt. –

In dieser Nacht träume ich seit endlos langer Zeit wieder von Sidonie.

Sidonie, die in Frankreich und in der ersten Zeit in Marrakesch noch meine Traum-Führerin gewesen war – ihr Bild verblasste unter den schneebedeckten Gipfeln des Hohen Atlas wie so vieles andere auch.

So wie das Bild Gabriels dort oben in der Nähe der Schneeberge verblasst war. Dann, als ich dir von ihm erzählte ohne Worte, da war er wieder da, so dicht, dass ich seinen Atem zu spüren glaubte. Der Mann, den ich geliebt habe.

Und nun? Was ist jetzt mit mir geschehen? Was wird weiter sein?

Diese Nacht nun geht Sidonie vor mir auf der Straße her, das dunkle Haar weht um ihre Schultern, sie sagt nichts, ich laufe ihr nach und weine.

Als ich aufwache, sind meine Wangen nass. Wovon nehme ich Abschied – wenn es denn ein Abschied ist?

Das alles kommt nur von der verfluchten Angewohnheit einer Französischlehrerin, »Juno« zu rauchen.

Kurz vor der Schwelle des Winters bringt der Herbst noch einmal den Spätsommer zurück. Eine milde Sonne beleuchtet die Trümmerlandschaft Berlin. Alouette macht ihre ersten vorsichtigen Schritte, aber für größere Spaziergänge fehlt ihr noch immer die Kraft.

Attila weiß dann Rat und besorgt einen Kinderwagen für sie, in den sie natürlich nicht hineinpasst, zumal sie während der Krankheit gewachsen ist. Ihre langen mageren Beine in den wollenen Strümpfen ragen über den Rand hinaus. Im Arm hält sie den weißen Teddybären. Und so gehen wir in Berlin spazieren, verfolgt von den neugierigen Blicken der Leute. Wenn Attila mitkommt – und das tut er häufig –, fallen diese Blicke etwas verstohlener aus. Dafür dreht man sich nach uns um, wenn wir vorbei sind.

Inzwischen weiß er in groben Zügen von meiner »Doppelexistenz«, und ich weiß von ihm, dass er aus Budapest stammt und, entgegen dem Wunsch seines liberalen und assimilierten Vaters, Rabbiner werden wollte. Seine biografischen Angaben enden auf dem Bahnhof, wo er in den Deportationszug stieg. Keiner von den ehemaligen Lagerinsassen redet über das Danach. Da ist nur Dunkel.

»Zeig mir das Haus, wo du gewohnt hast!«, bittet er eines Tages.

»Da ist kein Haus mehr«, erwidere ich, und er sagt: »Zeig es mir doch.«

Und vielleicht ist es ja gar keine so schlechte Idee. Das Entsetzen, das mich vor dem Trümmerhaufen erfasst hatte neulich, als ich mit Alouette davorstand, der Wunsch fortzulaufen – das ist doch irrational. Und so fahren wir das Kind denn im Wagen durch die besonnten Straßen und stehen dann mit der stummen Hilflosigkeit von Leuten, die nichts anzufangen wissen mit dem, was sie sehen, vor den Trümmern. Es war wohl doch ein Fehler, hierherzugehen.

»Sprengbombe oder Brandbombe?«, frage ich, um überhaupt etwas zu sagen.

Attila zuckt die Achseln. »Vielleicht auch beides?«, mutmaßt er.

Unterdessen hat sich mein Mädchen aus ihrem Kinderwagen herausgerappelt und strebt wie magisch angezogen auf den alten verrotteten Sandkasten im Hof zu.

»Meine Güte!«, schreie ich angstvoll, während sie durch die Trümmer des Torwegs rennt, vorbei an Mauern, von denen ich befürchte, dass sie irgendwann – warum nicht heute? – in sich zusammenrutschen, aber Attila hält mich zurück, mit einer jener seidensanften Gesten, die trotzdem so viel Kraft haben, dass sie einen angreifenden Schäferhund aufhalten könnten.

»Lass sie nur!«, sagt er leise. »Der Ewige beschützt sie. Sie braucht jetzt Erde zum Anfassen.«

Wie Recht er hat! In all den Jahren ihres Kinderlebens hatte sie mit Sand und Steinen, mit rieselndem Wasser, Ton, Holz und Kieseln zu tun – und hier gibt es nichts als Asphalt und Pflaster und Trümmer und enge Stuben, in denen man hausen muss.

Vorsichtig leitet mich Attila – immer die Hand an meinem Arm – ebenfalls durch die Reste des ehemaligen Hausflurs.

Alouette hockt im Sand, vielmehr in dem, was davon übrig ist, und lässt selbstvergessen die dreckige Erde durch ihre Finger gleiten. Es dauert nicht lange, und sie hat auch mein altes »Geheimversteck« entdeckt, wo damals der Schlüssel zum Bahnhofsschließfach lag, als ich mit Sidonie fliehen wollte …

Ich gebe mir Mühe zu lächeln. Und dann verlassen mich meine Nerven.

Da steht mit Kohle geschrieben hinten an der hölzernen Bande des Sandkastens mein Name. Da hat jemand »RITA« hingeschrieben. Zumindest meine ich, ein R und T und A zu erkennen. Das andere – falls da noch mehr als der Name war – ist verwischt und verschwommen.

»Sieh doch! Sieh doch da!«, schreie ich und zeige auf den Schriftzug. Aber als ich genauer hingucke, sind es vielleicht doch nur vom Regen und vom Schnee verwaschene, halb ausgelöschte Kritzeleien, gar keine Buchstaben. Bloß, wie kommt so etwas da hin, egal, ob Schrift oder Krakel?

Mein Kind und mein Freund sind beide sehr erschrocken darüber, wie ich mich hier aufführe, und sie versuchen mich zu beruhigen. Ich glaube, ich sehe tatsächlich Gespenster. Es tut einfach nicht gut, sich dieser Vergangenheit zu stellen. Es ist, als würde man den Deckel von einem Kübel voller Unheil ziehen. Man fängt an, dummes Zeug zu träumen und Dinge zu bemerken, die gar nicht existieren.

Wir gehen lieber in den Tiergarten, wo es nur Gebüsch gibt und keine Bäume, und schauen uns auch noch die Kühe an, die vor der Ruine der Staatsoper wiederkäuen. Kühe gab es in Anefgou nicht. Nur Esel und Muli, Ziegen und Schafe.

37

Die Babysitterin, jene Juno rauchende Französischlehrerin, hat uns versetzt, ist nach dem ersten Mal nicht wiedergekommen. Insgeheim bin ich froh; der Geruch nach diesen Zigaretten hat mich beunruhigt, mir böse Träume beschert.

Ich will mich bei Doktor Kupferblum beschweren und

jemand anderen anfordern, aber mein verständiges kleines Mädchen erklärt mir: »Ich bin ja nun nicht mehr krank, Maman. Wenn du Attila besuchst, dann weiß ich, wo du bist.

Dann weiß ich, du kommst wieder. Ich brauche keinen, der sich um mich kümmert! Und ich kann die Wörter üben, die Mademoiselle mir beigebracht hat. Und du kannst mich auch was lehren.«

»Mademoiselle? Hat sie keinen Namen?«

»Lehrerinnen nennt man einfach Mademoiselle!«, erklärt Alouette mir – kopfschüttelnd, dass ich so etwas Elementares nicht weiß.

Ich verspreche, weiter mit ihr zu lesen und zu schreiben, und gehe zu Attila, nicht ohne ein ungutes Gefühl. Man sollte sein Kind nicht allein lassen. –

»Warum gehen wir eigentlich nie in deine Wohnung?«, frage ich ihn eines Tages.

Zunächst antwortet er nicht. Dann sagt er mit einem verlegenen kleinen Lachen: »Ach, so was hab ich nicht.«

»Was meinst du damit?«, forsche ich irritiert.

»Das hier ist mein – hier wohne ich.«

»Hier in dieser Halle?«

Er nickt. »Zu viele Menschen um mich in Gebäude – macht mich krank.«

Erschüttert spähe ich am Samowar und an dem brummenden Stromgenerator vorbei in den in Dunkelheit sich erstreckenden Schuppen mit den unübersichtlichen Vorratsregalen und Schränken. Der mit Wahrscheinlichkeit reichste Händler des Eichborndamms haust mit Matratze, Tisch und Stühlen, vier Heizsonnen und seinem Teegeschirr hier inmitten seiner Waren.

»Aber«, sage ich, »wie geht das denn? Du – wo isst du?«

»Unterwegs«, erwidert er vage. »Oder hier – Brot mit Marmelade zu Tee.« Er lächelt verlegen.

(Brot mit Marmelade! An dem Tag, als ich – in einem anderen Leben – Gabriel in Strasbourg kennenlernte, da hat er mich auch mit Marmeladenbrot gefüttert …) Ich bette meinen Kopf auf die breite, narbenüberzogene Brust. Attilas Haut duftet nach einer Seife, die es bestimmt nicht in einer deutschen Drogerie zu kaufen gibt heutzutage. »Und wo duschst du dich?«, frage ich weiter.

Er zuckt zusammen.

»Nie in meinem Leben ich gehe unter Dusche!«, sagt er, und seine mächtige Stimme ist auf einmal ganz klein. »Ich habe die gesehen – *da* – in …« Er würgt an dem Wort. »In Auschwitz!«, bringt er schließlich hervor. Er packt mich, schiebt mich von sich, hält mich mit ausgestreckten Armen. »Warum sagst du so etwas?« Seine Augen flackern.

Gütiger Gott, was habe ich angerichtet! Duschen – für ihn jetzt und in alle Ewigkeit verbunden mit den Giftgasduschen des Lagers, in die man die ahnungslosen Häftlinge trieb! Und ich plappere, ohne zu überlegen …

»Attila! Ich wollte doch nicht … Ich hab einfach an nichts gedacht …«, stammele ich. Mein Gesicht glüht. »Bitte – ich verspreche dir …« Ich weiß gar nicht, was ich rede.

Endlich geben seine Arme nach, und ich sinke zurück, verstecke mich an seiner Brust wie ein Kind. Dann höre ich ihn sagen: »Ist schon gut, kleine Frau. Ist schon gut. Wir besser reden von anderen Sachen. Wenn ich baden will, ich nehme mir Suite in Hotel Newa, siehst du! Willst du mal mitkommen in Hotel Newa?«

»Nein«, sage ich. »Ich will hier bei dir sein, wo du immer bist.«

»Ist schön, wenn du sagst, du willst bei mir immer sein.«

Das habe ich gar nicht gesagt. Hat er es wirklich so gehört, oder hat er mich mit Absicht missverstanden? Ich antworte nicht darauf.

Ich muss auch nichts mehr sagen.

Nun, da es meiner Tochter besser geht, wird sie »flügge«, verlässt das Nest und ich stehe da, so kopflos wie die Henne, die ein Entenküken ausgebrütet hat. Es beginnt damit, dass ich von einer kleinen Besorgung zurückkomme, und die Wohnungstür ist nur angelehnt. Alouette ist nicht da. Halblaut rufe ich im Treppenhaus ihren Namen. Nichts.

Ich spüre, wie Panik in mir aufsteigt. Wieso ist sie überhaupt fort? Und: Ist sie aus freien Stücken fort? So unsinnig der Gedanke ist – irgendwie schießt mir sofort durch den Kopf, man könnte sie entführt haben.

Ich packe mein Schlüsselbund und beginne die Quartiere auf dem Korridor abzuklappern, klingele und klopfe an den Türen meiner Mitbewohner. Dabei weiß ich, dass eigentlich tagsüber fast nie jemand zu Hause ist – und wenn doch, bleibt noch fraglich, ob man aufmacht.

Schließlich, bei der vierten oder fünften Wohnung, höre ich zögernde Schritte hinter der Tür und eine ängstliche Frauenstimme fragt etwas auf Ausländisch.

»Mein Kind!«, sage ich. »Haben Sie vielleicht mein Kind gesehen? Ein kleines Mädchen, Alouette! Sie war bis vor Kurzem noch krank …«

Stille. Dann wiederholt die Stimme: »Kind?«

»Ja, meine kleine Tochter. Haben Sie sie gesehen?«

Zunächst einmal wieder nichts. Dann höre ich, wie eine ganze Batterie von Ketten und Riegeln bewegt wird.

Immer noch gesichert von einer Sperrkette, wird die Tür einen Spalt weit geöffnet. Ein blasses Gesicht mit aufgerissenen Augen. Eine noch junge Frau, eine von den Hohlwangigen, eins der Opfergesichter.

Sie späht an mir vorbei, ob sich nicht vielleicht hinter mir noch irgendwer versteckt hält, dann wiederholt sie: »Kind?«

Ich nicke. »Ist sie hier?«

»Hier?« Kopfschütteln.

Dann fällt die Türkette, und mir wird geöffnet. Sie winkt mich mit dem Finger nach drinnen und lächelt ein bisschen. Was will sie von mir, wenn Alouette doch gar nicht hier ist?

Drinnen ist es genauso kahl und unwirtlich wie bei mir; es gibt nur einen Unterschied: Vor der Tür zur Schlafkammer ist eine Art Barrikade errichtet aus defekten Stühlen, einer Tischplatte, irgendwelchen Kanthölzern, Kisten, einem alten Kuchenblech – eine Festung mit nur einem schmalen Durchgang. So verschanzt man sich also, wenn man Angst hat, denke ich. Angst, die man nie wieder verliert. Der eine baut sich einen Kreis aus Heizsonnen im dunklen Raum, die andere ein Fort vor ihrem Bett. Wie können diese Wunden heilen?

Die Frau winkt mich zum Fenster. Dort steht ein Hocker, auf dem sie offenbar gerade gesessen und in den Hinterhof gesehen hat.

Dieses Quartier liegt genauso wie das meine – mit Blick auf den entlaubten Baum. Und sie winkt mich weiter heran …

Nein, auf die Idee, aus dem Fenster zu schauen, war ich angesichts der verlassenen Wohnung und der angelehnten Tür bei mir nicht gekommen.

Da unten, direkt am Stamm, hockt meine Tochter zwischen einem Haufen welker Blätter und bastelt aus feuchter Erde,

Steinen und Holzstückchen – ja, was? Einen Garten? Ein winziges Dorf? Ihr Anefgou?

»Kind, ja?« Die Frau neben mir nickt und lächelt. Da hat sie also am Fenster gesessen und zugeschaut, wie Alouette spielt.

Kaum schaffe ich es, mich bei ihr zu bedanken. Ich sause los auf diesen Innenhof und stürze auf mein Mädchen zu wie eine Verrückte. »Bist du wahnsinnig, chérie? Mich so zu erschrecken! Du kannst doch nicht einfach weglaufen!« Ich ziehe sie an einem Arm hoch. »Außerdem bist du noch krank. Willst du einen Rückfall?«

Ich habe sie erschreckt. Sie sieht mich mit weit aufgerissenen Augen an und verzieht den Mund zum Weinen. »Ich war doch bloß – ich habe doch bloß ein bisschen gespielt, Maman! Ich wusste nicht, dass du so schnell wiederkommst.«

»Hast du das etwa schon öfter gemacht?«

Sie antwortet nichts. Ihre Lippe zittert. Und ich bin auch den Tränen nahe.

»Schätzchen, es ist kalt und du hockst hier auf der bloßen Erde!«

Ich schließe sie in die Arme, zerre sie dann hinter mir her zur Wohnung. Sie hat nicht einmal ihren Schal umgebunden!

»Ich koche dir erst einmal einen Kakao«, sage ich, als wir endlich die Tür hinter uns zugemacht haben. »Und dann sagst du mir, wie du auf solche Ideen kommst!«

Jetzt bricht sie in lautes Weinen aus. »Ich sitze immer nur hier drin, Maman! Ich langweile mich. Warum kann ich nicht zur Schule gehen, wo Mademoiselle unterrichtet? Sie hat gesagt, ich bin willkommen!«

»Was soll das?«, entgegne ich wütend und mit schlechtem Gewissen. »Du bist immer noch krank, Alouette, auch wenn du dich nicht so fühlst. Und diese Mademoiselle, die uns so versetzt hat, die sollte doch wissen, dass du noch unter Quarantäne stehst! Du kannst nicht einfach durch die Gegend streifen, wie du möchtest! – Also gut. Dann werde ich in Zukunft nicht mehr zu Attila gehen, sondern ihn hierher einladen, damit er mehr Zeit mit dir verbringt und du dich nicht langweilst.«

Sie schluchzt. »Ich mag Attila wirklich gut leiden, Maman! Und er spielt sehr schön mit mir! Aber ich verstehe doch nicht, was er sagt!«

Mir ist selbst nach Heulen zumute. Was soll bloß werden aus uns?

»Es dauert nicht mehr lange, dann können wir hier fort«, sage ich und schließe Alouette in die Arme. »Wohin immer du willst!«

»Zurück nach Anefgou? Ja, Maman?«, fragt sie und schlägt hoffnungsvoll die nassen Augen zu mir auf. Und fragt es auf Tamazight.

Ich könnte mich selbst verwünschen für dies Angebot. Woher soll sie denn wissen, welche Möglichkeiten sie hat – wenn sie nicht einmal ein Buch lesen kann. Nun wünscht sie sich zurück nach Holz und Stein und Schlamm, nach Ziege und Schaf und nach den anderen wilden Kindern mit dem ungekämmten Haar, nach kalten Wintern und glühenden Sommern. Wünscht sich, dass unser ärmliches Refugium zum Lebensraum wird.

»Weißt du was?«, schlage ich vor. »Ich werde eine Bibliothek finden – das ist ein Haus, wo man sich Bücher ausleihen kann. Sicher finde ich auch Bücher für Kinder. Bücher, aus denen du etwas über die Welt erfahren kannst. Ich lese sie dir dann vor.«

»Ja!«, sagt sie, ein bisschen getröstet vielleicht. »Aber ich will auch selbst lesen lernen.«

»Ganz schnell, wenn du richtig gesund bist.«

»Ich bin gesund. Und ich will draußen spielen!«

»Du musst noch warten!«

»Aber …«

Wir drehen uns im Kreis.

Ich sehe Attila nun weniger, weil ich dauernd Angst habe, dass Alouette sich in meiner Abwesenheit wieder selbstständig macht. Soll ich mich doch wieder um eine Babysitterin kümmern?

In der Verwaltung frage ich nach einer Bücherei, aber der junge Mann zuckt die Achseln: »Französische Kinderbücher? Haben wir nicht. Für die Kleinen gibt's Lehrbücher in Hebräisch, mit sehr hübschen Geschichten drin. Sonst müssten Sie vielleicht einmal Mademoiselle fragen – ich weiß nicht, woraus sie unterrichtet.«

Diese geheimnisvolle Mademoiselle, die nur einmal kommt und dann wegbleibt, ist mir ein Dorn im Auge. Mit der will ich eigentlich nichts zu schaffen haben.

»Sie hat sich mir noch nicht vorgestellt«, sage ich zu dem jungen Mann. »Sie können ihr ja Bescheid geben, dass ich nach dergleichen gefragt habe. Vielleicht hat sie ja die Güte, mal bei mir vorbeizuschauen.«

»Komm nachts zu mir, wenn Kind schläft!«, bettelt Attila, während wir einmal wieder eine Kinderwagenrunde durch das unwirtliche Berlin drehen – inzwischen dient der Wagen nur noch als Notbehelf, wenn Alouette die Kräfte verlassen, weil sie wie ein Irrwisch herumgesprungen ist.

»Nein!«, sage ich. »Das ist ein Vertrauensbruch. Stell dir vor, sie wacht auf und ich bin nicht da. Attila, das geht nicht!«

Ich habe nicht das Gefühl, dass er das einsieht. Er ist unglücklich. Aber bin ich etwa glücklich?

Als ich von einem Einkauf zurückkomme – ich habe in einer kleinen Spielwarenhandlung in der Soltauer Straße ein Quartett mit Waldtieren und mit Blumen für Alouette ergattert und ein Dominospiel, und sie hat mir hoch und heilig versprochen, das Quartier nicht zu verlassen –, steht das Fenster sperrangelweit offen. Es ist kalt im Raum, und meine Tochter hockt im Mantel am Tisch und malt mit schief gelegtem Kopf, die Zunge zwischen den Zähnen, Wörter auf ihre Schiefertafel.

»Was soll das, petit chaton?«, frage ich. »Willst du dich erkälten?«

»Du kannst ja jetzt zumachen!«, sagt sie. »Es ist nur, damit es nicht danach riecht.«

»Wonach riecht?«

»Nach Rauch«, erwidert mein Kind und schielt mich von unten an.

Jetzt rieche ich es, trotz des offenen Fensters. Zigarettenrauch.

»Was hat das zu bedeuten?«

»Sieh mal, was sie mir mitgebracht hat!«

»Wer ist *sie*?«

»Mademoiselle war da und hat mir was gebracht, damit ich lernen kann.« Sie zeigt mir eine Art französischer Fibel. »Und dann noch etwas, was du mir vorlesen kannst.« Da liegt ein Buch in einem Umschlag aus braunem Packpapier.

»So«, sage ich ärgerlich, »da hat also der Mann aus der Verwaltung mit ihr gesprochen. Und da muss diese ominöse Person natürlich ausgerechnet kommen, wenn ich nicht da bin! Was soll das alles? Kann sie nicht warten, bis ich zurück bin, oder einfach sagen: ›Tut mir leid, ich komme wieder, wenn deine Mutter da ist?‹« Ich merke, dass ich auf eine geradezu irrationale Weise wütend bin. »Und du?«, fahre ich nun auch noch Alouette an. »Machst du eigentlich jedem auf, der an die Tür klopft? Hast du nie davon gehört, dass Kinder, die allein sind, keine Fremden einlassen sollen?«

Ihre Mundwinkel rutschen nach unten. »Ich hab gefragt: ›Wer ist da?‹«, sagt sie mit zitternder Stimme. »Und sie hat geantwortet: ›Mademoiselle ist da!‹ Die kenne ich doch, die war doch schon einmal hier! Und sie ist so nett zu mir und hat das hier gebracht …«

»… und sich nicht entblödet, mir auch noch die Bude vollzuqualmen!«

»Nur eine Zigarette, Maman! Sie hat gesagt, es geht einfach nicht anders.«

»Was bildet sich diese Person eigentlich ein?«

»Maman, bitte sei nicht böse zu ihr! Sie ist so lieb!«

Auch das noch. Da kommt eine wildfremde Französischlehrerin daher, und mein Kind findet sie gleich »so lieb«.

»Was hat sie denn Liebes getan?«, frage ich ironisch.

»Sie hat mir übers Haar gestrichen. Und sie hat mich gedrückt.«

»Alouette!«, sage ich und fasse ihre beiden Hände, bringe sie dazu, dass sie mich anschaut. »Ich regele das. Und du versprichst mir, diese Mademoiselle nicht wieder hereinzulassen, wenn ich nicht zu Haus bin! Ist das klar?«

»Ja, Maman. Aber du findest sie bestimmt auch nett, wenn du sie kennenlernst.«

»Das bezweifle ich«, murmele ich vor mich hin.

Aber dann vergesse ich zunächst einmal diese Geschichte, denn Attila kommt an diesem nasskalten und regnerischen Nachmittag zu uns, und ganz entgegen seiner Angewohnheit hat er weder Pelzmütze noch Hut auf dem Kopf und trägt den Mantel offen.

38

Er küsst erst mich und dann Alouette, setzt sich an den Tisch und kramt umständlich etwas aus seiner Brieftasche; Papiere, die er vor mir ausbreitet.

»Was ist das?«, frage ich.

Er sieht mich bedeutungsvoll an. »Alle Stempel, alle Visa. Die Ausreisegenehmigung nach Palästina.«

Ich habe plötzlich einen Klumpen im Hals. »Du gehst also fort.«

Er nickt. »Ich denke, wir zusammen können noch Chanukka feiern hier – also auf deutsche Art, mit Weihnachtsbaum. Und dann …«

»Ja«, erwidere ich einsilbig. »Das freut mich für dich.«

Wir schweigen. Alouette sieht von einem zum anderen, und da sie merkt, dass irgendetwas in der Luft liegt, nimmt sie ihre Schiefertafel und das Kartenspiel und geht in den anderen Raum. Ich höre sie leise ein Lied auf Tamazight singen – ihre Art, sich ihren Frieden zu schaffen.

Attila sieht auf die Papiere vor sich, schiebt sie hin und her.

»Gabrielle«, sagt er dann. »Ich habe gedacht – ich will dich bloß mal fragen. Willst du – wollt ihr nicht mit mir kommen? Ich möchte gern mit dir leben. Und auch mit dem Kind.«

»Was?«, sage ich ganz unnötigerweise, denn ich habe ja verstanden.

»Mit nach Palästina. Vielleicht erst einmal gucken, ob dir gefällt. Man kann immer noch heiraten später.«

Gütiger Himmel. Jemand will mit mir leben. Jemand – ja, jemand liebt mich. Jemand über mein Kind hinaus. Ich bin wichtig für jemanden. Im Augenblick bin ich irgendwie unfähig, etwas Vernünftiges zu sagen. »Vielleicht ist das eine ganz gute Idee«, bringe ich mühsam hervor.

»Ja«, sagt er.

»Was wirst du denn da machen in Palästina?«, frage ich.

»Irgendwas, was gebraucht wird. Sicher ich gehe in einen Kibbuz, wo alle alles gemeinsam haben.«

»Ein Kibbuz.« Ich nicke. Ja, davon habe ich schon gehört. Eine Art Kommune. »Und was wirst du dort tun?«

»Irgendwas auf dem Feld, denke ich. Ich hab ja nichts gelernt, ich meine, was da von Nutzen ist«, sagt der berühmteste Händler des Eichborndamms. »Hab zu Hause nur jüdische Theologie studiert.«

Ich lache ein bisschen. Stelle mir vor, wie der riesige Rotbart auf einer Plantage Äpfel pflückt oder dergleichen, und frage mich, was ich denn da tun soll. Ein Gedanke schießt mir durch den Kopf: Das ist auch nichts anderes als eine Art Anefgou. Die nächste fremde Sprache, die nächste Station mit Spinnen und Weben und Kochen und Wasserholen. Ich verjage ihn ganz schnell. Aber wenigstens würde Alouette eine Schule besuchen können.

Wir schweigen. Dann sagt Attila: »Und warm ist es da auch.«

Ich muss lachen. Ja, warm ist es da.

»Du kannst dir ja Zeit nehmen. Drüber nachdenken. Ach, hier ich habe noch was für dich.«

Er wühlt in der Innentasche seines Mantels und dann zieht er das mir nur allzu gut bekannte blaue Samtetui hervor, das pretiöse Abschiedsgeschenk des Mohammed al-Chakif, und schiebt es mir über den Tisch zu. Ich starre das Ding an und zweifele keinen Moment, dass der prachtvolle Schmuck sich immer noch darin befindet.

»Ich nicht hab es versetzt«, sagt Attila. »Hab gedacht: Junge Frau soll es mal tragen. Ist bloß Rückgabe.« Er lächelt.

»Attila!«, sage ich mühsam. »Das ist – das ist irgendwie falsch. Dieser Schmuck – er hat für mich gar keinen Wert. Er ist eine Erinnerung an schlimme Zeiten. Ich will ihn nicht. Du hättest ihn wirklich lieber verkaufen sollen. Abgesehen davon, dass du mich und Alouette also die ganze Zeit über auf deine Kosten versorgt hast. Es ängstigt mich, dass dies Etui jetzt wieder auftaucht hier auf dem Tisch, als wenn die Vergangenheit Guten Tag sagen wollte. Bitte, nimm es wieder an dich! Wenn du glaubst, mir etwas schenken zu müssen – als Morgengabe sozusagen –, dann besorg etwas anderes. Eine kleine Uhr vielleicht. Ich …«

Ich breche ab. Attila sagt gar nichts. Er steckt das Etui wieder ein und sieht mich an mit Augen so voller Ernst und Trauer, dass es mich erschreckt. Meiner Tirade hat er vor allem eins entnommen: Ich weise ihn zurück.

»Nein, Attila, nein! So war es nicht gemeint!« Verzweifelt strecke ich meine Hände nach ihm aus, über den Tisch hinweg.

Dabei gerät eins von seinen Papieren ins Rutschen, fällt zu Boden. Wir bücken uns beide gleichzeitig danach und stoßen mit den Köpfen zusammen, wie damals, als wir den Knopf suchten. Sein Gesicht ist so nah vor dem meinen, dass ich nicht anders kann, als meine Lippen auf die seinen zu drücken. Wir schlingen die Arme umeinander, können gar nicht wieder aufhören, einander zu küssen.

»Was macht ihr denn da auf der Erde?«, fragt plötzlich meine Alouette.

»Wir haben uns lieb«, sage ich.

»Na«, erklärt sie gelassen, »das weiß ich ja schon. Aber warum muss man dazu auf dem Boden hocken? Und warum zerdrückt ihr das Papier da?«

Richtig, das Papier, der Anlass! Ich nehme es rasch in die Hand und werfe unwillkürlich einen Blick darauf. Es ist in Französisch ausgestellt. Molnár, Attila Imre, geboren in Budapest am …

»Ist das ein Druckfehler?«, frage ich. »Das hier, dein Geburtsjahr?«

»Nein, wieso? Alles korrekt!«, sagt er und lacht.

Ich starre ihn an. Mein Beschützer und Helfer, Attila, der Hunnenkönig, der Herr über ein Lager voller Mangelware, der Käufer und Verkäufer von allem, was es gibt oder nicht gibt, der ungekrönte Herrscher des Handels und Wandels auf dem black market nicht nur im Bezirk Wittenau, ist gerade mal zweiundzwanzig Jahre alt. Ein Jahr jünger, als ich in Wirklichkeit bin – mein Talbaut-Pass macht mich ja vier Jahre älter. Wir sind eigentlich Kinder … Kinder mit eigenen Kindern und mit Schicksalen auf dem Rücken, so schwer wie Berge.

»Attila«, sage ich und wage zum ersten Mal anzusprechen,

was sonst immer tabu ist in den Unrra-Quartieren. »Wann bist du – ins Lager gekommen?«

Er presst die Lippen aufeinander. Sieht mich fast böse an. »Erst vierundvierzig«, antwortet er dann. »Faschisten haben erst vierundvierzig deportiert ungarische Juden. Ein Jahr aber hat auch gereicht. Warum musst du fragen?«

»Weil ich dich liebe«, antworte ich unsinnigerweise, und dann schlinge ich wieder die Arme um ihn und beginne zu heulen. Und natürlich kommt Alouette dazu und drängt sich zwischen uns und weint mit, wenn die Mama schon mal dabei ist, Tränen zu vergießen.

Der Abend hält noch eine weitere merkwürdige Überraschung für mich bereit.

Alouette liegt, gewaschen, gekämmt und die Hände auf der Decke verschränkt, in ihrem Bett und wartet darauf, dass ich ihr etwas vorlese – aus dem Buch, das Mademoiselle mitgebracht hat, das in dem Umschlag aus braunem Packpapier, ein zerfleddertes Exemplar aus wer weiß welcher Mottenkiste, die Titelseite fehlt.

Ich schlage es auf und beginne gedankenlos zu lesen: »Deux enfants etaient seuls dans une chambre obscure …« Zwei Kinder waren allein in einem dunklen Zimmer …

Ich klappe das Buch zu und lege es weg, als hätte ich mich an ihm verbrannt.

»Warum liest du nicht weiter, Maman?«, fragt Alouette. »Was ist mit den zwei Kindern?«

 »Ich glaube, das Buch ist noch nichts für dich«, sage ich mit gespielter Munterkeit. »Ich erzähle dir lieber eine Geschichte.«

Damit ist sie auch einverstanden. Und ich rede und weiß

nicht, was ich rede, und irgendwann ist sie eingeschlafen und ich starre auf das Buch im braunen Umschlag.

Gibt es denn in diesem gottverdammten Berlin wirklich nur ein einziges französisches Kinderbuch, oder warum muss diese Mademoiselle ausgerechnet dieses Ding anschleppen? »Petite Mère«, »Kleine Mama«, von Emilie de Pressensé. Ausgerechnet das Buch muss es sein, das damals Sidonie mitbrachte, als mein Vater sie heiratete, und das sie mit ihrer Stieftochter Rita las, als die aus den Anfangsgründen des Französischen heraus war.

Was ist das? Was geschieht mit mir? Warum lassen mich die Dinge aus der Vergangenheit nicht los, sondern laufen mir gleichsam hinterher, drängen sich mir auf, schieben sich zwischen mich und die Gegenwart – der Schmuck aus Marrakesch, das Buch, in dem ich einst mit der geliebten »Stiefmutter« gelesen habe, Wange an Wange über die Seiten gebeugt, neben meinem Gesicht ihre schwarzen Locken.

Es fehlt nur noch, dass ich demnächst in einer Drogerie einen vergessenen Posten Veilchenpastillen entdecke …

Ich habe Magenschmerzen und koche mir einen Kamillentee, das soll ja helfen. –

In den nächsten Tagen mache ich Attila einen Vorschlag.

Statt die langsame Reise per Bahn und zu Schiff anzutreten, warum besorgen wir uns nicht einfach Plätze in einem Flugzeug, um nach Palästina zu gelangen?

»Du kommst also mit?«, sagt er und seine Wange zuckt.

»Ich habe gedacht, Alouette und ich, wir fahren erst einmal so hinüber und sehen uns die ganze Sache an«, erwidere ich behutsam.

Er nickt, versucht darauf so sachlich wie möglich zu reagieren – aber dann packt er mich um die Taille, wirbelt mich durch die Luft und stellt mich auf den Stuhl. »So ich kann doch einmal zu dir aufsehen«, sagt er und strahlt übers ganze Gesicht. »Oh Gabrielle, so froh war ich lange nicht mehr!«

Ich stemme meine Hände auf seine Schultern. »Heb mich runter!«, fordere ich. »Mach mich nicht zu einer Galionsfigur!« Aber es ist schön, seinen Kopf so an die Brust drücken zu können. Ich liebkose sein Ohr und seinen Hals, und er schnurrt wie ein Kater.

»Wirklich fliegen?«

»Warum nicht?«

»Weil wir müssen vielleicht unser Geld zusammenhalten für neuen Anfang«, entgegnet er.

»Pah! Du weißt gar nicht, wie viel Geld ich auf einer Schweizer Bank habe«, sage ich achselzuckend.

Er sieht zu mir auf, hat die Stirn gerunzelt. »Ich bin der Verdiener!«

»Und ich bin eine reiche Frau!«, erwidere ich und lache. »Manchmal kann es auch von Vorteil sein, wenn man einen Schurken von Vater hat, den man beerben kann.«

Der Gedanke, dass er nicht der Ernährer unserer kleinen Familie sein wird – falls wir denn je so etwas werden sollten –, scheint ihm nicht zu behagen.

Aber da ist noch mehr. Er hat etwas auf dem Herzen, das merke ich. Schließlich sagt er mit abgewandten Augen. »Ich habe kleines Geschenk für dich. Aber reiche Frau findet es vielleicht nur lächerlich.«

In seiner Hand baumelt ein Silberkettchen mit einem Davidsstern, besetzt mit Rubinen.

Vor Freude und Überraschung schreie ich leise auf. »Attila, wie wunderschön! Wo hast du das her?«

»Hab anfertigen lassen«, sagt er mit einem schiefen Lächeln. »Juwelier wusste erst nicht, was ich wollte. Dann ich habe aufgezeichnet. Und er sagt: »Was denn, wie der gelbe Stern, den diese Untermenschen tragen mussten?«

Ich starre ihn an.

Er stößt ein kurzes, raues Lachen aus. »Ich hab drauf verzichtet, ihm zu polieren die Fresse«, sagt er. »Schließlich wollte ich Schmuckstück haben. Sollen sie alle verfaulen in ihren dummen Gedanken. Komm, ich mache dir um.«

Noch immer stehe ich auf dem Stuhl. Nun hebt er mich herunter und legt mir die Kette um, seine großen sanften Finger kitzeln meinen Nacken, als er den Verschluss zumacht.

»So«, murmelt er dann befriedigt. »Nun ist wieder Ehren-Abzeichen.«

»Danke«, flüstere ich und weiß nichts weiter zu sagen.

Er drückt mich behutsam an sich. »Wenn du willst, wir werden fliegen!«

Der erste Schnee kann Alouette zunächst nicht beeindrucken. Schnee gab es im Hohen Atlas genug. Nur dass man auch Freude daran haben kann, ist ihr neu – dort war er nur eine Plage. Nun tobt Attila, angetan mit hoher Mütze, Mantel und riesigen Fäustlingen, mit ihr auf dem Innenhof vor unserem Fenster. Sie bewerfen sich mit Schneebällen, bis ich Einhalt gebiete.

Mit roten Wangen und glänzenden Augen kommt sie zu mir.

»Das machen wir in Palästina auch, nicht wahr, Maman?«

»In Palästina gibt's keinen Schnee.«

»Gar keinen?«

»Nein, gar keinen.«

In den nächsten Tagen hat Attila nicht viel Zeit für uns. Er hat entdeckt, dass man mit Weihnachtsbäumen im »abgeholzten« Berlin ein gutes Geschäft machen kann, und ist unterwegs, um alles in die Wege zu leiten.

Ich überlege, ob ich mich mit Alouette nicht auch einer der vielen Gruppen anschließen soll, die dies und das machen – vielleicht könnten wir ja Theater spielen. Aber all das findet auf Jiddisch statt, und wir würden ja wohl beide nichts verstehen. Außerdem ist die Quarantäne immer noch nicht abgelaufen. Wir sollten so fair sein, darauf zu achten.

Doktor Leblanc kommt noch einmal vorbei – mit einer stattlichen Rechnung für »entwendete Gegenstände« aus dem Quartier des Colonels, die die französische Militäradministration vorerst beglichen hat. Ich gelte als »unbekannt verzogen«. Natürlich bezahle ich – es handelt sich um die von Attila »verschleppte« Kastenmatratze. Und dass man die Sachen, die die alten Bewohner herausgeholt haben, auch auf dieser Rechnung findet, übergehe ich mit Schweigen.

»Ich sehe, unserer kleinen Patientin geht es ganz hervorragend!«, stellt er fest. »Was sagt Doktor Kupferblum?«

»Er findet das auch!«, lüge ich, denn ich bin mit Alouette nicht mehr in die ambulante Sprechstunde gegangen.

»Wann wollen Sie denn fort, Madame?«, fragt Leblanc.

»Wahrscheinlich nächstes Jahr«, erwidere ich und werde rot dabei.

Als ich ihm kürzlich von Heirat und Ausreise gesprochen habe, ist das noch eine reine Erfindung gewesen …

Am nächsten Tag erkundige ich mich in der Verwaltung nach Doktor Kupferblum und höre, dass er selbst krank ist. »Er hat eine Wirbelverletzung durch einen Hieb mit einem Schlagstock, die ihm von Zeit zu Zeit zu schaffen macht«, sagt der Junge hinterm Schreibtisch.

Er schiebt seine Nickelbrille hoch auf die Stirn und sieht mich mit großen Augen an. Offenbar hat er heute einmal Zeit für ein paar Worte mit seinen Besuchern, die übers Dienstliche hinausgehen. »Ist das nicht furchtbar, dass so etwas dann geschehen ist, als alles vorbei war?«

»Wie meinen Sie das?«, frage ich verwirrt.

»Aber chère Madame – sagen Sie nicht, dass Ihnen unbekannt ist, weshalb all die polnischen Flüchtlinge bei uns im Lager sind!«

Ich schüttele den Kopf.

»Wo waren Sie gleich während des Kriegs? Ach ja, in Marokko. Muss eine idyllische Angelegenheit gewesen sein.«

»Sie müssen sich nicht über mich mokieren!«, entgegne ich aufgebracht. »Als ich hierherkam, hatte ich ein Kind zu pflegen und …«

»Schon gut«, sagt er und schiebt einmal wieder seine Papierstapel hin und her. »Nun ja, es war so, dass die paar überlebenden polnischen Juden, als sie aus den Lagern in ihre Heimat zurückkehrten, dort nicht unbedingt mit offenen Armen empfangen wurden. Es gab so etwas wie – nennen wir es mal Pogrome.« Er blinzelt. »Und bei so einem Anlass bekam unser Doktor den Schlagstock oder den Knüppel – oder was immer es war – in den Rücken. Nicht im Lager.«

Ich schnappe nach Luft.

»Ach, der Doktor ist morgen wieder im Dienst.«

Es ist stets aufs Neue so, dass ich die Opfer nicht ansehen kann, ohne mich zu schämen und verlegen zu werden. Noch immer erschüttern mich Attilas Narben, und ich vermeide tunlichst, die Tätowierung auf seinem Arm anzusehen. Der kleine grauhaarige Doktor, entkommen und dann gleich wieder fehl am Platze, als er es »wagte«, nach Haus zu gehen …

Er untersucht mein Kind ruhig, klopft sie ab. »Prächtig!«

Alouette strahlt, weil er Französisch mit ihr spricht.

»Und sind Sie zufrieden mit der Dame, die ich Ihnen empfohlen habe?«

»Sie ist nach einem Mal weggeblieben!«, erwidere ich.

»Das erstaunt mich. Sie ist eigentlich sehr zuverlässig. Ich hatte mir erhofft, sie könnte mit der Kleinen sprechen, vielleicht auch schon ein bisschen lesen und schreiben üben …«

»Das tue ich nun selber. Danke für Ihre Mühe, Doktor«, unterbreche ich ihn hastig und komme mir vor, als hätte ich diese Frau vertrieben. Alouette guckt mich vorwurfsvoll an.

»Sie raucht!«, sage ich, als wenn das ein Grund für meine Abneigung sein könnte. Beinah jeder hier raucht, wenn er Zigaretten erhandeln kann.

Kupferblum lächelt. »Was wollen Sie? Irgendein Laster hat jeder. – Wann reisen Sie ab?«

Offenbar weiß es schon das ganze Quartier.

39

Manchmal habe ich das Gefühl, dass mein kleines Mädchen etwas vor mir verheimlicht. Sie erkundigt sich immer so angelegentlich nach meinen Abwesenheiten, will so genau wissen, wie lange ich wegbleibe und wohin ich gehe, dass man direkt misstrauisch werden könnte. Aber dann denke ich, sie will sich eben vergewissern, ob ich auch zur rechten Zeit zurückkomme und sie sich keine Sorgen machen muss. Natürlich weiß ich, dass sie inzwischen draußen herumläuft und sogar schon zweimal mit anderen Kindern gespielt hat, obwohl ich es ihr streng verboten habe – wir müssen immer noch ein paar Tage ausharren bis zum Ende der selbst auferlegten Quarantäne.

Manchmal finde ich Dinge bei ihr, die vorher nicht da waren: ein paar schrumplige Äpfel, eine Tüte mit sauren Drops, eine Lakritzschnecke. Aber die hat Attila entweder selbst gebracht, oder er hat jemanden damit vorbeigeschickt.

Sie liest und schreibt mit Feuereifer und ich übe mit ihr jeden Tag. Bisweilen hat sie ihre »Hausaufgaben« schon selbst korrigiert, so gewissenhaft ist sie – ich sehe die Spuren des Radiergummis auf dem Papier.

Dann, eines Vormittags, mache ich mich auf den Weg. Erst will ich zur Schweizer Vertretung, dann zur französischen Militäradministration. Ich muss endlich unsere Visa nach Palästina beantragen. Der Schnee ist vergangen und hat einem unangenehmen Matschwetter Platz gemacht. Als ich ein paar Hundert Meter auf der Straße zurückgelegt habe, setzt plötzlich ein eisiger Regen ein, und ich habe den Schirm vergessen.

Also kehre ich um.

Vor mir huscht eine Gestalt her, eine schlanke Frau, wie es aussieht. Sie bewegt sich an der Wand entlang, als fürchte sie sich vor etwas. Ihre Bewegungen sind seltsam fahrig. Ich bleibe an der Ecke stehen und warte ab.

Sie nähert sich tatsächlich unserem Quartier. Ihre Finger schlagen einen kurzen Trommelwirbel gegen die Tür, anscheinend ein verabredetes Zeichen, denn sie wird sofort von Alouette eingelassen.

Einen Moment stehe ich wie angewurzelt. Mein Atem geht hastig, und ich fühle, wie etwas in mir hochschießt. Wut? Verletztheit? Ich weiß es nicht. Mein Kind, meine kleine Tochter, hat Heimlichkeiten vor mir, geht mit Leuten um, von denen sie mir nichts sagt.

Mit großen Schritten laufe ich zu unserer Tür und schließe auf.

Und dann ist Heute Gestern und Morgen Einst und das Minarett der Moschee von Marrakesch stürzt krachend zusammen über den Trümmern des Berliner Hauses und ich springe in den Bottich der Wollfärber und werde gegen die Wand geschleudert von einem Mann in Uniform und *sie* fliegt die Treppe hinunter und die Schafe von Anefgou laufen durch den Schnee von Berlin. Zeit und Raum vermengen sich zu einem wüsten Knäuel, bevor ich in Ohnmacht falle.

Vor mir steht Sidonie.

Dicke Klumpen von Schnee, vermischt mit Regenwasser, rutschen an der Fensterscheibe herunter.

Es war unnötig, Doktor Kupferblum zu rufen, ich war ja sofort wieder auf den Beinen. Immerhin hat er, angesichts einer völlig aufgelösten Mutter, Alouette an die Hand genommen und entführt, damit sie ihm, mit Mundschutz und Kittel, in seiner Praxis »assistiert«. Sie war Feuer und Flamme.

Sidonie sitzt mir gegenüber und raucht. Eine dunkle, mit Grau vermischte Haarsträhne hängt ihr vor den Augen.

So vertraut und so fremd. Immer habe ich mir vorgestellt, dass ich sie in die Arme nehme, wenn sie noch leben würde –

oder dass sie mich stützt, so wie im Hamam, wo ich Alouettes Geburt geträumt habe. Aber ich kann es nicht. Zwischen uns ist eine unsichtbare Mauer.

»Ich habe aufgehört mit dem Rauchen, nachdem mir dein Kind gesagt hatte, der Geruch habe dich gestört«, sagt Sidonie. »Aber so etwas wie heute wirft die besten Vorsätze um.«

»Woran hast du gemerkt, dass dies Kind – dass es mein Kind ist?«, frage ich.

Sie lächelt flüchtig. »Ihre Augen. Es traf mich wie ein Blitzschlag. Dies Kind hat deine Augen, weißt du das nicht? Dann habe ich dir aufgelauert, habe dich gesehen. Und seit ich weiß, dass du lebst, kann ich manchmal nachts richtig schlafen.«

»Aber warum bist du nicht zu mir gekommen? Warum wolltest du mich nicht wiedersehen?«, flüstere ich und versuche zu verbergen, dass ich zittere, indem ich meine Arme verschränke.

Sie bläst den Rauch von sich, die Haarsträhne vor ihren Augen bewegt sich. »Was sollte das? Ich bin ein Überbleibsel von gestern, ein Stück Vergangenheit. Du musst deinen Weg gehen – ohne mich.«

»Nein, das muss ich nicht!«, widerspreche ich heftig. »Wie kannst du auch nur einen Moment annehmen, dass ich dich jetzt wieder fortlasse?«

Sie hält die Lider gesenkt. Ihr Gesicht ist so weiß wie der Schnee, der da draußen an den Scheiben haftet und langsam abrutscht. Die Nägel ihrer Finger sind abgekaut bis auf das Fleisch.

»Das solltest du aber – nun, da wir uns gesehen haben.« Sie
seufzt. »Mein Verstand hat mir gesagt: Kümmere dich gar nicht weiter um dieses Kind. Geh ihnen beiden aus dem Weg.

Aber mein Gefühl ..., es hat mir einen Streich gespielt, Rita. Ich bin in der letzten Zeit häufig bei Alouette gewesen. Viel zu häufig. Wahrscheinlich hoffte ein Teil von mir immer, dass das passiert, was nun passiert ist. Ein Fehler! Ich habe sogar Zeichen gesetzt – und gehofft, dass du sie *nicht* deutest.«

»Das Buch ›Petite Mère‹?«

»Ja. Ich hab tatsächlich eine ganze Weile gesucht, bis ich ein Exemplar gefunden habe. Und die Methode, nach der ich Alouette die Buchstaben beibringe, das ist dieselbe, die ich bei dir angewendet habe.«

»Ich wusste nicht einmal, dass es verschiedene Methoden gibt.«

»Siehst du.«

Wir schweigen. Alles in mir drängt danach, sie in meine Arme zu schließen, wenigstens meine Stirn gegen ihre zu lehnen. Aber ich traue mich nicht.

Warum ist mir nie der Gedanke gekommen, dass auch *sie* überlebt haben könnte – wo ich doch hier umgeben war von Leuten, die es geschafft hatten, von den »Bevorzugten des Schicksals«? Warum bin ich so endgültig davon überzeugt gewesen, dass sie tot war? Ich hatte die verlorene Sidonie eingeschlossen in einen Kasten und den Schlüssel weggeworfen. Sie war für mich – ich erschrecke –, sie war für mich Vergangenheit, so wie sie es selbst gewollt hatte. Halb gewollt hatte.

»In dem alten Sandkasten an unserem zerstörten Haus – da habe ich meinen Namen gefunden. Warst du das?«

Sie nickt. »Nachdem alles vorbei war, bin ich zuallererst dorthin gegangen. Als ich die Trümmer erblickt habe, da dachte ich: aus und vorbei. Aber weil ich sah, dass die Leute ihre Suchanzeigen und Mitteilungen an die kaputten Wände schrieben mit Kreide oder Kohle, da nahm ich ein Stück verbranntes Holz und krakelte ›Rita, wo bist du?‹ an die Wand des Sandkastens. Nicht weil ich hoffte, dich dadurch zu finden – ich bin ja auch nie wieder hingegangen. Es war nur so etwas wie ein Rufen.«

Ich sehe, dass sie ihre Zigarette ausdrücken will, und strecke die Hand aus, um sie ihr abzunehmen wie einst und an die Lippen zu führen zu diesem verwandelten Kuss, aber sie lässt es nicht zu. »Nein«, sagt sie. »Bitte nicht.«

Mir schießen die Tränen in die Augen. Sie scheint es nicht zu bemerken oder will es nicht bemerken.

»Sag es mir. Sag mir, wo du warst. Bist du tatsächlich nach Marrakesch gelangt – mit dieser Postkarte in der Hand?«

Ich schlucke und nicke. »Über Frankreich bin ich nach Marokko gekommen. Da war ich schon schwanger. Ich habe sogar in einem Harem gelebt, Sidonie.«

»Bestimmt könntest du mir Bände erzählen«, sagt sie, und ich merke, dass sie es eigentlich gar nicht wissen will. »Du hast einfach etwas *tun* können. Fortlaufen oder kämpfen oder beides zusammen. Das ist schön.«

»Ich habe deinen Vater gesehen in Marrakesch!«, sage ich.

»Tatsächlich?« Es klingt ungerührt, aber ich sehe, dass ihr Augenlid kurz zuckt. »Ich habe mich bei der jüdischen Behörde dort erkundigt. Aber die wussten nur, dass beide Elternteile inzwischen tot waren … Was wolltest du eigentlich von ihm?«

»Ich dachte, er könnte mich irgendwie – schützen.«

»Und du hast ihm von mir erzählt.«

Ich nicke.

»Nun«, sagt sie und nimmt sich eine neue Zigarette, »das

wird seine Lebensfreude auch nicht gerade gesteigert haben – zu erfahren, was mit mir war.«

Ich zucke wie unter einem Hieb. Sie hat ja Recht. Wahrscheinlich hat mein Besuch, hat das Wissen darum, dass Sidonie nicht entkommen konnte, ihrem Vater die letzte Kraft geraubt.

Sie gibt sich Feuer, bläst den Rauch fort und erklärt: »So, das ist endgültig die Letzte. Dann ist Schluss.«

»Ja«, erwidere ich.

»Und nun willst du fort – mit diesem tüchtigen jungen Mann, habe ich gehört.«

»Ich werde nirgendwohin gehen, wo du nicht auch bist«, sage ich entschlossen. »Ich habe dich nicht wiedergefunden, um dich aufs Neue zu verlieren.«

Nun lächelt sie zum ersten Mal. »Ich hab mich finden lassen, das ist schon wahr. Aber es war bestimmt ein Fehler. Um ein Haar hätte ich es geschafft, und wir wären uns nicht begegnet.«

»Sidonie!« Ich strecke ihr die Hände entgegen.

»Rita. Ich habe dich sehr lieb gehabt, das weißt du. Und auch jetzt wieder. Du bist so etwas wie – meine kleine Schwester. Ich weiß nicht, was werden soll mit uns beiden. Nur um eines bitte ich dich: Berühr mich nicht. Versprochen? Ich will nicht mehr berührt werden.«

»Versprochen«, sage ich und fühle einen dumpfen Druck auf der Brust.

Am Abend, nachdem sie ihren Schulunterricht abgehalten hat, kommt sie wieder. Wir haben verabredet, Alouette gemeinsam zu Bett zu bringen.

Sidonie erzählt ihr vor dem Einschlafen eine jener Geschichten, die sie schon mir erzählt hat, als sie noch meine junge Stiefmutter war und ich gerade anfing, sie in mein Herz zu schließen.

Ich habe Kaffee gekocht, und sie hat eine Flasche Cognac mitgebracht und gießt sich davon reichlich in ihre Tasse.

»Du willst weit weg«, beginnt sie das Gespräch.

Ich zucke die Achseln. »Ich weiß im Augenblick gar nichts, Sidonie. Am liebsten möchte ich mit dir zusammen in Frankreich, im Süden, ein Haus kaufen, wo wir gemeinsam mein Kind aufziehen.«

»Aber dein junger Mann will nach Palästina ausreisen.«

»Ja, Attila will nach Palästina.«

Sidonie fasst hastig in ihre Rocktasche, wo vermutlich die Zigaretten sind, aber sie zieht ihre Hand wieder zurück und gießt stattdessen noch einmal einen Schuss Cognac nach, trinkt.

»Ohne diese Begegnung wäre alles einfacher gewesen«, sagt sie. »Du liebst ihn, nicht wahr?«

Ich antworte nicht.

»Nun, da ich dir hier gegenübersitze, denke ich, muss ich es dir sagen. Ich kenne diesen Attila.«

»Du kennst ihn?«

»Ja. Aus dem Lager. Rita, er war Kapo.«

Ich runzele die Stirn. »Ich komme aus Marokko«, sage ich. »Was ist ein Kapo?«

»Eine Art Aufseher. Mittelsperson zwischen der Lagerleitung und den Gefangenen. Eigentlich hießen sie Funktionshäftlinge. Kapo, das war die ›humorvolle‹ Abkürzung für ›Kameradenpolizei‹.«

Mir ist der Hals wie zugeschnürt. »Was hat er getan?«

Sidonie zuckt die Achseln. »Vielleicht gar nichts. Ich meine, nichts Schlimmes. Niemand konnte sich dagegen wehren, zum Kapo gemacht zu werden. Vielleicht war er ihnen nur aufgefallen, weil er jung war und stark und klüger im Überlebenskampf als manche anderen. Kapos waren Vorarbeiter. Nennen wir es so. Sie hatten Privilegien. Zum Beispiel bekamen sie größere Rationen und manchmal eine Zuteilung Alkohol.«

»Aber woher kennst *du* ihn?«

Sie sieht mich nicht an. »Ich kenne ihn eben. Frag nicht weiter, Rita.«

Um uns ist ein Schweigen, so schwer wie Blei. Ich fühle mich wie abgestorben. Wie erloschen.

Dann gebe ich mir einen Ruck. »Wie hast du überleben können, Sidonie?«

Sie lacht auf. »Bestimmt nicht, indem ich in der Lagerküche Kartoffeln geschält habe. Ich war das, was die Japaner in Korea eine ›Trostfrau‹ nannten. Lass es gut sein.« Sie atmet tief durch. »So, nun weißt du Bescheid. Über ihn und über mich. Mit wem du es zu tun hast bei uns beiden.«

Aber damit kann ich mich nicht so einfach zufrieden geben. Nein, niemals.

»Alles kann sich ändern«, sage ich mit fester Stimme. »Nichts muss bleiben, wie es war. Damals, als wir gemeinsam fortwollten, da hast du zu mir gesagt: ›Man wird gesund, wenn man aufbricht.‹«

»Ja«, sagt sie. »Und du bist aufgebrochen und bist gesund geworden und hast ein wunderschönes Mädchen geboren. Aber wir, die wir hier ergriffen und festgehalten wurden, wir haben für alle Zeiten in uns einen blinden Fleck, den man nicht wegputzen kann. Wir können nicht vergessen.«

Sie greift ihre Cognacflasche und erhebt sich. »Ich muss schlafen gehen, Rita, meine Kleine. Nachdem ich dich nun genug verunsichert und betrübt habe. Ich hatte schon meine Gründe, dir aus dem Weg zu gehen.«

»Nein«, sage ich. »Dein wahrer Grund – das war deine Angst, wieder etwas zu fühlen, nicht wahr? Aber du kommst nicht umhin. Alouette hat dich angezogen wie ein Honigtopf die Fliegen. Du bist in die Falle getappt. In die Liebesfalle. Denn ich habe dich immer lieb gehabt und liebe dich auch jetzt. Und ich liebe Attila. Natürlich werde ich ihn fragen nach dem, was war. Aber ich lasse euch einfach nicht los.«

»Gute Nacht«, sagt sie.

Gute Nacht ist keine Antwort, denke ich, und auch kein Wunsch, der in Erfüllung geht, denn so gut wird diese Nacht mit Sicherheit nicht.

Ich weiß nicht, was ich tun werde. Ich weiß nicht, bei wem ich bleiben will. Nein, ich weiß es nicht.

Und ich suche schon jetzt nach Worten, wie ich dir auch das erzählen werde, was noch geschehen wird. Alouette, mein Mädchen, damit du es verstehen kannst. Meine Tochter, die du jetzt so ruhig schläfst, umgeben von unserer Liebe.